新型政商关系与企业治理的法律锦囊

林越坚 著

法律出版社
LAW PRESS·CHINA

序

改革开放四十余载，民营经济筚路蓝缕启山林，如今既具有巨大的发展前景，也面临严峻的全面挑战。2016 年全国两会期间，习近平总书记第一次用“亲”“清”二字精辟概括并系统阐述了新型政商关系；2017 年党的十九大报告明确“构建亲清新型政商关系，促进非公有制经济健康发展和非公有制经济人士健康成长”；2018 年习近平总书记在民营企业座谈会上的重要讲话以及 2019 年年底出台的《中共中央、国务院关于营造更好发展环境支持民营企业改革发展的意见》再次提及亲清政商关系。亲清政商关系被习近平总书记多次强调，这既对企业内部精细化运作提出了殷切希望，也对打造良好营商环境提出了明确要求。

法治是最好的营商环境，也是构建亲清新型政商关系的重要基础和保障。浙江省检察机关面对民营经济在全省经济中具有“56789”（民营经济创造了浙江省 56% 的税收、65% 的生产总值、77% 的外贸出口、80% 的就业岗位、90% 的新增就业）的特点，自觉对标中央、省委和最高人民检察院加强民营企业权益保护的要求，着力把优化司法服务，保障全省民营企业的生存权、发展权，积极推进亲清新型政商关系构建，作为检察机关义不容辞的政治责任、社会担当和职责使命。近年来，浙江省人民检察院先后出台《关于依法服务营造企业家健康成长环境的意见》《关于充分发挥检察职能　加强产权司法保护的意见》《关于充分履行检察职能　依法保障服务民营经济健康发展的意见》等文件，畅通民营企业司法诉求渠道，强化民营企业家涉罪案件审慎办理，设立“服务民营经济工作站”，在温州成立全省非公经济检察教学(研究)基地等,相关工作受到了各级党委政府的充分肯定和民营企业界的广泛好评。

我们认为,司法适用既不能局限于法律的规范性与自治性而无视社会现实的急剧变迁,也不能只着眼于外在环境而将法律完全简化为社会的“镜像”。司法适用必须坚持刑法的体系性和概念的精确化,将最新的刑事政策导入刑法体系,深入研究刑事政策对刑法体系的指导和影响。温州市人民检察院副检察长林越坚博士所著《新型政商关系与企业治理的法律锦囊》一书,正是在法定犯立法模式兴起、刑民交叉问题日益凸显的背景下,对如何构建新型政商关系、如何加强涉企法律适用以及如何助推企业治理等问题的一个汇总检视。

本书有两个突出特点。一是高度关注司法判例。德国著名刑法学家克劳斯·罗克辛指出:“德国刑法的发展,在很大程度上不仅是通过立法和学术,而且是通过司法判决来向前推动的。”日本学者佐伯仁志也指出:“刑法解释更多地围绕本国的案件和司法判决展开。这也是日本刑法学逐步脱离对德国刑法学依赖的重要原因。”“一具体就深入”,从判例中,我们能发现、发展出理论;同样,理论体系的构建,也必须接受判例的检验和完善。林越坚博士及其带领的检察官团队,深入剖析和解读了温州乃至全国范围内大量鲜活的司法判例和司法实践,避免了重空洞理论说教、轻实际问题解决的倾向,进一步提升了司法界、企业界人士对政商关系和企业治理相关法律问题的具体化、形象化认知。二是高度关注民营企业刑事风险防控。长期以来,理论和实务界更多是从民商法角度研究和推进企业法治保障,但现实案例一再显示,刑事风险防控才是企业经营中最重要、最紧迫的风险防控。温州是我国民营经济的发祥地,在民营经济发展方面具有风向标的地位,很多问题易发先发。因此,该书在研究司法适用之余,还结合办案,从践行“支持民营经济发展重在务实”的理念出发,对企业的经营管理漏洞和法律政策风险等问题提出相关法律建议,积极引导各类市场主体强化刑事合规意识,并按照内容分为外部政商关系类、融资投资类、涉税类、侵害市场秩序类、环境保护类、信息网络类、企业高管职务犯罪类、人力资源管理类等不同篇章,对企业做好刑事风险防控具有很强的借鉴意义。

本书是林越坚博士的最新力作。我相信该书的出版既对加强服务保障民营经济健康发展的司法理论实务研究具有重要意义,也可以为法院、检察院、律师等法律界人士,以及企业界人士提供有益参考。

是为序。

贾　宇

2019年12月27日于杭州

目录

第一章　总　　论

第一节　急剧转型背景下新型政商关系的构建

一、新时代社会主要矛盾与分配正义——“分得不好”本质是人与资本的冲突

中国特色社会主义进入新时代，我国社会主要矛盾已经转化为人民日益增长的美好生活需要和不平衡不充分发展之间的矛盾。对于这句话的解读，中国社科院的经济学专家刘煜辉认为，不平衡、不充分的矛盾本质上就是人与资本的冲突，通俗地讲，就是“分得不好”的矛盾。经过四十年的改革开放，人民物质生活已经极大的富裕，但是，为什么人们还是感到愤愤不平，其实就是因为社会资源的分配不公平。罗尔斯(Rawls)的名著《正义论》谈到了分配正义的问题。“正义”一词就像普罗透斯(Proteus)善变的脸，不容易解释得清楚，总结起来有两个方面：一是同一原则，即每个人都有平等的自由权，即形式上平等，最典型的概念就是法律面前人人平等，法律的这种初始的分配就是平等分配，这是第一正义。如果都是按照形式平等的原则来分配，只要时间一拉开几年、几十年，就会导致极度不平等。二是差别分配原则，即二次分配原则。二次分配必须在一次分配的基础上来完成，要符合社会最弱的弱者的最大利益来进行分配，实现分配正义。

二、新时代政商关系与分配正义——“亲清比例不当”本质是权力与资本的冲突

习近平总书记在全国政协十二届四次民建、工商联联组会议上的讲

话中指出,新型政商关系概括起来就是“亲”“清”二字,也就是本书的中心话题。政商关系的本质就是权力和资本的关系,权力和资本的关系跟分配正义有关,市场经济资源的分配通过资本来完成,资本完成社会资源分配后需要整合,整合就会出现风险。市场经济充满了风险,权力主要分配风险,风险决定如何承担以及由谁承担。国家为什么要对受贿犯罪处理得这么严厉?因为官员掌握了权力,掌握了权力就可以进行社会风险的分配,商人通过影响权力,减少风险,增加收益。社会风险的分配不恰当,就会造成整个社会资源的危机,故“亲”“清”政商关系中有“亲”无“清”会扭曲资源分配,而有“清”无“亲”则会抑制资源分配,导致社会矛盾增加。政商关系解决不好,整个社会的分配正义就不可能解决好。

根据形式正义和分配正义理念,法院和检察院的功能区别或在于,法院首先要严格按照法律来审理案件,但是,检察机关发现审理过程中有一些实质性的不平等,按照监督的原则来进行相应调整,这是二次分配,是补充性质的一种分配原则。第一原则决定第二原则,西方历史上一直是崇尚第一原则,讲究法律面前人人平等,罗尔斯的贡献在于他反思了西方的功利主义正义观,这是检察机关介入非公经济以实现分配正义的社会哲学基础。

三、“人—资本—权力”的治理三角关系——非公检察嵌入“法治—分配正义—政商关系”

法治的意义在于解决民众和权力的关系,法治的本源概念并不是以权力控制民众,而是民众运用法律来制约权力,把权力关在制度的笼子里。政商关系的本质是权力和资本的关系,民众和资本的关系本质上是分配正义的关系。这样三个关系建立起来,它们之间会存在互动,非公检察(检察服务非公经济)嵌在其中,一方面参与法治,另一方面非公检察权本身就属于分配正义范畴,以分配正义为己任。检察权本质上是监督权,监督权主要是解决一次分配后的二次分配。这样就把新时代社会基本矛盾,政商关系和非公检察三者关联起来,如图 1-1 所示。

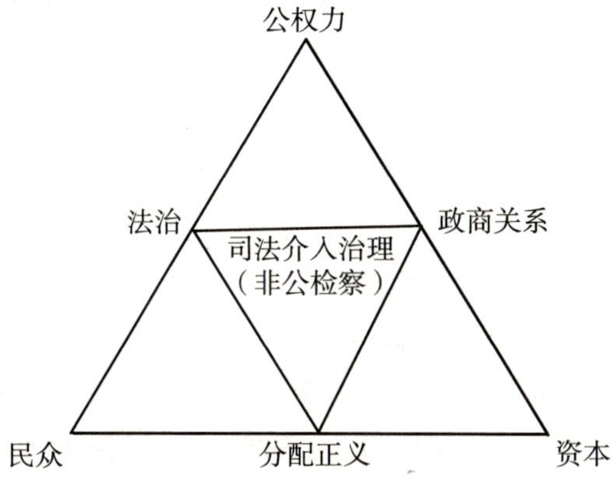

图1-1 “民众—资本—公权力”的治理三角关系

第二节 法治中国语境下非公检察与社会治理

非公检察是检察机关服务非公经济的简称，源自检察权监督公权、实现弱势群体的司法保护实现分配正义内涵，是检察参与社会治理的重要路径，包括通过司法办案保护非公企业利益等司法方式以及咨询、法律服务等非司法方式。

一、检察机关服务非公经济切入点

党的十八届三中全会提出全面深化改革的目标是国家治理能力和治理体系的现代化，党的十九届四中全会又审议通过关于推进国家治理体系和治理能力现代化若干重大问题的决定。传统的国家治理是统治的概念，是自上而下的“金字塔”形状的一种控制，采取的是命令控制式的方式，现在的治理理念，是开放的理念，共同的治理，即共享共治。国家治理中共享共治的概念非常重要，共治不仅仅是公权参与，私权也可以参与，民众也可以参与，是开放的体系，公权和私权共治的体系，这是在整个治理领域最大的理念变化。习近平总书记在2015年谈到，“促进非公经济健康发展和非公有制经济人士的健康成长是重大的经济问题,也是重大的政治问题”,即意味着“两个健康”涉及整个社会治理。传统的观点认为,司法机关就是解决纠纷的机关,有没有义务服务非公或者包括做一些非司法性的事情?其实是有的,检察机关在治理理念下也是社会上的一分子,也要参与治理,要服从整个国家治理和社会治理的目标。学者鲁篱、凌萧曾经把司法机关参与社会治理的方式界分为如下三类。

(一)退隐治理:防止选择性司法

例如,个别法院可能因为案件比较敏感或者不符合整个地区的治理目标,不立案也不作裁定,作比较保守的处理,套到治理理念上去,就是对敏感案件的一些退隐,这样做可能与当地的治理目标相适应,但从法律理念上看,就相当于选择性执法。

(二)错位治理:手段与对象的交错

错位治理分为两种:一种是以司法手段解决非司法问题,另一种是以非司法手段解决司法问题。例如,宏观调控是政府的事情,并不是司法职能,司法主要是解决纠纷,但如民间借贷利率上限之类问题,在司法解释中规定,就可能产生调控性质的效果,是以司法手段来解决非司法问题。非司法手段解决司法问题,如非法集资案件因为涉及量大、面广,最后清理财产的时候,本来是由司法机关完成,但是,司法机关包括法院也很难完成1998年7月13日国务院发布的《非法金融机构和非法金融业务活动取缔办法》(国务院令第247号)确定可以由地方政府来组织清返。例如,温州民间在金融风波的时候成立处置办,把法院、检察院的人员也组织进去,这亦属于以非司法手段处理司法问题。

(三)跨界治理:延伸服务

跨界治理是用非司法手段解决非司法问题,典型的比如司法机关参与招商引资,又如配合政府部门宣传、咨询等。

司法机关科学地参与治理,应该是用司法手段来解决一些非司法问题,特别是对于检察机关来说,这是其参与社会治理的一个基本的介入路径。“关注严格司法基础上的司法产出,实现公平正义所要求的执法动机、方式方法和质量效果的统一,最大限度地减少司法办案的负面产出,推进社会的善治进程,构建文明健康的法治生态,让人民群众对公平正义有更多的获得感。”非公检察的很多观念都跟正义有关，要有问题思维、底线思维和创新思维，秉持规范、理性、文明的执法理念，最根本的要点就是克服为办案而办案的意识，融入治理理念，参与到社会治理中去。

二、检察机关介入政商关系的方法论指引及运用

非公检察的方法论指引包括平等原则、比例原则和分配正义原则，检察机关办案应当遵循这三个原则思维。

(一)非公检察的方法论准则

1. 平等原则(合法性):形式正义

平等原则就是形式正义原则。有个以色列的笑话，有个农夫，带一只鸡和一头牛去赶集，在路上碰到风浪，农夫祈祷：如果保全我的生命的话，我就把这头牛卖的钱捐献给教会。作了这个承诺后风浪就平息了。农夫就带着鸡和牛到集市上去销售，牛卖20块钱一头，鸡卖200块钱一只，同时把鸡和牛都卖了之后，农夫把钱捐献给教会，也就捐20块钱。有些办案人员和这个农夫一样，不从整个事情的经过来看问题，完全就是截屏式地看问题。这种固化的司法办案理念是造成现在这种复杂局面下处理问题偏离实际的根源，会产生具体处理过程中形式化、机械化的毛病。

2. 比例原则(合理性):宽严相济

特别要注意在坚持平等原则的前提下，最终的司法处理定在哪个段位，定在哪个位置，是要靠比例原则来决定的。比例原则体现了中国文化和中国的智慧，在西方叫比例原则，在中国其实叫中庸之道。笔者发现很多的法官天然具有这种风格，比如大的综合性的案件，原来律师估计可能能够赢十分，但法官可能会从情理法的角度兼顾弱者、案子赢面不大的一方的利益或诉求。民事案件中贯彻这样的风格，一方面减少了信访压力，另一方面也是一种智慧。

3. 分配正义原则(生存优先):优先考虑企业的生存发展

最高人民检察院于2016年2月19日发布了《最高人民检察院关于充分发挥检察职能依法保障和促进非公有制经济健康发展的意见》

（以下简称《18 条意见》）。2016 年 4 月 8 日，浙江省人民检察院制定《浙江省人民检察院关于依法保障和促进非公有制企业健康发展的意见》（以下简称《21 条意见》）。《18 条意见》第 7 条明确提出优先考虑企业的生存发展，不能够在办案中滥用执法措施导致企业的生产经营被严重地扰乱。所谓的“轻拿轻放”，就是在这一理念下形成的思路。

（二）非公检察实体运用

怎样将形式正义和分配正义原理运用到最恰当的程度？在具体办理案件的时候，首先要根据法律条文的文义进行适用，再根据具体情况考虑到法益保护和执法目的的需要进行扩展。但是，扩展不是漫无边际的，一定会在某点上停下来，不可能无限制地把文义按照特定的目的推展下去，最后一定会停留在某个平衡点上，这个平衡点有时是一个区间。区间的左侧是传统文义解释的最大射程，只有基于特定法益保护目的，并在分配正义和比例原则决定下，才可以在文义解释最大射程，再往外走一点，但是，走不了多远，会受到一些原则的约束，比如有利于被告的原则，有利于保护弱者的原则等。法律需要倾斜的一些特殊原则，最终还是体现在法律的精神上面，推展到在文义解释最大射程外面能够推展区域的边沿，这是非公检察的理性空间，如图 1－2 所示。

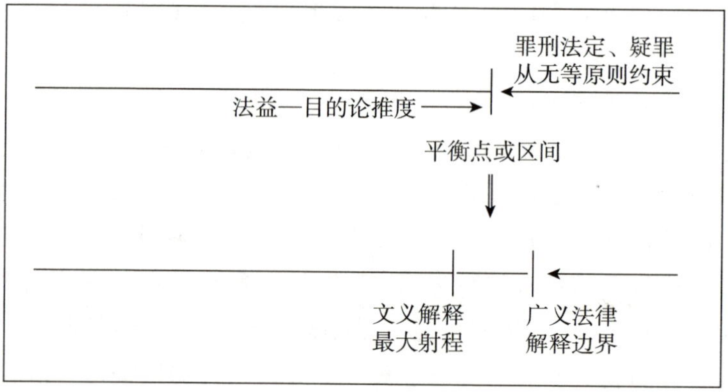

图 1－2　文义、法益和罪刑法定原则的博弈原理

案例 1　2008 年以来，伯特利公司鞍山的区总代理胡某友代表伯特利与鞍钢签订并履行了 81 份购销合同，伯特利共开具相应增值税专用发票81份,实际税额975,305.39元。其中有部分产品系伯特利在未收到购销合同的情况下按照胡某友的口头要求先行发货,事后开增值税专用发票时发现胡某友提供的合同所列明产品并非公司实际发货产品,仍然根据合同开具发票,导致部分增值税专用发票存在"货不对票"的情况,该部分产品涉及税金累计约86,528.9元。2009年12月,胡某友与鞍钢工作人员陈某薇等人预谋套取单位公款,采用虚构交易的方式贪污合同款121,550.01元。胡某友将相应合同发回伯特利时,伯特利方面未审查合同真实性,未核实合同是否存在相应货物,便开具了编号为00662820的增值税专用发票,发票金额为121,550.01元,涉及税款17,661.12元。

伯特利公司在浙江省行业内地位较高,产值也较高,属于重点企业,这个案子涉及的税款金额975,305.39元,检察官怎样去考虑服务非公的问题呢?这主要涉及代理挂靠开票这种商业模式到底是不是虚开增值税发票。虽然2015年最高人民法院研究室第18号的批复文件已经明确这种模式不属于虚开发票,但是,当时并没有司法解释,检察官凭直觉得应该不算虚开,但是专业上又吃不准,后来经过反复研究最终认定这81份购销合同全部都不算虚开增值税发票。而2009年12月的发票属于虚开,因为根本没有真实交易,故对无货开票的这一批作了相应的处罚。检察官除了实体处理,也帮助企业确立市场办事处的管理制度,帮助企业规范财务,加强审计,严格审查交易的真实性,对其进行了一系列的法制教育。这个案子的实体处理就体现了检察服务非公的精神。

(三)非公检察程序运用

检察服务非公的程序应用最主要的原则就是"轻拿轻放",办案的时候必须减少不当干预,防止对企业正常生产经营造成负面影响。另一个程序上的要求是要注重帮助企业减少经济损失。企业可能会并不关注侵权人判多少年,特别是受到诈骗的情况下,关注的是通过办案帮助企业挽回多少损失。具体在程序上体现慎重选择办案的时机、方式和力度,慎重采取拘留、逮捕等强制措施,慎重查封账册或查封扣押冻结企业财产,慎重掌控办案速度,慎重发布涉案非公企业的相关信息,特别是知名企业，尽量少报道，有限度地报道，最大限度地维护企业的形象、声誉，因为民营企业家建立起个人声誉很不容易，须充分考虑。同时，还要建立风险评估制度以及上报备案制度，在对涉案人员是否采取强制措施上要严格把控，对相关的评估和上报加强关注，避免造成企业重大损失。

案例2 2016年，温州有个名为书画宝的网上平台，未经金融主管部门批准设立资金池，以艺术品份额化交易形式，吸收社会资金，王某被吸引进去投资。但是，在书画宝商业模式里并不是想投多少就投多少，它有限制性要求，即到一定的额度以后就不能追加投资，但若能把另外的人拉进来则不仅追加额度还给提成。王某发现比较赚钱就想追加额度，就邀请别人来参加投资以获得奖励，书画宝平台出事的时候，王某自己还往平台充了210万元。此案在讨论时争议很大，王某主观上到底是为了投资、扩大额度还是为了提成难以查清，且王某到底跟书画宝核心团队有怎样的勾连，公安机关的证据也不太充分，案件又面临着追赃方面的要求，王某本人又是民营企业的企业主，涉及三家企业的经营管理。最终通过协调，平衡多方意见，依法作出不起诉处理。这就是把比例原则贯彻到具体案件中的一种体现。

第三节　非公检察办案重难点分类研究

非公检察办案的重难点问题大致可分为如下七类：

第一类是外部政商关系类，就是企业和公权力的关系，主要涉及行贿行为的出罪考量。碰到具体的案子怎样去考虑，需要用到博弈的视角，即牟取利益的性质是正当还是不正当，不要光静态地去考量，更要动态博弈地去看。行贿人拿钱疏通关系的时候，着重是想启动国家工作人员的什么行为；国家工作人员拿了利益以后是怎么考虑，与企业怎么互动，要从双方动态博弈的角度来看。

第二类是融资投资类金融案件方面最大的疑难问题，就是大量刑民交叉的问题，特别是民间非法集资方面依据。2010年处理非法集资的司法解释，笔者把它总结成两个问题。是不是非法集资，第一，看是不是具有金融性实质；第二，看集资行为是不是具有社会性，是否向不特定主体传播或者是否具有开放性。

第三类是涉税犯罪类涉税犯罪的问题要注意从行政、刑事交叉角度去分析，税务问题一方面涉及税务部门的行政处理，另一方面又涉及司法机关的刑事处理，刑事处理和行政处理的关系是一个关注点。

第四类是侵害市场秩序类主要分为三方面内容，第一，涉及市场竞争和垄断，这对企业来说非常重要，需要非公检察进行重点保护；第二，企业常碰到的诈骗类犯罪，包括合同诈骗之类的案件；第三，侵犯知识产权案件。

第五类是环保类这是一种新的类型，环保的刑事案件也越来越多，还涉及根据修改后的《民事诉讼法》《行政诉讼法》，由检察机关提起环境类公益诉讼问题。

第六类是信息网络类这类案件也是比较疑难的案件，办理这类案件要有比较的视角，要注意区分物理空间跟网络空间之间的差别。

第七类是企业内部职务犯罪类现在企业越做越大、越做越强，有些企业已经像机关了，如大型企业里面的层级化或者管理模式很像机关，而且权力也是分解到各个部门，部门也往往会涉及腐败问题。企业内部的职务犯罪，包括职务侵占、挪用资金等。同时要注意民事和刑事性质的区分和刑民交叉问题的妥善处置，要多从企业治理的角度提出建议。

第二章　反腐败大势下企业法律战略

党的十九大报告明确提出“坚持受贿行贿一起查”的要求，这不仅彰显党中央继续深入推进反腐败的决心，也标志着反腐败工作从治标到治本的战略转向，尤其是突出了对行贿犯罪的打击力度，不得不引起企业的关注和警惕。随着近年来“打虎”“拍蝇”持续进行，企业向国家工作人员行贿抑或国家工作人员向企业索贿的案件不断发生，政商腐败问题不容忽视。根据人民论坛问卷调查中心2015年2月的调查结果显示，[①]“38.5%的受访者认为官商腐败比较严重，26.1%的受访者认为相当严重”，官商腐败已然成为当前政治经济生活中的一大顽疾。由于我国当前处于经济转型的特殊时期，一些企业希望通过依傍政府官员获取相关资源分配上的倾斜和照顾，以便在激烈竞争中获得某种优势，而政府官员则希望通过其信任或者其认为“可靠”的企业来提升政绩或聚敛财富，从而出现了一种特有的“政经抱合”样态，[②]最终表现为政商勾结，权钱交易。政商腐败问题不仅破坏了公平竞争的市场经济秩序，阻碍社会经济发展，还严重损害了国家和社会的公共利益。因此，在当前反腐败高压态势下，如何重塑新型政商关系尤其是如何完善企业发展治理是当前政治经济改革中所要解决的难点问题，也是企业持续健康发展的重要课题。

---

① 参见潘丽莉、高骊：《64.6%受访者认为官商勾结现象严重》，载《人民论坛》2015年第7期，第20页。

② 参见操宏均：《新形势下民营企业家腐败犯罪预防进路——以新型政商关系为视角》，载赵秉志主编：《刑法论丛》（2017年第4卷），法律出版社2018年版，第8页。

第一节　当前政商腐败的具体表现形式

政商关系是现代政治经济关系中最为复杂的一对关系。良好的政商关系不仅有利于优化营商环境,促进市场经济发展升级,而且有利于营造良好的政治、经济生态。但不可否认,当前政商关系中不正当交往情况仍然存在,尤其是政商腐败问题时有发生,其结果则表现为国家工作人员和企业家涉职务犯罪案件多发频发。根据国家工作人员与企业家交往过程中所处地位、作用以及各自的具体行为方式,可将政商腐败归纳为以下几种表现形式。

一、企业向国家工作人员行贿犯罪

无行贿则无受贿。传统观念普遍对受贿犯罪痛恨不已,但对行贿行为却少有责备,甚至抱有同情。事实上,行贿犯罪是政商腐败的重要原因之一,也是导致受贿发生的原始根源,其危害程度并不一定比受贿小。根据北京师范大学课题组对中国企业家刑事风险分析报告的抽样数据统计,①2014 年至 2018 年,民营企业家在全部企业家犯罪总人员中占比 85.77%,其中民营企业家涉嫌行贿罪(包括行贿罪、单位行贿罪、对非国家工作人员行贿罪等)占民营企业家犯罪总数的 11.87%,占民营企业家涉嫌职务犯罪总数的 85.9%。由此可见,民营企业家是中国企业家犯罪群体中的主力军,而行贿犯罪也已然成为民营企业家涉腐败犯罪的主要形式。与此同时,对行贿犯罪加大打击力度的呼声也在不断高涨,尤其是 2015 年《中华人民共和国刑法修正案(九)》[以下简称《修正案(九)》]及 2016 年最高人民法院、最高人民检察院《关于办理贪污贿赂刑事案件适用法律若干问题的解释》(以下简称《2016 年贪污贿赂解释》)的出台,对行贿罪的立案标准、罚金刑适用以及减免条件等内容均

① 张远煌:《企业家刑事风险分析报告(2014 - 2018)》,载《河南警察学院学报》2019 年第 4 期,第 19 页。

作出了新的调整,加重了对行贿犯罪的惩处力度,“重受贿轻行贿”的传统观念正在向“行贿与受贿并重”“严惩行贿犯罪”方向转变。在此背景下,企业家应当时刻关注行贿犯罪司法动态,能够自主辨识行贿犯罪中可能影响定罪的几个关键问题,有效区分行贿罪罪与非罪、此罪与彼罪的界限,从而最大限度地避免犯罪。

(一)关于不正当利益的认定问题

《中华人民共和国刑法》(以下简称《刑法》)第389条规定,为谋取不正当利益,给予国家工作人员以财物的,是行贿罪。由此可见,谋取不正当利益是构成行贿罪的前提条件。关于不正当利益,当前有多个司法解释均有涉及,包括1999年最高人民法院、最高人民检察院《关于在办理受贿犯罪大要案的同时要严肃查处严重行贿犯罪分子的通知》(以下简称《1999年行贿通知》)、2008年最高人民法院、最高人民检察院《关于办理商业贿赂刑事案件适用法律若干问题的意见》(以下简称《2008年商业贿赂意见》)以及2012年最高人民法院、最高人民检察院《关于办理行贿刑事案件具体应用法律若干问题的解释》(以下简称《2012年行贿解释》)等。从上述司法解释的变革情况可以看出,一方面理论界和实务界对不正当利益的认定范围正在不断扩大,这也凸显了当前对行贿犯罪实行扩大打击的决心和趋势,另一方面也反映出司法实践中对不正当利益的认定尚存在不同认识,需进一步厘清。

案例1 2003~2010年间,被告人蔡某亮作为某市政管道疏通有限公司(案发时已注销)法定代表人、总经理,为保证该公司在甲镇市政排污水管道疏通、化粪池清理、市政排污水井盖等工程发包时顺利中标,先后以公司名义多次送给分管市政工作的副镇长杜某某共计人民币45万元。

不正当利益是否包括谋取竞争优势?

根据《2012年行贿解释》规定,行贿犯罪中的“谋取不正当利益”,是指行贿人谋取的利益违反法律、法规、规章、政策规定,或者要求国家工作人员违反法律、法规、规章、政策、行业规范的规定,为自己提供帮助或者方便条件。违背公平、公正原则,在经济、组织人事管理等活动中,谋取竞争优势的,应当认定为“谋取不正当利益”。据此,实践中通常将“不正当利益”归纳为三种情形:第一,不正当的实体利益。即行贿人所谋取的利益本身违法或者违背政策,一般表现为国家禁止性的利益和特定义务的不当免除等。如无证经营烟草业务被查获后向国家工作人员行贿希望能够免除行政处罚。第二,不正当的程序利益。即要求国家工作人员违背法律、政策规定,为其谋取利益,如通过行贿手段希望国家工作人员应当报上级批准而不予报批,或者应当公开招投标而未予公开。第三,谋取竞争优势。即行贿人违反公平、公正原则取得竞争优势,如上述案例中蔡某亮为了谋求工程发包时的竞争优势,未按照法定的正常程序获得承包权,而是通过向国家工作人员杜某某行贿后要求关照,损害他人正常合法的竞争权利,其行为符合行贿罪中规定的“违背公平、公正原则,在经济活动中给予国家工作人员财物以谋取竞争优势”的情形,应当认定为“不正当利益”。同时,《2012年行贿解释》将组织人事管理活动中谋取竞争优势的行为也认定为谋取不正当利益,比如说企业家为了竞选人大代表的政治优势而向他人行贿。由于该种情形实质上是将职务或者职位视为一种商品进行交易,同样符合贿赂犯罪中“权钱交易”的本质特征,故应认定为谋取不正当利益。因此,即便行贿人所谋取的利益实体上没有违反法律、政策,程序上也没有要求国家工作人员违反法律、政策的规定提供帮助,但其在经济活动、人事活动中,违背公平、公正原则,给予相关人员财物排挤竞争对手,谋取竞争优势的,属于“谋取不正当利益”。需要注意的是,对于已经具备竞争优势仍通过行贿手段维持该种竞争优势的情形,如果这种竞争优势尚处于不确定、不可靠的状态,即便这种优势客观存在,但行贿人通过行贿等不正当手段继续谋取或予以维持的,仍然属于“谋取不正当利益”。

此外,对于不正当利益的认定,还须注意以下几个问题。第一,行贿人主观认识原则。认定是否具有谋取不正当利益时,应当从行贿人的角度进行判断,而非受贿人。一方面不能因为行贿人客观上获得某种不正当利益,就简单认定其主观上具有“谋取不正当利益”的目的,否则有客观归罪之嫌;另一方面也不能因为行贿人客观上没有获得某种不正当利益，就否定其构成行贿罪的可能。如果行贿人主观上具有谋取不正当利益的目的而送给受贿人财物，受贿人在不知情的情况下予以收受，即使没有提供实际帮助，在此情况下，行贿人仍有可能构成行贿罪。第二，实质审查认定原则。在认定不正当利益时，对于是否存在违反法律、政策以及行业规范，不仅要进行形式审查，更要注重实质审查，尤其要注意以合法形式掩盖非法目的的情形。第三，职务行为关联性原则。贿赂犯罪与国家工作人员的职务行为密切关联，其本质就是国家工作人员职务行为的不正当报酬，故在认定行贿人是否谋取不正当利益时，还要充分考虑是否与受贿人职务行为有关。如果行贿人谋取的利益与受贿人的职权毫无关联，就谈不上行贿人利用受贿人职务便利谋取利益，更谈不上所谓的“谋取不正当利益”。

企业负责人行贿是构成行贿罪还是单位行贿罪？

我国《刑法》除了规定行贿罪之外，还另外规定单位行贿罪。《刑法》第 393 条规定，单位行贿罪是指单位为谋取不正当利益而行贿，或者违反国家规定，给予国家工作人员以回扣、手续费的行为。行贿罪和单位行贿罪的主要区别在于犯罪主体不同，行贿罪的犯罪主体是自然人，而单位行贿罪的犯罪主体则是单位。从法理上讲，两罪之间的界限是比较明确的，即自然人为了个人利益以个人名义行贿的属于行贿罪，单位为了集体利益以单位名义行贿的属于单位行贿。但在司法实践中，对于单位负责人向国家工作人员行贿的，到底是构成行贿罪还是单位行贿罪，在具体个案认定上还存在争议。尤其是对于一人公司、家族企业等中小企业而言，在单位资金和负责人资金混同、单位利益和负责人个人利益难以区分的情况下，对该单位负责人的行贿行为如何认定确有一定困难。对此，应当坚持实质判断，不能仅仅根据行贿行为“以谁的名义”实施就作出认定，而应考虑决策意志、资金来源、利益归属等多个因素综合评判。例如，从决策意志上看该行贿行为是由企业负责人个人决定还是经企业领导班子集体研究讨论；从资金来源上看该行贿资金来源于企业负责人资金还是企业单位资金；从利益归属上看所谋取的利益是归企业负责人个人所有还是企业集体所有等。如上述案例中蔡某亮作为公司法定代表人、总经理，为了使公司能够顺利承包工程而以公司名义送给国家工作人员财物，最终所获工程也归属于公司，故其行为构成单位行贿罪。

单位行贿罪中如何追究企业负责人的刑事责任？

《刑法》第 31 条规定，单位犯罪的，对单位判处罚金，对其直接负责的主管人员和其他直接责任人员判处刑罚。《刑法》第 393 条规定，构成单位行贿的，对单位判处罚金，并对其直接负责的主管人员和其他直接责任人员，处 5 年以下有期徒刑或者拘役，并处罚金。因此，我国《刑法》对单位行贿犯罪采取双罚制原则，即同时对单位和直接责任人员分别判处刑罚。这里的直接责任人员既包括直接负责的主管人员，如公司法定代表人、总经理等，也包括其他直接责任人员，如参与具体经营的公司管理人员、聘任雇佣人员等。当然，在决定是否追究行为人刑事责任时，其评判标准并非简单的以行为人的职务高低或头衔进行判断，而是根据行为人在单位行贿犯罪中所起的作用以及参与的具体行为。一般情况下，企业负责人应当对企业的全部犯罪行为负责。上述案件中，虽然被告人蔡某亮的部分行贿款项是通过公司员工送给杜某某的，但由于该行为是蔡某亮授意指使，且行贿款项亦来源公司账户，蔡某亮作为公司法定代表人、总经理，全面负责公司的经营管理活动，应当对涉案全部犯罪金额承担刑事责任。此外，虽然涉案单位市政管道疏通有限公司在案发时已经注销，丧失法人资格，无法追究单位刑事责任，但并不影响追究蔡某亮单位行贿罪的刑事责任。

（二）贿赂犯罪中财物的认定问题

贿赂犯罪本质是国家工作人员的职务行为与行贿人所送财物之间的不正当交易（权钱交易），其犯罪的对象就是“财物”。因此，如何准确理解和判断贿赂犯罪中的“财物”，直接关乎行为人是否构成贿赂犯罪。司法实践中，由于部分企业家的法律知识有限，不能准确辨别贿赂犯罪中的“财物”范围，甚至误认为只有现金和物品才属于“财物”，从而游走于犯罪边缘。

案例 2　被告人周某明先后担任某街道工委副书记、纪工委书记、某区招商局局长等职务。2003 年～2007 年，被告人周某明在担任街道副书记、纪工委书记兼该街道甲村联系干部期间，时任甲村村委会委员陈某某为了获得该村三产返回地“理想佳苑”房地产项目工程承包权，请托周某明出面与开发该地块的房地产公司打招呼，被告人周某明利用职务便利为陈某某说情后，陈某某顺利获得“理想佳苑”工程承包权。此后，陈某某多次要求周某明利用其担任区招商局局长的职务便利，向该区住建部门领导打招呼帮助解决房屋中期验收、竣工验收等问题，被告人周某明均予以帮助。2014 年 6 月，“理想佳苑”房屋交付使用，陈某某为感谢周某明的帮助，替周某明缴付其在“理想佳苑”项目中所购两套房屋尾款共计人民币 29.9 万元。2015 年 6 月，因该村村民向有关部门反映“理想佳苑”开发建设中的问题，被告人周某明害怕事情被发现还给陈某某 20 万元，余款至案发时未还。经查，被告人周某明长期具有还款能力。

如何界定贿赂犯罪中“财物”的范围？

我国《刑法》明确将贿赂犯罪的对象规定为财物，但无论是《2008 年商业贿赂意见》还是《2016 年贪污贿赂解释》，对贿赂犯罪中的“财物”范围均作了扩张性的解释，明确将“财产性利益”纳入到贿赂犯罪中的“财物”范畴。根据《2016 年贪污贿赂解释》规定，贿赂犯罪中的“财物”包括货币、物品和财产性利益。财产性利益则包括可以折算为货币的物质利益如房屋装修、债务免除等，以及需要支付货币的其他利益，如会员服务、旅游等。考虑到无论是物质利益还是其他利益，虽然两者存在的载体有所不同，但均可用一定的货币予以衡量，实质上并无区别，故一般情况下应均作贿赂犯罪中的“财物”处理。据此，我们认为，“财物”是指一切具有金钱价值的物质性利益，但不包括精神、荣誉、名誉、职务等非物质性利益。另外，行为人为了逃避打击，贿赂犯罪的手段也越来越隐蔽，除了行贿人直接向受贿人输送财物或财产性利益以外，还大量存在以交易方式输送财物或财产性利益的情形，如利用委托理财、合作投资等手段，借用“合法”的交易形式达到非法输送利益的目的，其行为仍然属于贿赂犯罪。如上述案例中，陈某某以帮助支付购房款尾款形式送给周某明 29.9 万元，虽然双方辩解该笔资金系借款，但纵观全案，综合考虑该笔所谓的“借款”系事后出具借条、周某明购房时有支付能力且有还款能力、借款后长时间不予归还以及最终因害怕被查处而部分归还等情形，可以认定该笔资金属于贿赂款，而非借款。

此外，从司法实践来看，“非财产性利益”在当前行贿犯罪中也常有出现且越来越普遍，如信息、升职、子女就业以及性贿赂等均有可能成为贿赂犯罪的交易对象，贿赂犯罪已经由“权钱交易”发展到了“权利交易”、“权色交易”以及“权权交易”的地步，但由于目前法律和司法解释均未将非财产性利益纳入贿赂犯罪的对象范畴，故能否将该类情形认定为贿赂犯罪尚存在一定障碍。

案例3 被告人安某像系某制药有限公司销售业务员，为感谢时任某街道社区卫生服务中心主任王某在药品采购过程中的帮忙和关照，被告人安某像与王某经事先商议，由该卫生服务中心向安某像支付货款后，安某像再按货款35%的比例送给王某回扣款共计人民币24万元，王某均予以收受。

商业活动中给予回扣款是否构成行贿犯罪？

《中华人民共和国反不正当竞争法》(2017年修订)规定：“经营者不得采用财物或者其他手段进行贿赂，以谋取交易机会或者竞争优势。经营者在交易活动中，可以以明示方式向交易相对方支付折扣，或者向中间人支付佣金。经营者向交易相对方支付折扣、向中间人支付佣金的，应当如实入账。接受折扣、佣金的经营者也应当如实入账。”据此，我国当前市场交易活动中允许经营者向对方支付折扣、佣金等，前提是必须公开且如实入账。但回扣款则不然，按照一般人的普遍认识，回扣是指在经济往来中由经营者账外暗中从其货款中以现金、实物或其他方式返还一部分给交易相对方的款项，一般是指落入交易相对方个人腰包或者单位小金库的那笔款项。这里的“账外”是指不入正规财务账，“暗中”是指不在合同、发票中明确表示。如果所谓的回扣款对交易双方而言是公开且在正式财务中记账的，则可能属于一般的折扣、佣金等优惠让利行为，并非属于刑法意义上的回扣款。由此可见，“账外暗中”是区分回扣款与一般折扣、佣金等优惠让利行为的重要特征和表现形式，也是交易双方是否成立贿赂犯罪的前提条件。对此，《刑法》第385条规定，国家工作人员在经济往来中，违反国家规定，收受各种名义的回扣、手续费，归个人所有的，以受贿论处。《2008年商业贿赂意见》针对医疗、教育机构在商业领域中的特殊情况，明确医疗机构、教育机构中国家工作人员，在各自领域的医药产品、教材教具等采购活动中，利用职务之便索取销售方财物，或者非法收受销售方财物，为销售方谋取利益的，以受贿罪定罪处罚。这里的索取或收受销售方财物，当然包括市场交易活动中的回扣款。换句话说，行贿人为了谋取不正当利益，在医疗、教育机构国家工作人员利用职务便利进行产品采购过程中，账外暗中给予回扣款的，其行为构成行贿罪。如上述案例中被告人王某像为了推销药品，按照35%比例将相应回扣款送给王某，从而请托王某利用职务之便采购其公司药品，其行为构成行贿罪。这里需要注意的是，对于医疗、教育机构中的医务人员、教师而言，如果行贿人所送回扣款并非基于其产品采购的职务之便，而是利用医务人员开处方、教师教学活动的便利，其行为则构成向非国家工作人员行贿罪，相应的受贿人则构成非国家工作人员受贿罪。

（三）国家工作人员索贿情况下行贿的认定问题

根据《刑法》规定，受贿的方式分为“索取他人财物”和“非法收受他人财物”两种情形。考虑到“索贿”的行为性质以及行为人的主观恶性，故《刑法》规定国家工作人员利用职务便利索贿的即可构成受贿罪，不要求为他人谋取利益。那么，对于企业而言，在国家工作人员主动索贿，尤其是在其确有请托事项的情况下，该如何处理才不会触犯法律，是企业家所要面对的问题。

案例4 被告人申某国担任某经济开发区管委会主任期间，乙公司负责人余某某向管委会申请使用该公司旁边的一块土地建设厂房，被告人申某国将此事交代下属落实，最终乙公司顺利获得工业建设用地651平方米。2009年12月，被告人申某国夫妇欲购买“大自然三期”楼盘，在家庭资产足以支付的情况下，以购房缺少资金需要借款为由，向余某某索要人民币30万元。2014年4月，被告人申某国得知他人涉嫌行贿犯罪被有关部门查处，因害怕自己受贿事实暴露，将上述30万元退还给余某某。

行贿人因国家工作人员主动索贿而给予财物是否构成行贿罪？

行贿罪与受贿罪属于对向犯罪，互为因果，在通常情况下，行贿受贿双方同时分别构成行贿罪和受贿罪,但也有例外情形。《刑法》第389条规定,因被勒索给予国家工作人员以财物,没有获得不正当利益的,不是行贿。因此,在国家工作人员主动"索贿"的情况下,被索贿对象是否构成犯罪,关键在于行为人有无获得不正当利益。换句话说,行为人虽然没有为谋取不正当利益而主动送给国家工作人员财物,但在国家工作人员利用职务便利向其勒索财物时,行为人给予财物并最终获得不正当利益,其行为仍有可能成立行贿罪。只有被索贿后没有获得利益或者所获利益是正当的,行为人才能阻却犯罪成立。需要注意的是,《刑法》条文中规定的"勒索",并不要求达到敲诈勒索的程度,实质上,无论是勒索还是要求、索要,都是国家工作人员在他人有求于自己职务行为时提出的非法要求,对于企业或企业家而言,在面对国家工作人员主动向其索贿时,三者之间只有程度区别,没有本质差异。因此,在国家工作人员主动索贿时,无论是要求、索要或是勒索,行为人迫于压力而给予财物的,只要事后没有获取不正当利益的,其行为不构成行贿罪。上述案例中,涉案公司负责人余某某向管委会申请使用土地建设厂房,被告人申某国基于职务之便提供帮助后向余某某索要30万元,假设余某某申请用地并未违反相关法律、政策,也没有损害他人合法权益,其最终所获的利益并非属于不正当,余某某则不构成行贿罪,但该情形不影响对申某国构成受贿罪的认定。

行贿时没有具体请托事项是否构成犯罪?

对于行贿人有具体请托事项的行贿行为,相关司法解释已经作出明确规定,无论受贿人是承诺还是实际帮助解决请托事项,也无论是事前收受财物还是事后收受,均构成受贿罪。对此,《2016年贪污贿赂解释》规定,具有下列情形之一的,应当认定为"为他人谋取利益",构成犯罪的,应当依照《刑法》关于受贿犯罪的规定定罪处罚:(1)实际或者承诺为他人谋取利益的;(2)明知他人有具体请托事项的;(3)履职时未被请托,但事后基于该履职事由收受他人财物的。如上述涉案公司余某某申请建设用地行为在前,被告人申某国以借款名义索贿在后,属于典型的事前谋利、事后受贿的情形,不影响双方行贿受贿犯罪的成立。但在现实生活中,部分案件中行贿人的请托事项与受贿人谋取不正当利益并非一一对应,甚至说,行贿人根本就没有具体的请托事项,而是一种“放长线、钓大鱼”的感情投资,对此情形能否认定为行贿,要具体问题具体分析。根据司法实践,大致可分为两种情形:一种是行贿人送财物时没有提出请托事项,而是事后提出,对此应根据主客观相一致原则综合判断。如果行为人送财物时并无明确请托事项,确系为了联络感情、交朋友,后因故提出具体请托事项的,因其送财物时谋取不正当利益的主观故意尚不明确,一般不认定为行贿;但如果行贿人的请托事项早已产生,为了日后提出具体请托事项而以联络感情、交朋友为名送给国家工作人员财物,且客观上事后又提出了请托事项,应当认定为行贿。另一种是行贿人自始至终没有提出具体请托事项,属于单纯的“感情投资”。对此,《2016 年贪污贿赂解释》明确将国家工作人员索取、收受具有上下级关系的下属或者具有行政管理关系的被管理人员给付的礼金或红包的“感情投资”行为,在一定条件下认定为受贿罪,但除此之外的“感情投资”情形是否构成犯罪仍有很大的争议。因此,对于国家工作人员和企业家双方而言,应严格把握“感情投资”型贿赂和正常的情感联络之间的界限问题,司法实践中往往是结合双方日常关系、所送财物价值、是否公开以及有无利益诉求等多个方面予以把握,如果按照社会一般观念,“感情投资”所涉财物未超出正常社交礼仪的范围,或者国家工作人员收受“感情投资”与其人际关系、社会地位等具有一定的相当性,一般情况下可以判定该行为是被允许的,不应认定为贿赂犯罪。

(四)特殊犯罪对象的认定问题

受我国当前社会制度及人情世故的影响,企业或企业家为了谋取不正当利益,除向国家工作人员行贿外,还可能向一些特殊的犯罪对象行贿,包括国家工作人员亲友或者国家工作人员所在单位部门等,对此行为是否涉嫌犯罪并受到刑法的规制,对于部分企业家而言仍有一定疑惑。

案例 5 2015 年 7 月,被告人王某甲作为甲市某建筑工程有限责任公司法定代表人,为了使公司顺利承揽甲市妇幼保健院办公楼工程,在该市妇幼保健院办公楼工程招投标过程中,通过高某甲利用其妻子韩某某(时任甲市妇幼保健院院长)的影响力,指使韩某某下属高某乙(时任甲市妇幼保健院办公室主任)违规操作,从而使其公司中标。中标后,被告人王某甲为感谢高某甲在招投标过程中的帮助,分两次指使他人送给高某甲好处费共计人民币90万元。

对国家工作人员以外的特定关系人行贿是否构成犯罪?

2015年《刑法修正案(九)》新增了"对有影响力的人行贿罪",该条规定是《刑法修正案(七)》增设利用影响力受贿罪后作出的调整,从而将其对合的"行贿"行为纳入犯罪范畴,实现行贿受贿的双向构罪,严密了影响力交易犯罪的刑事法网。根据《刑法》规定,对有影响力的人行贿是指为谋取不正当利益,向国家工作人员的近亲属或者其他与该国家工作人员关系密切的人,或者向离职的国家工作人员或者其近亲属以及其他与其关系密切的人行贿的行为。由此可见,除向国家工作人员行贿构成犯罪以外,向以下特定人员行贿也可能构成犯罪:一是国家工作人员的近亲属;二是与国家工作人员关系密切的人;三是离职的国家工作人员;四是离职的国家工作人员的近亲属;五是与离职的国家工作人员关系密切的人。这里的近亲属范围相对是比较容易确定的,关键是如何确定关系密切的人。根据法律精神及司法实践,关系密切的人,一般是指与国家工作人员或者离职的国家工作人员具有共同利益关系的人,其中共同利益不仅包括物质利益,也包括其他方面的利益,比如说情人关系、前妻前夫关系、秘书、司机等。因此,行贿人为了谋取不正当利益,向国家工作人员以外的特定人员行贿的,则可能涉嫌对有影响力的人行贿罪。但与此同时,并非所有将财物送给上述特定人员的行为一概以对有影响力的人行贿罪而定罪处罚。司法实践中,行为人将财物送给上述特定人员最终以行贿罪论处的比比皆是,对此关键还要结合行为人的主观认识来认定,大致可归纳为两种情形:一是行为人希望通过交付财物的方式收买上述特定人员,继而通过其对国家工作人员的影响力达到谋取不正当利益的目的。在此情况下,行为人没有向国家工作人员行贿,特定人员也没有与国家工作人员通谋甚至没有告知国家工作人员自己受贿的事实,故行为人构成对有影响力的人行贿罪,特定人员构成利用影响力受贿罪,即使最终造成了国家工作人员职务行为的不公正性,国家工作人员也不构成受贿罪;二是行为人希望通过将财物送给特定人员的方式对国家工作人员行贿,此时特定人员所起到的作用其实是代为收受贿赂,其实际上与国家工作人员属于共同受贿关系,行为人的行为则构成行贿罪。上述案例中,被告人王某甲向高某甲行贿,是基于高某甲是时任甲市妇幼保健院院长韩某某丈夫的身份,其所利用的是韩某某的职务影响力,并非直接向韩某某行贿,故其行为构成对有影响力的人行贿罪,高某甲的行为构成利用影响力受贿罪。

案例6 被告人俞某系某医疗器械有限公司实际控制人。2013 年 4 月至 2014 年期间,被告人俞某为了感谢医院干部科在采购、使用其代理的药品并通过国家禁止的违规统方形式等事宜上提供帮助,先后三次在该院干部科主任赵某维办公室送给该医院干部科 13 万元的回扣,赵某维予以收受,并将这些钱分发给科室人员及用于科室搞活动等。

向国有单位内设机构给予好处费是否构成犯罪?

《刑法》第 387 条规定,单位受贿罪是指国家机关、国有公司、企业、事业单位、人民团体,索取、非法收受他人财物,为他人谋取利益的行为。前款所列单位,在经济往来中,在账外暗中收受各种名义的回扣、手续费的,以受贿论。《刑法》第 391 条规定,对单位行贿罪是指为谋取不正当利益,给予国家机关、国有公司、企业、事业单位、人民团体以财物的,或者在经济往来中,违反国家规定,给予各种名义的回扣、手续费的行为。由此可见,企业或企业家为了谋取不正当利益虽然没有送给国家工作人员财物,但送给对方单位财物的,同样构成犯罪。由于单位受贿罪与对单位行贿罪是一组具有对向关系的罪名,两罪中“单位”范围一致,包括国家机关、国有公司、企业、事业单位、人民团体,但是,对于单位内设机构收受财物或行贿人将财物送给单位内设机构的,是否构成行贿受贿犯罪尚有争议。对此,2006 年最高人民检察院法律政策研究室《关于国有单位的内设机构能否构成单位受贿罪主体问题的答复》对此予以明确,规定,“国有单位的内设机构利用其行使职权的便利,索取、非法收受他人财物并归该内设机构所有或者支配,为他人谋取利益,情节严重的,依照刑法第三百八十七条的规定以单位受贿罪追究刑事责任。上述内设机构在经济往来中,在‘账外暗中’收受各种名义的回扣、手续费的,以受贿论”。据此,国有单位的内设机构可以构成单位受贿罪的主体,反之亦可以成为对单位行贿罪的犯罪对象。上述案例中,涉案医院干部科作为该国有单位医院的内设部门,虽然不具有法人资格,但同样可以成为对单位行贿罪的犯罪对象。被告人俞某在经济往来过程中,为了谋取竞争优势,送给该医院干部科13万元的回扣款,其行为构成对单位行贿罪。

（五）行贿与介绍贿赂的界限问题

介绍贿赂作为贿赂犯罪中的媒介性行为,我国《刑法》单独将其规定为介绍贿赂罪。但在司法实践中,由于部分企业家认为自己既没有收钱,也没有送钱,只是在行受贿双方之间牵线搭桥,误认为自身行为不具有违法性,对介绍贿赂犯罪认识不足。同时,介绍贿赂罪和行贿受贿罪共同犯罪的构成要件方面存在诸多相似之处,导致两者在司法实践中极易混淆,出现同案不同判、量刑不平衡等情形。

案例7　2011~2014年期间,被告人陶某在明知甲房地产开发有限公司总经理周某、乙通信网络科技有限公司总经理胡某要向时任丙县人民政府副县长谢某行贿的情况下,仍为双方沟通关系、牵线搭桥,并多次帮助谢某收受上述两人所送人民币共计670.2万元。

在行受贿双方之间沟通撮合的行为是否构成犯罪?

介绍贿赂是指行为人在行贿人与受贿人之间牵线搭桥、沟通联系,如为行贿人寻找受贿对象、传递行贿意向或者要求、受行贿人委托和受贿人联络、向受贿人引荐行贿人等,从而促进行贿受贿得以实现的行为,至于介绍贿赂者本人是否具有谋取不正当利益并不影响介绍贿赂罪的成立。但需要注意的是,介绍贿赂的一方必须是国家工作人员,如果是介绍向非国家工作人员行贿或者向单位介绍贿赂的,则不构成介绍贿赂罪。司法实践中,由于介绍贿赂行为在客观上对贿赂犯罪起到帮助作用,故在某些方面又符合行贿受贿共同犯罪的构成要件,给定罪量刑带来较大争议。一般情况下,我们认为,介绍贿赂罪中的行为人并非基于其中一方的请托,而是处于中间位置牵线搭桥、传递信息等,其对行贿受贿双方是否获利并不关心,且自身也未从中获利,一旦行为人基于自身利益,积极帮助行贿人或受贿人实施贿赂犯罪,则有可能成立行贿或受贿罪的共同犯罪，如行为人明确知道自己是帮助他人行贿，在行贿人没有犯罪意图或者有犯罪意图但是没有明确行贿对象时，行为人通过引见、撮合等方式使行贿人产生行贿故意或者为其确定行贿对象的，可以将其认定行贿罪共同犯罪。上述案例中，被告人陶某介绍国家工作人员谢某与周某、胡某认识，并将周某、胡某二人所送财物转递给谢某，但由于其事先并没有与谢某共谋共同收受他人财物，也没有与周某、胡某二人商量向谢某传递财物，因此，其主观上不具有共同受贿行贿的故意，且客观上也只是实施了引荐、撮合、沟通以及传递财物的行为，故其行为构成介绍贿赂罪，而非行贿受贿罪的共同犯罪。

二、企业与国家工作人员相互勾结的犯罪

在政商腐败关系中，除了企业主动向国家工作人员行贿外，企业与国家工作人员相互勾结的现象也屡见不鲜。由于政府部门在某些领域规则制定不完善且执行过程中又缺乏透明度，从而使国家工作人员具有较大的自由裁量权，为相关部门和个人权力“寻租”提供了条件。相比较于企业向国家工作人员主动行贿的行为不可控、行贿次数及数额有限且风险较大，一些国家工作人员更乐意与企业相互勾结，共同“合作”，利用职权与企业资源共同谋取更大的利益。虽然法律将贪污受贿等职务犯罪的主体限定为国家工作人员，但对于企业家而言，在某种情况下仍有可能成为职务犯罪的共同犯罪。

案例8 2009年10月，被告人诸某在经营消防安装工程公司过程中，为得到时任某消防大队大队长的被告人谌某亮在承接业务、工程审核验收等方面的帮忙和关照，承诺给予谌某亮其公司50%的干股，并约定以公司所得利润作为共同投资宾馆、KTV项目的部分资金，股份各占50%，谌某亮予以同意。至2013年10月底，被告人诸某在被告人谌某亮帮助下先后承建多个消防安装工程项目，营业额达人民币800万元。期间，被告人诸某同谌某亮共同投资酒店、KTV等项目共计人民币682万元，被告人诸某以公司利润分红方式兑现给谌某亮50%的干股，共计人民币95万元，谌某亮均予以收受。

2010年7月~2013年1月，被告人诸某伙同并利用被告人谌某亮

的职务便利，为6个银行营业场所的消防安装工程审核、验收备案等方面给予关照。为此，上述6个营业场所相关负责人以明显高于市场价格将营业场所的消防安装工程项目交给诸某承建。被告人诸某和谌某亮通过该种交易形式共同收受财物，共计人民币41万元。

企业家与国家工作人员相互勾结共同收受财物是否构成受贿共同犯罪？

2003年最高人民法院《全国法院审理经济犯罪案件工作座谈会纪要》（以下简称《2003年经济犯罪纪要》）规定，非国家工作人员与国家工作人员勾结伙同受贿的，应当以受贿罪的共犯追究刑事责任。非国家工作人员是否构成受贿罪共犯，取决于双方有无共同受贿的故意和行为。……近亲属以外的其他人与国家工作人员通谋，由国家工作人员利用职务上的便利为请托人谋取利益，收受请托人财物后双方共同占有的，构成受贿罪共犯。因此，虽然行为人不具有受贿罪的犯罪主体身份，没有职务之便，但其与国家工作人员相互勾结，利用国家工作人员职务便利收受财物的，则可能构成受贿罪的共同犯罪。如上述案例中被告人诸某虽然不是国家工作人员，也不存在收受他人财物的职务便利，但其与身为消防大队大队长的谌某亮事先通谋，利用谌某亮的职务便利为涉案6个营业场所消防安装工程审核、验收备案提供关照，并以明显高于市场价格的工程价承建工程项目，共同收受财物41万元，其行为已构成受贿罪的共同犯罪。

企业家与国家工作人员相互勾结可能涉嫌职务犯罪的具体情形？

在司法实践中，企业家与国家工作人员相互勾结的形式日益多样化，包括企业家出资，国家工作人员占干股收受分红；企业家承揽业务，国家工作人员利用职务提供帮助从而变相收受财物；国家工作人员借用企业名义虚构名目收受财物，等等。对此，2007年最高人民法院、最高人民检察院《关于办理受贿刑事案件适用法律若干问题的意见》（以下简称《2007年受贿意见》）中详细规定了交易形式、收受干股、合作投资、委托理财、赌博形式、特定关系人领取薪酬、不办理权属变更、离职后收受财物等几种典型的贿赂情形，其中包含了企业家与国家工作人员内外勾结、相互合作的犯罪形式，比较典型的有以下几种形式：一是交易型受贿。根据《2007年受贿意见》，国家工作人员利用职务上的便利为请托人谋取利益，以明显低于市场的价格向请托人购买或者以明显高于市场的价格向请托人出售房屋、汽车等物品，以及以其他交易形式非法收受请托人财物的，以受贿论处。可见，交易型受贿可分为低价购买、高价出售以及其他形式等三种情形。当然，这种交易型受贿，对于国家工作人员和企业家而言，既可以互为行贿人和受贿人，也可以相互勾结共同以交易方式收受第三方财物。在双方以交易方式共同受贿时，通常系国家工作人员利用职务便利为他人谋取利益，企业家利用企业资源优势与第三方进行“交易”，双方共同获取高于市场价的利益，取得“双赢”的结果。这种貌似合法的普通交易就成了违法犯罪的“借口”。如上述案例中，涉案6个营业场所负责人为感谢谌某亮的关照，以明显高于市场价将工程项目交给诸某承建，属于交易型受贿犯罪。二是干股型受贿。干股是指未出资而获得股份，其本质是一种赠与。收受干股本身并不是违法行为，但利用干股进行权钱交易则可能涉嫌贿赂犯罪。《2007年受贿意见》规定，国家工作人员利用职务上的便利为请托人谋取利益，收受请托人提供的干股的，以受贿论处。可见，干股型受贿就是国家工作人员未出资而收受请托人提供的干股（股权本身或分红），并以权力作为交易对价的行为。虽然我国法律不允许国家工作人员从事商业行为，但个别国家工作人员通过民事法律关系获得干股股东资格，并按照所持“干股”获得收益的情况突出，其本质上属于贿赂犯罪中的“权钱交易”。如上述案件中，被告人诸某为了得到谌某亮的关照，约定将公司及相关投资项目50%股份送给谌某亮，且实际以利润分红名义送给谌某亮95万元，其行为构成行贿罪。三是合作型受贿。《2007年受贿意见》规定，国家工作人员利用职务上的便利为请托人谋取利益，由请托人出资，“合作”开办公司或者以其他“合作”投资的名义获取“利润”，没有实际出资和参与管理、经营的，均以受贿论处。如某案件中，国家工作人员胡某与企业家林某约定共同合作投资且确实转给林某10万元，但事后胡某并未参与经营管理，所得分红也远高于10万元投资款比例，尤其是在公司亏损时仍给予胡某所谓的投资分红，因此两人名为投资合作，实为行贿受贿，所谓的10万元投资只不过是两人收取贿赂的幌子而已，其行为分别构成行贿罪与受贿罪。

案例9　被告人余某甲系某职业技术学院继续教育部主任，负责收缴该学院继续教育部成教学生学费。2012年3月～2013年4月，被告人余某甲利用职务之便，从其开设和管理的用于收缴学费的中国银行账户中先后多次挪用资金累计235万元，借给其弟弟余某乙用于体育设施工程有限公司经营。2012年7月，被告人余某乙在明知余某甲借给其使用的钱是学生所缴学费的情况下，伙同余某甲继续挪用190万元，用于体育设施工程有限公司经营。案发前被告人余某甲、余某乙已将上述挪用款项全部归还。

企业使用国家工作人员挪用的公款是否构成犯罪？

在挪用公款案件中，国家工作人员挪用公款归个人使用，除了给自己本人外，还存在相当数量将公款"挪用"给企业或企业家使用的情形。在此情况下，对于企业和企业家而言，作为公款的使用人，其行为是否构成挪用公款罪共同犯罪呢？对此，不能一概而言，是否构罪的关键在于该公款使用人与挪用人之间是否具有共谋。1998年最高人民法院《关于审理挪用公款案件具体应用法律若干问题的解释》（以下简称《1998年挪用公款解释》）规定，挪用公款给他人使用，使用人与挪用人共谋，指使或者参与策划取得挪用款的，以挪用公款罪的共犯定罪处罚。因此，对于国家工作人员挪用公款并将公款"出借"给企业使用的情况，如果企业家指使国家工作人员或者明知国家工作人员挪用公款归自己使用仍积极参与策划、提供帮助的，因两人具有共同挪用的故意和行为，可以认定构成挪用公款罪共同犯罪。但如果企业家没有参与策划、指使国家工作人员挪用公款，仅仅是知道所用的款项是国家工作人员挪用的公款，或者只是单纯提出借用公款，既没有挪用公款的共谋行为，也没有参与具体挪用行为，则不应以挪用公款罪共同犯罪追究其刑事责任。当然，司法实践中，对于挪用公款的"共谋"并不要求是周密细致的预谋，只要双方就挪用公款事宜达成合意，就可以认定"共谋"成立。如上述案例中，被告人余某甲作为国家工作人员利用职务之便挪用公款归他人使用，其行为构成挪用公款罪没有争议，但对于被告人余某乙而言，虽然余某甲于2012年3月就开始挪用公款归余某乙使用，但此时余某乙主观上并不知情，故不构成挪用公款罪共同犯罪。但2012年7月以后，余某乙明知其使用款项系余某甲挪用的公款，仍伙同余某甲继续共同挪用并使用，此时其主客观上均具有共同挪用公款的故意和行为，应以挪用公款罪共同犯罪定罪处罚。

案例10　2009年上半年，甲木材集团公司员工刘某某、冯某某等人找到时任某区进城口改建工程指挥部副指挥被告人卢某芬，要求承租由指挥部管理使用的一块空置地块（面积达1500平方方米左右），并承诺给予卢某芬好处。被告人卢某芬未经指挥部集体讨论，违反规定擅自表示同意，并将刘某某等人引荐给指挥部指挥胡某忠，后胡某忠也表示同意。当年下半年，刘某某、冯某某等人在上述空置地块搭建仓库出租并收取租金盈利。期间，被告人卢某芬未按规定要求刘某某等人与指挥部签订租赁协议，除刘某某等人代为指挥部支付8万元拆迁补偿款外，未再要求支付其他租金。至2012年上半年，被告人刘某某等人伙同被告人卢某芬利用该地块搭建仓库出租至少获利人民币94.6万元。

企业家与国家机关工作人员通谋，利用国家机关工作人员的职务便利谋取不正当利益是否构成滥用职权罪共同犯罪？

《刑法》第397条规定，国家机关工作人员滥用职权或者玩忽职守，致使公共财产、国家和人民利益遭受重大损失的，处3年以下有期徒刑或者拘役；情节特别严重的，处3年以上7年以下有期徒刑。在上述案例中，被告人卢某芬作为指挥部副指挥，违反规定擅自同意出租空置地块，且未按规定要求签订租赁协议，未要求支付除8万元拆迁补偿款外的其他租金，致使指挥部应当收取的土地租金而未收取，国家土地出租收益权受到侵害，并最终导致国家直接经济损失86.6万元，其行为构成滥用职权罪。但对于木材集团公司员工刘某某、冯某某而言，其与国家机关工作人员事先通谋，通过国家机关工作人员滥用职权谋取利益，其行为是否构成滥用职权罪共同犯罪争议较大。2002年全国人民代表大会常务委员会《关于〈中华人民共和国刑法〉第九章渎职罪主体适用问题的解释》（以下简称《2002年渎职解释》）规定，只有在依照法律、法规规定行使国家行政管理职权的组织中从事公务的人员，或者在受国家机关委托代表国家机关行使职权的组织中从事公务的人员，或者虽未列入国家机关人员编制但在国家机关中从事公务的人员在代表国家机关行使职权的主体才能构成滥用职权罪。根据《2002 年渎职解释》规定，滥用职权罪的犯罪主体只能是国家机关工作人员，企业家不能单独成为滥用职权罪的主体，但由于我国《刑法》总则规定了共同犯罪，故对于企业家与国家机关工作人员主观上有通谋，客观上又相互配合、相互帮助，在谋取不正当利益过程中导致公共财产、国家和人民利益遭受重大损失的，其行为仍有可能构成滥用职权罪的共同犯罪。

三、国家工作人员利用企业实施腐败犯罪

由于我国特殊的经济体制，政府对重要资源的垄断地位依然存在，由此造成了政府在与企业交往过程中占据了明显优势，导致政商博弈失衡，出现企业对政府过度依赖或依附的情形。因此，在不损害自身利益的情况下，一些企业会对国家工作人员有求必应，以换取获得相关资源的机会。与此同时，部分企业内部管理机制尚不完善，从而给国家工作人员利用企业实施腐败犯罪提供了可乘之机。

案例 11　2013 年 1 月以来，被告人林某担任某城市大学后勤保卫处处长期间，利用其采购办公用品的职务便利，通过甲文化体育用品有限公司负责人腾某某，采用虚开发票方式套取单位公款并予以侵吞，共计人民币 5.9 万元。

2015 年 5 月，该城市大学与乙厨房工程有限公司签订厨房设备项目合同并随后支付了全部合同款项 227 万元。在合同履行过程中，因城市大学采购的厨房设备天然煤气灶具变更为电磁灶具，乙公司须退回城市大学合同差价 11.5 万元。被告人林某以学校采购的餐具不能通过正常程序报销为由，要求乙公司业务员杨某某以现金方式退回合同差价，以便其冲抵餐具费用。2016 年 3 月，杨某某先后两次将合同差价款 11.5 万元交给被告人林某，林某均予以侵吞。

应国家工作人员要求违规出具发票或退回款项是否构成贪污罪共同犯罪？

根据《刑法》规定，共同犯罪是指二人以上共同故意犯罪。从该规定

可以看出，共同犯罪需要行为人之间具有共同的主观故意和客观行为，如果行为人主观上没有共同犯罪故意，即便客观上为他人实施犯罪提供帮助，该行为仍不成立共同犯罪。如上述案例中，甲文化公司负责人腾某某应林某要求为其虚开发票，其行为在客观上对林某套取单位资金提供了帮助，但是，否认定其行为构成贪污罪共同犯罪，关键在于腾某某与林某之间是否具有共同贪污的故意，即腾某某主观上是否明知林某利用虚开发票方式贪污单位公款。由于本案目前没有证据证实腾某某主观上是明知的，不能排除腾某某系出于配合林某填平账目的可能而帮助其虚开发票，故不宜将其作为贪污罪共同犯罪定罪处罚。此外，被告人林某以学校采购餐具不能通过正常程序报销为由，要求乙厨房公司业务员杨某某退回合同差价款 11.5 万元，由于杨某主观上并不知道林某要将该笔款项占为己有，客观上也没有为林某某贪污该笔款项提供帮助行为，双方属于一般商业活动中的退款行为，故杨某某的行为也不构成贪污罪共同犯罪。但需要提醒的是，虽然上述案例中腾某某、杨某某的行为均不构成贪污罪共同犯罪，但其二人按照林某要求违规出具发票或退回款项的行为，仍然存在较大的法律风险，甚至可能触犯虚开增值税专用发票等其他犯罪。

四、国家工作人员自身经营企业的犯罪

《中华人民共和国公务员法》（2018 年修订）规定，公务员不得违反有关规定从事或者参与营利性活动，在企业或者其他营利性组织中兼任职务。因工作需要在机关外兼职，应当经有关机关批准，并不得领取兼职报酬。但在现实生活中，一些公务员直接或变相经商的情况仍然存在，如有的私下偷偷经商、有的以亲友名义开办公司、有的以隐名股东方式参股公司，等等。因此，在行为人具有国家工作人员和企业经营者双重身份的情况下，其往往利用国家工作人员的职务便利，寻找相关制度漏洞，从而为自己或关联企业谋取不正当利益，其行为极有可能涉嫌职务犯罪。

案例 12　2011 年 8 月 11 日，被告人刘某和利用担任某村村委会委员兼报账员的职务之便，擅自挪用应发给村民的土地征用补偿费用 7.95

万元，用于支付其个人经营的木盒加工厂的购货款。同年9月初，被告人刘某和归还上述挪用款项并发放给村民。

非国家工作人员在协助政府从事公务行为时是否可能构成职务犯罪？

司法实践中，一些企业家普遍认为自己不属于国家机关、国有公司、企业、事业单位以及人民团体中的工作人员，依法不能成为贪污受贿等职务犯罪的主体。但如前所述，在行为人具有国家工作人员和企业经营者双重身份时，其利用国家工作人员职务便利为自己企业或关联企业谋取不正当利益的，显然符合贪污受贿职务犯罪的构成要件。此外，个别企业家虽然没有在国家机关、国有公司、企业担任职务，但在村民委员会等基层组织中兼任职务的，仍有可能涉嫌职务犯罪。根据《刑法》及相关司法解释的规定，村民委员会等村基层组织人员协助人民政府从事下列行政管理工作时，属于《刑法》规定的“其他依照法律从事公务的人员”，可以认定为国家工作人员：(1)救灾、抢险、防汛、优抚、移民、救济款物的管理；(2)社会捐助公益事业款物的管理；(3)土地的经营、管理和宅基地的管理；(4)土地征用补偿费用的管理；(5)代征、代缴税款；(6)有关计划生育、户籍、征兵工作；(7)协助人民政府从事的其他行政管理工作。因此，对于村民委员会等村基层组织人员，包括一些企业家兼任村基层组织成员的情形，其在特定情况下可以成为贪污贿赂等职务犯罪的犯罪主体，关键在于其从事的行为是否属于“公务”。一般情况下，公务主要表现为与职权相联系的公共事务以及监督、管理国有财产的职务活动，那些不具备职权内容的劳务活动、技术服务工作，如售票员的工作一般不认为是公务。在上述案例中，被告人刘某和作为村民委员会委员兼报账员，协助人民政府从事土地补偿费用管理工作过程中，挪用土地征用补偿款用于个人经商，应当属于其他依照法律从事公务的人员，构成挪用公款罪。退一步来讲，假定被告人刘某和管理土地补偿费用的行为不属于协助政府从事公务，其行为仍有可能涉嫌挪用资金罪。

行为人临时周转资金是否构成挪用公款罪？

我国《刑法》第384条规定，挪用公款罪是指国家工作人员利用职务上的便利，挪用公款归个人使用，进行非法活动的，或者挪用公款数额较大、进行营利活动的,或者挪用公款数额较大、超过3个月未还的行为。根据《1998年挪用公款解释》规定,对挪用公款罪,应区分三种不同情况予以认定:(1)挪用公款归个人使用,数额较大、超过3个月未还的,构成挪用公款罪。挪用正在生息或者需要支付利息的公款归个人使用,数额较大,超过3个月但在案发前全部归还本金的,可以从轻处罚或者免除处罚。(2)挪用公款数额较大,归个人进行盈利活动的,构成挪用公款罪,不受挪用时间和是否归还的限制。挪用公款存入银行、用于集资、购买股票、国债等,属于挪用公款进行营利活动。(3)挪用公款归个人使用,进行赌博、走私等非法活动的,构成挪用公款罪,不受"数额较大"和挪用时间的限制。因此,即便行为人没有长期使用公款,仅是临时周转资金,但其行为符合上述三种情形的,亦可以挪用公款罪定罪处罚。当然,如果行为人并非国家工作人员,而是公司、企业中的工作人员,则构成挪用资金罪。这里需要注意的是,挪用公款罪并不要求行为人具有非法占有的主观故意,一旦行为人产生非法占有故意,其行为则可能成立贪污罪。上述案例中,被告人刘某和作为村民委员会委员协助政府从事公务,利用管理征地补偿款的职务便利挪用公款用于支付其工厂的购货款,属于挪用公款进行营业活动,数额较大,即使挪用时间没有超过1个月,其行为仍然构成挪用公款罪。

第二节　政商关系异化下的企业法律治理策略

不正当的政商关系,是国家工作人员和企业家涉嫌腐败犯罪的主要原因。因此,构建良好的新型政商关系,理顺政府与企业、政府官员与企业家之间的相处之道,是预防政商腐败的有效手段,也是助推企业健康发展的重要路径。在当前反腐败大势背景下,作为政商关系中相对弱势的一方,企业家更要秉承"亲上加清"的新型政商关系理念,及时纠正不正当的政商关系,坚决防范政商关系的异化,遵守法律政策,尊重市场规律,不断健全企业发展体系,完善企业法律治理策略。

一、法治原则：提升法律意识

提升法律意识是防控企业和企业家犯罪的第一道防线。由于部分企业家尤其是中小企业经营者法律意识不强，相对于控制和规避法律风险，他们更多关注如何以最小的成本获取最大的利润空间，甚至不惜采取违法犯罪手段攫取利益，由此给企业发展带来了巨大的法律风险隐患。因此，企业家在处理政商关系过程中，首要任务是要坚持法治原则，不断提升法律意识，着力防控各类法律风险。具体可分为以下方面：一是坚持法治引领。要崇尚法律、敬畏法律，学会自觉守法、遇到问题找法、解决问题靠法，主动将法治精神融入企业文化中，激发社会责任感，用法治精神、法治文化引导企业及企业员工的价值取向和行为方式，开展针对性的法律培训，在企业内部形成良好的法治氛围。二是注重契约精神。市场经济是信用经济、契约经济，合同是企业和政府在市场经济活动的主要依据。因此，企业家在与政府交往尤其是在市场交易过程中，要更加注重契约意识，重视签订书面合同，尊重合同法律效力，自觉遵守合同约定，防止个别国家工作人员无视合同违规操作，肆意侵犯企业的合法权利。如前述案例中某城市大学后勤保卫处处长林某未签订变更合同直接要求涉案公司以现金方式退还购货款11.5万元，后予以私吞。在此情况下，一旦林某否认收到该笔退还款，而涉案公司又没有其他证据证明已经退款，该公司不仅要自行承担再次退款的风险，甚至极有可能被误认为属于贿赂款，从而使企业和企业家陷入被动局面。三是提高自我保护意识。在政商博弈中，企业家一方处于"天然"的弱势地位，因此要提高自我保护意识，要"有所为、有所不为"，不仅要自觉抵制商业活动中的权钱交易、官商勾结等不正之风，更要学会拒绝国家工作人员的无理要求以及各种潜规则，养成证据保全意识，必要时可以向有关部门投诉、举报和控告。唯有如此，才能防止国家工作人员对企业"吃、拿、卡、要"等违法犯罪行为，同时使企业家有效规避法律风险。

二、臂距原则：保持适度距离

所谓"臂距原则"，原指队列中的士兵与前后左右保持一定的距离，后被经济领域借用,意为合同各方或交易各方之间独立平等的关系。但从现实的政商关系来看,由于政府掌握着重要的市场资源,而企业尤其是民营企业缺乏资源优势和平等保护,导致其在资源占有、经营范围、利益分配以及政策优惠等方面均受到了较大限制企业发展受制于政府,从而不得不选择"捷径"向国家工作人员行贿或者答应国家工作人员无理要求,为国家工作人员权力寻租提供了条件。因此,在政商关系中强调臂距原则,可以防止政府过度干预企业,从而使国家工作人员和企业家保持适度距离,双方各自遵守所属领域的规约,各居其位,各守其责,确保政府行使权力和企业经营行为能够依法、规范、有序进行。一方面,由于政府与国有企业、民营企业可能存在不同的亲属关系与发展权重,通过臂距原则分配支持资金、给予优惠政策等,可以更大程度上解决竞争的不公平性,杜绝权钱交易;另一方面,要求企业家与国家工作人员之间保持一定距离,既不会让企业家为了迎合对方而过于卑微甚至不惜"行贿"犯罪,也不会使企业家拒对方于千里之外而错失商业良机。

就企业家而言,具体做好以下几个方面:一是强化创新思维。加大自主创新力度,通过创新提高市场竞争力,增强与政府的博弈能力,推动企业可持续发展。只有拥有核心技术和主导产品,才能在市场竞争中占得先机,故企业家要将精力放在技术创新、产品更新以及市场服务上,而不是放在搞关系上。二是遵守市场规则。企业家要尊重市场规律,秉承"从市场中来,到市场中去"的发展理念,积极适应市场经济需求,要从市场而不是政府那里获取资源。前述案例中部分企业家在市场交易过程中以行贿手段获取不正当利益,谋取的只是一时的竞争优势,并不是长远之计。三是搭建政商沟通平台。利用行业协会、商会等载体,搭建制度化、常态化的政商沟通机制。尤其是在企业家个体诉求难以得到重视时,要借用行业协会、商会等平台反映企业诉求,推动解决行业难题、促进行业发展,提高与政府的沟通成效。

三、自律原则:建立现代企业制度

当前我国企业普遍存在内部治理结构不完善的现实困境,企业尤其是中小企业经营管理相对比较混乱,企业财务管理、审批决策等重要环节普遍存在制度漏洞,从而给企业家涉嫌腐败犯罪埋下了隐患。因此,企业唯有坚持自律原则,通过企业自律规范企业经营管理行为,优化内部组织结构,完善企业内控机制,这才是企业发展生存之道,也是保持政商关系正常交往的必然要求。具体而言,包括以下几个方面:一是完善内部管理监督。从已发的案件来看,企业股东会、董事会、监事会未能设置或者形同虚设是导致犯罪发生的重要制度性原因。现实中,一些企业家对企业经营管理制度置若罔闻,利用其在企业中负责管理的地位,擅自决定企业经营活动,甚至为一己之私中饱私囊,最终不仅损害企业利益,而且极易使企业及企业家深陷法律风险之中。因此,要完善内部监督管理机制,重视发挥股东会、董事会、监事会职能作用,构建行之有效、相互制衡的监督体系,及时发现并制止企业管理人员尤其是"企业一把手"的越权活动,提前防范企业家陷入刑事犯罪。二是完善内部财务管理。企业财务制度存在漏洞,是诱发和促成企业家犯罪的重要现实原因。从前述案例来看,无论是企业家向国家工作人员行贿还是企业家与国家工作人员内外勾结共同犯罪,涉案企业均普遍存在财务管理不规范的问题,个别企业家或企业高管往往同时掌控企业生产经营、人事和财务等大权,内部财务监管、审计流于形式,最终让行为人钻了空子,将企业资金当做个人私有财产加以使用、侵吞,给企业向国家工作人员输送利益提供了可乘之机。如随意私设小金库,套取单位财物;资金使用审批把关不严,随意挪用;企业利润未按规定随意发放,甚至没有做账,等等。因此,要建立企业财务制度,加强会计监督职能,确保对企业资金管理、使用、监督不留"死角"。特别强调的是,要严格区分单位资金和个人资金,尽可能避免单位和个人资金混同使用,防止出现随意使用公司账户和借用私人账户进行经营的情况,防范企业家滥用权利。三是建立法律风险防控体系。要积极推进企业法律风险防控体系建设,对于可能出现的法律风险尤其是刑事法律风险,定期进行风险评估预警,根据不同的风险类别提前采取措施并准确防控,及时消除企业内部管理和外部经营活动存在的不合法、不规范行为,自我监督纠正,从而将可能出现的各类法律风险阻却在实际发生之前。

四、底线原则：防范刑事犯罪

从现实情况来看，当前企业家普遍存在“犯罪风险距离我们很远”的认识误区，大部分企业的法律服务活动基本上还是局限于传统的民商事法律风险，对关乎企业及企业家命运的刑事法律风险缺乏足够重视，疏于防控，其结果不仅使企业容易发生倒闭破产，甚至在无意识中违法犯罪。因此，企业家在经营过程中尤其是在处理政商关系问题上，更要牢牢守住底线，避免触及刑事犯罪红线。具体而言，包括以下几个方面：一是认清犯罪边界。我国实行的是罪刑法定原则，法律明确规定何种行为构成犯罪以及判处何种刑罚，从而使犯罪嫌疑人对自己的行为性质以及后果具有可判性和预期性。但由于部分企业家对刑事犯罪知识掌握不够，难以准确把握罪与非罪的界限，再加上一定的侥幸心理，极易走上犯罪的道路。因此，企业家要清晰认识犯罪界限，尤其是重点掌握企业家极易触犯的几类罪名，准确区分罪与非罪，有效规避刑事犯罪。以行贿罪为例，企业家不仅要知道行贿犯罪所规定的“不正当利益”“财物”等概念，更要清楚行贿罪的犯罪本质是权钱交易，只要是基于国家工作人员职务送给对方财物的，无论以何种名义、何种手段，均有可能涉嫌行贿犯罪。唯有明确犯罪边界，才能真正有效防范犯罪行为的发生，坚守法律底线。二是避免共同犯罪。我国《刑法》规定，只有国家工作人员才能构成贪污贿赂等职务犯罪，因此，一些企业家误认为自己不具有国家工作人员身份，不符合贪污受贿等职务犯罪的犯罪主体要求，因而在政商交往过程中变得有恃无恐，任意妄为。殊不知，企业家除了可能构成行贿、挪用资金等无须国家工作人员身份的犯罪之外，还有可能构成职务犯罪的共同犯罪。如前述案例中，企业家与国家工作人员相互勾结共同收受他人财物，或企业家明知国家工作人员挪用公款，仍然参与共谋并共同实施挪用行为，并继而使用该款项的，最终分别以受贿罪、挪用公款罪共同犯罪定罪处罚。因此，企业家除了谨防自身涉嫌刑事犯罪外，还须尽量避免成为国家工作人员犯罪的“帮凶”，特别是在两者之间存在管理与被管理的关系时，更要减少或避免不正当的资金往来，规避共同经营企业，严防成为职务犯罪的共同犯罪。

第三章　企业融资刑事风险及司法处置

第一节　非公有制经济融资概况

资金是企业经营的血液，拥有畅通的融资渠道和充足的经营资金是企业有序发展的基础。但现实中，资金短缺正是绝大多数非公有制企业（以下简称非公企业）在发展中遇到的“瓶颈”问题。非公企业融资难一直是我国经济活动中备受瞩目的问题，虽然近年来随着政府支持平台的建立和金融市场的开放，问题得到一定程度缓解，但非公企业在融资过程中处于劣势地位的现实状况并未改变，其融资难、融资贵的问题仍然存在。一些企业主为了在较短时间内筹集急需资金，可能因一时疏忽或操作不当而引发刑事法律风险。如此一来，不仅给企业造成经济损失，还可能导致企业主面临牢狱之灾。因此，在司法过程中合理处置非公企业融资过程中触发的刑事犯罪、保障其合法权益，以及将犯罪防范的工作前移、预防非公企业误踏犯罪泥淖，就是我们司法工作者的应尽职责。

当前非公企业采取的融资手段主要有两种：一是民间借贷，二是银行贷款，两者分别对应非法集资和贷款欺诈两类刑事犯罪风险。从温州司法工作实践来看，因前几年整体经济形势下滑，大量非公企业受整体经济形势拖累而出现资金链断裂问题，从而引发大量刑事犯罪案件，其中主要案件类型就是非法集资和贷款欺诈两类犯罪。值得说明的是，许多企业在融资过程中，往往综合采用民间借贷和银行贷款双重手段，故一个企业同时触犯非法集资和贷款欺诈两类罪名的情况亦不鲜见。在此，我们以两个发生在温州的两个案例为例。

案例1 在2009年~2011年12月底，杨某为维持其名下公司运转及投资需要，在未经有关部门批准情况下，以利息回报为诱饵，分别向社会不特定对象共计21名被害人非法吸收公众存款合计31,909万元，至案发前已归还4794万元。2012年1月开始，杨某在个人及公司经营投资不善、支付前期借款利息导致资金链已经断裂情况下，仍继续向他人非法吸收资金，总额共计2110万元，大部分借款本金及利息均未能如期支付。

2010年、2011年间，杨某为名下公司向中国工商银行申请贷款，骗取陈某等人以各自房产提供总额高达863万元的最高额抵押担保。

2011年8月和12月，杨某名下公司相继与平安银行温州分行签订《承兑汇票贴现合同》，分两次向银行申请700万元和800万元商业承兑汇票贴现，约定由陈某等人为承兑汇票贴现提供房产抵押担保，杨某伪造产品购销合同和增值税专用发票复印件提供给平安银行温州分行，银行办理了该两笔汇票贴现。汇票到期后未能得到承兑，银行贴现款至今未能得到偿还，从而转为逾期贷款。

本案经温州市中级人民院一审判决，认定杨某等人构成非法吸收公众存款罪、集资诈骗罪、骗取贷款罪；浙江省高级人民法院二审裁定维持一审判决。

案例2 2009年~2011年8月，被告人林某等人以其实际控制公司扩大规模、银行还贷急需资金为由，以个人名义并承诺给付高额利息作为回报，通过借款方式陆续向其同学、朋友等多位被害人非法吸收资金共计11,828万元，归还本息4615万元，未偿还金额共计7213万元。2011年9~10月，林某在无力偿还个人债务以及名下实际控制公司金融借贷严重负债情况下，仍以生产经营或资金周转为幌子，以个人名义并以高额利息为诱饵，向多位被害人集资共计2275万元。立案前，林某已向各被害人退还赃款465万元，其余赃款1810万元至今未还。

2011年9月，林某等人为流动资金周转之目的，用事先伪造的自己名下实际控制两关联公司之间无真实交易的销售合同，以其中一家公司名义向中国工商银行申请贷款。工商银行在收取相应保证金后开出承兑汇票，汇票到期后，银行兑付金额480余万元，后该480万元成逾期贷款。

本案经温州市鹿城区人民法院一审判决，认定林某等人构成非法吸收公众存款罪、集资诈骗罪、骗取票据承兑罪；温州市中级人民法院二审裁定维持一审判决。

第二节　当前金融形势下非公有制经济的融资环境

2017年7月14～15日，五年一度的全国金融工作会议召开，为今后五年我国的金融发展作出了方向定调。金融会议围绕“服务实体经济、防控金融风险、深化金融改革”三项任务展开，提出金融要回归本源、把服务实体经济作为根本目的，要强化金融监管尤其是行为监管，把防范化解系统性金融风险作为核心目标，要把深化金融改革作为根本动力，促进经济与金融良性循环。

经分析可预见，在接下来几年时间里，我国金融环境必然会在“金融服务实体经济”和“强化金融监管、防范金融风险”这两项价值目标的博弈均衡中螺旋式发展，这又必然会对非公有制经济的融资行为产生直接影响。一方面，在“金融服务实体经济”的大趋势下，国家会鼓励更多金融资金流向实体经济，在此过程中会创新合法合规的资金通道及手段。但另一方面，在“强化金融监管、防范金融风险”的大趋势下，对诸如非法集资和骗取贷款这类催生金融系统性风险的犯罪行为又必将予以严厉打击，与此同时，当前许多非公企业赖以融资的信托、理财、资管计划等影子银行渠道会面临愈加严厉的监管甚至取缔，也会迫使非公有制经济将融资对象转向传统的正规融资渠道及主要由正规金融机构掌控的合法金融工具。此金融管理大趋势传导至我们的司法工作，就要求司法机关既要通过司法行为来保障实体经济有效获得融资，但又必须通过严格司法来保障金融“强监管”规则的顺利推进。因此，如何顺应国家金融政策及刑事司法政策，通过能动司法的方式，合理处置非法集资犯罪和骗取贷款犯罪，在有效控制金融风险的前提下保障非公实体经济的融资需求，就是检验我们检察机关服务非公有制经济工作效果的一面镜子。

第三节　民间借贷刑事法律风险及处置

一、民间借贷法律风险概述

民间借贷行为种类众多,既有自然人之间的相互借贷,也有企业之间的相互资金融通,还有非公企业及其股东向不具有金融营业资格的民间准金融机构的借贷融资。民间借贷行为对应非法集资类刑事法律风险,该风险既包括从事非法集资活动行为人的犯罪风险,也包括向非法集资者出借资金的企业的资金安全风险。

尽管“非法集资”这个词被广泛使用,甚至国务院和最高人民法院在多份文件的标题中也都将其作为一个专有名词来使用,但通观《刑法》并没有一个被称为“非法集资罪”的罪名。司法实践中经常用来处理非法集资活动的罪名是非法吸收公众存款罪和集资诈骗罪。《最高人民法院关于审理非法集资刑事案件具体应用法律若干问题的解释》在此基础上进行了扩展,将擅自发行股票、公司、企业债券罪,擅自发行基金份额的非法经营罪以及虚假广告罪纳入非法集资犯罪体系。从体系上讲,就是以非法吸收公众存款罪作为非法集资活动基础性罪名,其余罪名则为非法集资活动的特殊罪名,而集资诈骗罪则是非法集资活动的加重罪名。

我国目前有关非法集资犯罪的法律规定已经相对完善。2010 年最高人民法院出台了《关于审理非法集资刑事案件具体应用法律若干问题的解释》,2014 年最高人民法院、最高人民检察院、公安部联合印发了《关于办理非法集资刑事案件适用法律若干问题的意见》,2019 年最高人民法院、最高人民检察院、公安部联合印发了《关于办理非法集资刑事案件若问题的意见》。在地方,浙江省高级人民法院、浙江省人民检察院、浙江省公安厅从司法实践出发,分别于 2008 年、2011 年、2013 年相继出台三份关于办理集资类刑事案件适用法律问题的会议纪要。2019 年 12 月,上海、江苏、浙江、安徽四省(市)检察院联合印发《沪苏浙皖检察机关关于依法服务保障长三角区域民营企业健康发展的意见》,其中亦有涉及非法集资犯罪司法处置。上述规定基本囊括了司法实践中办理非法集资类案件可能面临的问题,司法办案基本有章可循。从非法集资犯罪的实质来看,2010 年最高人民法院《关于审理非法集资刑事案件具体应用法律若干问题的解释》第 1 条作出了相对权威的解释,规定,“违反国家金融管理法律规定,向社会公众(包括单位和个人)吸收资金的行为,同时具备下列四个条件的,除刑法另有规定的以外,应当认定为刑法第一百七十六条规定的非法吸收公众存款或者变相吸收公众存款:(一)未经有关部门依法批准或者借用合法经营的形式吸收资金;(二)通过媒体、推介会、传单、手机短信等途径向社会公开宣传;(三)承诺在一定期限内以货币、实物、股权等方式还本付息或者给付回报;(四)向社会公众即社会不特定对象吸收资金”。此规定是实践中判定非法集资犯罪的具体标准,概括起来即“非法性、公开性、利诱性、社会性”四大特征,而根据司法实践,“公开性”和“社会性”是判定非法集资的两大核心要件。由于众多的司法解释及司法规范性文件已经对非法集资的“四性”作出了相对完善的规定,故本书不对非法集资的犯罪判定再作深入论述,而仅选取其中与服务非公有制经济具有紧密关联的几项问题展开探讨。

二、非法集资犯罪的司法处置改进

(一)进一步严格“以非法占有为目的”的认定

从司法实践来看,非法集资犯罪属于“以结果倒推行为”的犯罪,几乎所有的非法集资刑事案件都是因集资者无力偿还全部集资款、造成了较大社会影响,才被刑事司法追责。集资者可能面临非法吸收公众存款和集资诈骗两个罪名,但从两罪的刑罚严重程度来看,集资诈骗罪明显高于非法吸收公众存款罪。而从集资者资金链断裂、无力偿还集资款的原因来看,大部分集资者是为了维持其经营活动继续运转而持续融资、拆东墙补西墙,进而导致融资雪球越滚越大,最终滑向犯罪的深渊,其中许多集资者非法占有集资款的主观恶意并不明显。因此,从检察机关服务非公有制经济立场出发,检察机关既应对扰乱金融秩序的非法吸存行为进行合理打击、保障金融秩序稳定,亦需合理保护非公有制经济的正常融资需求,尽量挽救其不被严厉的集资诈骗罪追究刑事责任,以使其主观恶性和刑事责任相匹配。因此,应从合理认定“以非法占有为目的”

的角度，对集资诈骗罪的入罪标准作严格把握。

1996 年《最高人民法院关于审理诈骗案件具体适用法律若干问题的解释》第 3 条、2001 年《全国法院审理金融犯罪案件工作座谈会纪要》以及 2010 年《关于审理非法集资刑事案件具体应用法律若干问题的解释》第 4 条对于“以非法占有为目的”作了相对具体的规定，归纳起来主要是以下几类行为：(1)携带集资款逃跑；(2)肆意挥霍集资款，致使集资款无法返还；(3)使用集资款进行违法犯罪活动；(4)抽逃、转移资金、隐匿财产，以逃避返还资金；(5)隐匿、销毁账目或者搞假破产、假倒闭，以逃避返还资金；(6)集资后不用于生产经营活动或者用于生产经营活动与筹集资金规模明显不成比例，致使集资款不能返还；(7)拒不交代资金去向，逃避返还资金；(8)其他可认定非法占有目的。司法解释同时亦明确规定，一是不能仅凭较大数额的非法集资款不能返还的结果，推定行为人具有非法占有的目的；二是行为人将大部分资金用于投资或生产经营活动，而将少量资金用于个人消费或挥霍的，不应仅以此便认定具有非法占有的目的。

2019 年《关于办理非法集资刑事案件若干问题的意见》第 4 条重申，“犯罪嫌疑人使用诈骗方法非法集资，符合《最高人民法院关于审理非法集资刑事案件具体应用法律若干问题的解释》第 4 条规定的，可以认定为集资诈骗罪中‘以非法占有为目的’”。2019 年《沪苏浙皖检察机关关于依法服务保障长三角区域民营企业健康发展的意见》进一步提出，应严格对照法律法规和司法解释，把握准非法集资“非法性”的认定，区分好民营企业在经营活动中的不当融资与非法集资犯罪之间的界限，对有真实合法资金需求，如实公布集资信息，集资规模不大，集资款主要用于生产经营及相关活动，未造成严重社会负面影响的案件，一般不宜作为犯罪批捕起诉，对因资金周转一时陷入困境仅为躲债、回避矛盾等暂时躲避的，不能一概认定行为人具有非法占有目的。

因此，在司法实务中，对于“以非法占有为目的”的认定不应随意作扩大化的解释，而宜从保护非公有制经济融资的角度，严格遵循“罪刑法定”要求，将集资诈骗情形严格限制在司法解释所列举的几类行为之中，合理保护企业融资，避免刑罚过度扩张。

(二)合理把握“资金用于生产经营活动”的认定

虽然国家立法规定,非法吸收公众存款人数、金额达到规定标准的即构成犯罪,资金用途一般不影响犯罪的构成。但在司法实务中,为了保障实体经济的融资需求,基于实事求是原则,往往作出一定程度的适调,浙江省司法机关在这方面走在全国前列。2008 年浙江省高级人民法院、浙江省人民检察院、浙江省公安厅《关于当前办理集资类刑事案件适用法律若干问题的会议纪要》第 4 条即规定,“为生产经营所需,以承诺还本分红或者付息的方法,向社会不特定对象筹集资金,主要用于合法的生产经营活动,因经营亏损或者资金周转困难而未能及时兑付本息引发纠纷的,一般可不作为非法吸收公众存款犯罪案件处理。但对于其中后果严重,严重影响社会稳定的,应当按非法吸收公众存款犯罪处理”。2013 年浙江省高级人民法院、浙江省人民检察院、浙江省公安厅《关于当前办理集资类刑事案件适用法律若干问题的会议纪要(三)》(以下简称《会议纪要(三)》)进一步规定,“实践中,对于行为人按生产经营规模所需吸收资金,并用于生产经营活动的,可不以非法吸收公众存款罪处理”。因此,合理把握“资金用于生产经营活动”的认定,可以最大限度地保护非公有制经济为了发展生产经营而集资的行为,进而助推非公有制经济的发展。

浙江省高级人民法院、浙江省人民检察院、浙江省公安厅《关于当前办理集资类刑事案件适用法律若干问题的会议纪要(三)》规定,“‘资金用于生产经营活动’是指将募集的资金用于企业因生产经营活动所需的正常合理支出。对于将募集资金用于购车、购房等情形,是否属于‘资金用于生产经营’不宜一概而论。在实践中,应结合其主观动机、实际用途等因素综合分析后加以判定。如行为人将资金用于购买运输等正常的生产经营所需的工作用车或者购买生产经营所需房产等,可认定其将资金用于生产经营活动。如明显不属于生产经营所需,不能认定其将资金用于生产经营活动。行为人为弥补亏损,无视自身实力和抗风险能力,滥用他人资金盲目博弈,将集资款用于高风险投资(如期货、股票)的,一般不能认定为用于生产经营活动”。该规定通过正、反面列举的方式,对“资金用于生产经营活动”划定了一个大致范围。该规定已经相对完善,具有重要实践指导意义。在此基础上,笔者进一步认为,列举的方式不足以涵盖实际的多样性,从行为核心特性的理解角度出发,还应当根据集资者所处行业性质及特征来认定其资金是否是用于生产经营活动,具体可由司法人员根据行业属性进行裁量掌握。

三、启示或建议

(一)将集资资金用于生产经营活动

如前所述,虽然法律规定向公众非法集资达到规定的人数、金额即构成犯罪,但司法实务中仍然为非法集资者保留了一块刑事责任豁免的空间,即将集资资金用于生产经营活动,有可能作无罪处理。因此,非公企业确因生产经营所需向社会筹集资金的,应当切实保证将集资款全部用于生产经营,同时严格限制将集资款投入超过自身承受能力的高风险行业,以避免刑事犯罪的发生。

(二)建立完善、真实的会计账簿

当前许多企业会计账簿不完善,尤其是其账簿的客观性存在问题。通过改进会计账簿,真实记录集资款的来源及用途。一旦企业面临非法集资犯罪刑事法律风险,可以将会计账簿作为自身实际经营情况的证明。通过证明自身资金确实流向生产经营领域,可以在一定程度上避免自身刑事责任的发生。

(三)采用企业间集中大额融资或向亲友筹资

总体而言,非法集资犯罪的核心特征在于其“社会性”“公开性”,即集资行为牵涉资金出借人的不特定程度及其范围广度。涉及的出借者范围越广,其“社会性”越强,刑事构罪风险亦越大。避免刑事风险的最佳办法就是减少资金出借者的数量、降低集资的“社会性”。即通过企业间大额短期融资的方式来解决资金燃眉之急,以降低资金出借者人数。通过向亲友融资,减少向不特定社会公众集资。

(四)避免向高利贷从业者融资

向高利贷从业者融资会大大增加集资“社会性”和“公开性”的风险。因高利贷从业者的资金往往是通过向社会公开募集而来,其自有资金占比一般较小,向高利贷从业者进行融资,间接扩大了融资社会性程度。在司法实务中，很多非法集资案件的第一层级出借人是高利贷从业者，其再向众多第二层级社会群众筹集资金，间接扩大了资金出借者的范围，而集资者明知该情况并予以放任。最终在司法认定的时候，第二层级社会群众可能会被认定为非法集资的受害人，由此导致集资对象人数超过法定标准，进而构成犯罪。

第四节　银行贷款融资刑事法律风险及处置

一、银行借贷刑事法律风险概述

企业向银行借贷融资过程中，可能面临骗取贷款、票据承兑、金融票证罪（以下简称骗取贷款罪）和贷款诈骗罪两项刑事风险。从两项罪名的关系来看，骗取贷款罪可以被视为基础罪名，而贷款诈骗罪是升格罪名。从两罪进入立法的时间看，贷款诈骗罪在先，而后才增设了骗取贷款罪，其立法演进逻辑是由于实务中存在一些单位和个人以虚构事实、隐瞒真相的手段骗取贷款的现象，“但由于没有充分证据证明行为人主观上是否有非法占有目的，致使这类案件的处理陷入两难境地，要么无罪，要么重刑。有的案件虽然给金融机构带来了较大损失，由于不能定贷款诈骗罪，客观上造成了此类案件的高发趋势，也危害到金融安全”。[①] 为解决司法实践中贷款诈骗罪非法占有目的取证困难，有效惩治金融领域的骗贷行为，2006 年《中华人民共和国刑法修正案（六）》增设了低度犯罪——骗取贷款罪，规定以欺骗手段取得银行或者其他金融机构贷款，给银行或者其他金融机构造成重大损失或者有其他严重情节的，应当定罪处罚。

从司法实务来看，非公企业及其股东因银行贷款而被刑事追责的罪名高度集中于骗取贷款罪，以贷款诈骗罪来追究企业及其股东刑事责任的案件极为鲜见。两罪犯罪构成的核心基本相同，即以欺骗手段获得银

---

① 黄太云：《〈中华人民共和国刑法修正案（六）〉的理解与适用》，载《中华人民共和国最高人民法院刑事审判庭第一、二、三、四、五主办：《刑事审判参考》（2006 年第 4 集），法律出版社 2006 年版。

行贷款,唯一区别在于骗取贷款罪不以非法占有贷款为目的。可以说,骗取贷款罪就是贷款诈骗罪的基础罪名,故本书主要围绕骗取贷款罪进行阐述。

二、银行借贷融资犯罪的司法处置改进

骗取贷款罪及贷款诈骗罪的入罪标准极低。根据2010年最高人民检察院、公安部《关于公安机关管辖的刑事案件立案追诉标准的规定(二)》规定,以欺骗手段取得银行或者其他金融机构贷款、票据承兑、信用证、保函等,数额在100万元以上或造成直接经济损失20万元以上或虽未达上述标准单多次骗取贷款或具有其他严重情节的,均构成骗取贷款罪;以非法占有为目的诈骗金融机构贷款数额在2万元以上的构成贷款诈骗罪。现实生活中,许多非公企业或个人贷款动辄数百万元上千万元,从贷款数额或损失金额的角度来说,基本不存在入罪障碍,故企业在贷款过程中一旦存在欺骗情节,就可能面临犯罪风险。但是,我国银行或其他金融机构对于贷款的条件要求极为苛刻,如果不对贷款欺诈的严重程度进行区分,又可能导致骗取贷款入罪泛滥。因此,司法机关有必要在执法过程中审慎对待,从实事求是的角度,对普通欺骗违法行为与犯罪行为作出合理区分。

针对骗取贷款犯罪,2015年浙江省高级人民法院、浙江省人民检察院、浙江省公安厅联合印发的《关于办理骗取贷款、票据承兑、金融票证罪有关法律适用问题的会议纪要》(以下简称《浙江省会议纪要》)对此罪作出了较为符合实际的规定。总体而言,会议纪要对骗取贷款罪的法定入罪标准作出了一定程度的突破,但又极大保留了余地,对部分问题作出了规定,但又未能囊括尽执法办案实践中可能遇到的一些难题。笔者无意突破,甚至颠覆省会议纪要的规定,但认为有几个问题仍值得继续深入探讨,建议在尊重会议纪要规定内容的基础上,由司法机关审慎、区别对待。

(一)合理认定骗取贷款罪中的“欺骗手段”

以欺骗手段获取银行贷款是骗取贷款罪和贷款诈骗罪的核心要件。但何谓欺骗手段,骗取贷款罪的《刑法》条文并未作出明确规定。贷款诈

骗罪《刑法》条文则具体列举了五种情形,但该五种情形须结合非法占有目的来对行为人是否构成贷款诈骗罪进行综合认定。故相对而言,骗取贷款罪中欺骗手段如何合理界定,显得更为困难。

2015 年《浙江省会议纪要》规定:“刑法第一百七十五之一规定的欺骗手段是指行为人在取得银行或者其他金融机构的贷款、票据承兑、金融票证时,采用虚构事实、隐瞒真相等手段,掩盖客观事实,骗取银行或者其他金融机构信任的行为。行为人编造虚假的资信证明、资金用途、抵押物价值等虚假材料,导致银行或者其他金融机构高估其资信现状的,可以认定为使用欺骗手段。实践中,刑法第一百七十五条之一‘欺骗手段’的具体认定可参考刑法关于贷款诈骗罪的相关规定。”显然,囿于银行信贷实践活动的多样性及复杂性,会议纪要对于什么样的欺骗手段可以构成犯罪,规定并不明确。

在现实生活中,银行对于贷款条件的要求十分严格。借款人为了顺利获得贷款,在申请贷款时或多或少都会作出一定程度的事实虚构,如虚构买卖合同、伪造财物报表、资产评估报告等,或夸大自身经营规模和盈利能力,或虚构可供担保的财物,或是重复质押,或是串通甚至欺骗担保公司为其贷款提供担保。但并非只要采用了欺骗手段就当然构成骗取贷款罪。骗取贷款罪的设立本意是为了保护银行贷款资金的安全,防范贷款风险,而不是要惩罚一切不合规范的贷款行为。从该罪设立的立法背景看,之所以规定骗取贷款罪,其根本原因是“骗取金融机构信用与贷款,使金融资产运行处于可能无法收回的巨大风险之中,有必要规定为犯罪”。① 即使行为人提供的资料有瑕疵,也有必要从刑法因果关系的角度来对行为责任作出合理区分及判定。

骗取贷款罪与普通诈骗罪相同,都具有行为人采用欺骗手段——被害人因此而陷入错误认识——被害人基于错误认识而处分财物的逻辑关系,因此,行为人的欺骗手段与金融机构认识错误并由此实施放贷行为之间应当存在因果关系。正如日本刑法学者大塚仁所说,在商业活动

---

① 黄太云著:《刑法修正案解读全编——根据刑法修正案(八)全新阐释》,人民法院出版社 2011 年版,第 194 页。

中，不同程度地夸大甚至欺诈行为是司空见惯的。在交易习惯上所允许的范围内，即使有些夸张或者事实的缄默，也应认为并不违反诚实信用原则，不属于诈骗罪中的欺骗行为。[①] 只有借款人的欺诈行为与银行发放贷款之间具有刑法上的因果关系的时候，才能构成骗取贷款罪。因此，司法人员在依照《浙江省会议纪要》第 1 条的规定来认定"欺骗手段"时，不能机械套用纪要的规定，还应探求贷款过程的真实情况及背后原因。

笔者建议，对骗取贷款罪欺骗手段的界定，不但要作形式判断，更要根据实质性的标准来判断，即欺骗手段应当是金融机构贷款审查所重点关注的、对贷款发放结果具有实质性影响的手段。通常而言，不同种类贷款的贷款条件不完全相同，但其中有一项条件是所有贷款的核心标准——借款人还款能力。几乎所有的授信及贷款均建立在借款人还款能力的评估之上，因此，欺骗手段与借款人还款能力评估结果具有重要因果关系，才宜认定为犯罪构成的欺骗手段。另外，借款担保亦是银行贷款审查的一项重点，被称为第二还款来源，如果借款人在担保材料上弄虚作假，且虚假材料对担保价值造成实质性影响的，如担保物评估价值畸高或虚假担保，也可认定为属于犯罪构成的欺骗手段。

（二）适度推行被害人过错担责

目前我国法律、行政法规以及部委规章和银行内部管理规程，共同针对银行信贷条件和程序设定了极为严苛的标准。但在信贷实践中，金融机构为了自身的利益，在行业景气的时候大量发放贷款，对贷款用途、申请人提供申请材料不作实质审查，对申请人提供虚假材料掩盖贷款真实用途明知或放任，个别金融机构工作人员甚至为了完成指标，指使、授意、帮助申请人伪造虚假材料，骗取金融机构贷款，亦即商业银行普遍未严格执行"法定"[②]标准，导致法定标准与实践操作存在一定落差。从办案实践来看，非公企业在贷款过程中财务报表、验资报告、资产负债及损

---

① 参见［日］大塚仁著：《刑法概说（各论）》（第 3 版），冯军译，中国人民大学出版社 2003 年版，第 246 页。

② 此"法定"并非严格意义上的法律及行政法规规定，同时还包含部委规章以及银行内部信贷管理规程的规定。

益表、投资说明、财务分析、财务数据、经营状况虚假的情况较为普遍，纳税申报表与实际不符的情况也较为突出，国内会计师事务所等中介机构为企业虚假财务报告进行背书的现象亦较为严重。但事实上，银行业金融机构内部上下对此现象普遍都心知肚明并态度暧昧。

在《浙江省会议纪要》起草过程中，曾有观点提出，如果银行金融机构明知借款人虚构申贷资料的，可以排除骗取贷款罪的成立。但会议纪要最终没有明确将此内容规定为司法准则。笔者认为，不在会议纪要中采用“一刀切”的方式将此规定确立为司法准据，具有一定合理性，但这并不排斥司法实践中适度推行被害人过错担责。

银行贷款审查、批准划分为多个层级，既有负责贷款调查的客户经理等一线人员，也有负责贷款审批的后台部门人员，更有对贷款审查全过程均有重要影响力的银行机构最高管理层或决策者。不同层级人员对于贷款欺骗手段的认知及承诺，对于银行机构而言，其法律效果有所不同。因此，应当根据作为被害人的银行业机构内部工作人员的不同层级来区别对待。对此，可参照刑法单位犯罪的相关理论。

一方面，对于银行业金融机构的高层管理者或贷款决策者，如果其代表单位意志，并且为了单位利益，即可视为被害人承诺而自行承担过错结果，即金融机构没有因为被骗而产生错误认识，发放贷款是其真实意思表示，借款人的行为不构成骗取贷款罪。当然，如果其不是为了单位利益，则不能阻却犯罪的成立。具体而言，贷款发放决策者在金融机构授权范围内，对内具有发放贷款的最终决定权，对外作出的发放贷款的决定具有法律效力，故其基本能代表单位意志。如果其为了金融机构利益，事先对借款人的欺骗行为主观明知，则借款人行为不符合欺诈犯罪的犯罪构成，阻却骗取贷款罪的成立。如果其不是为了单位利益，则不符合单位犯罪的相关理论，这种情况下，其对贷款欺骗行为的认知不能直接等同于单位的认知，不能阻却借款人骗取贷款罪的成立。

另一方面，对于银行业金融机构普通工作人员，结果应当不同。骗取贷款的受害人是银行业金融机构，机构与其工作人员是相互独立的法律主体，普通工作人员明知存在欺骗手段不能直接推导出机构亦明知的结果。故无论其对于虚假的申贷材料故意放纵或者是授意帮助借款人伪造申贷材料，因其不能代表单位意志，贷款发放决策者发放贷款的决定还是基于错误认识作出的，不能阻却行为人骗取贷款罪的成立。一般而言，普通工作人员在授信贷款过程放纵虚假材料，其目的也往往不是为了单位利益，而更多地是为了自身绩效考核的利益，故亦不应阻却骗取贷款罪的成立。

（三）将督促借款人还款确立为刑事立案的前置程序

《浙江省会议纪要》规定，“……数额超过人民币一百万元不满五百万元……在侦查机关立案前已偿还信贷资金……不作为犯罪处理”，“直接经济损失应限定为侦查机关立案时逾期未偿还银行或者其他金融机构的信贷资金。偿还信贷资金是指行为人通过自己偿还、他人代为偿还、担保人偿还等途径已经向银行或者其他金融机构偿还贷款合同约定的本金及利息”。可见，会议纪要本着恢复性司法的理念，为虽然逾期但能够在特定时间节点还款的行为人，保留了一定的刑事责任豁免空间。

笔者建议，可以在浙江省会议纪要的基础上，从诉讼程序设置的视角，对刑事责任的豁免空间进行一定程度扩张。具体就是，检察机关在批准逮捕或审查起诉之时，可以要求公安机关在对骗取贷款刑事立案之前，事先书面通知、督促借款人还款，并以此作为立案的前置程序。在借款人及其担保人不予回应或明确拒绝还款的情况下，才进入刑事立案侦查程序，以此为借款人保留一个刑事责任豁免的机会。

在涉案数额方面，虽然《浙江省会议纪要》规定，“……数额超过五百万元，未给银行或者其他金融机构造成直接经济损失的，是否需要追究刑事责任，可综合考虑……等案件具体情节加以确定”，即没有明确规定贷款金额超过500万元的可以适用上述刑责豁免，但此规定亦没有直接禁止豁免规则的适用。故笔者建议，在不存在《浙江省会议纪要》所规定的几种严重情节的情况下，应当支持司法人员对数额超过500万元的贷款亦适用上述立案前偿还的刑事责任豁免规则，以此促成信贷秩序的恢复。

与此同时，会议纪要规定，骗取贷款行为人“……在一审判决前偿还的，可以从宽处理”。因此，对检察机关而言，在检察办案过程中，应在批准逮捕及审查起诉环节，积极督促借款人通过各种途径偿还银行借款，以此换取对借款人不捕、不诉的轻刑处置。

（四）扩大500万元以下贷款刑事责任排除的适用范围

《浙江省会议纪要》规定，“……数额超过人民币一百万元不满五百万元……行为人以自有财产提供担保且担保物足以偿还贷款本息的……不作为犯罪处理”，规定将适用范围严格限定在以自有财产提供担保的情形中。笔者认为，《浙江省会议纪要》将担保物划分为自有财产和他人财产，并据此区分不同的刑事责任，具有极大合理性，但同时也还存在一定不足，主要是没有区分抵（质）押人自愿以其抵（质）押财产偿还欠款的意愿程度。而2019年《沪苏浙皖检察机关关于依法服务保障长三角区域民营企业健康发展的意见》则作出规定：“对行为人以欺骗手段取得贷款，但行为人以自有财产提供担保或由担保人提供抵押担保足以偿还贷款的，一般不宜以骗取贷款罪追究刑事责任。”该规定没有区分担保人提供担保的真实意愿程度，但其为扩大刑事责任免除范围提供了一条可选择的路径，司法机关可以根据案件具体情况灵活掌握刑事打击的尺度。

三、启示或建议

（一）避免申贷关键材料虚假

如前所述，对骗取贷款罪欺骗手段的界定应根据实质性标准来判断，即欺骗手段应当是对贷款发放结果具有实质性影响的手段。对于银行而言，借款人还款能力是银行发放贷款的关键因素，是贷款审查的核心内容，因此，足以影响银行对借款人还款能力评估结果的材料就是申请贷款的关键材料，借款人对此类资料的弄虚作假必然导致骗取贷款犯罪的成立。笔者认为，根据信贷实践，借款企业实际经营状况尤其现金流量情况、融资负债情况都是对借款人还款能力评估结果具有重要影响的材料，非公企业在申请贷款时不应作虚假陈述。同时，贷款担保作为第二还款来源，借款人亦不应故意弄虚作假。

（二）尽量足额担保

2015年《浙江省会议纪要》规定，数额在500万元以下的银行贷款，如果借款人以自有财产提供担保且担保物足以偿还贷款本息的，可不作为犯罪处理。2019年《沪苏浙皖检察机关关于依法服务保障长三角区域民营企业健康发展的意见》进一步提出，行为人以自有财产提供担保或由担保人提供抵押担保足以偿还贷款的，一般不宜以骗取贷款罪追究刑事责任。因此，对借款企业而言，应尽量利用企业自有财产以及股东个人财产来为银行贷款提供足额担保，这样可以极大降低骗取贷款的刑事责任风险，避免犯罪的发生。

（三）在公安机关立案之前清偿欠款

虽然借款金额或损失数额两项条件中任何一项的违反均可能构成骗取贷款罪，但司法机关在实践中往往更倾向于对造成实际损失的骗取贷款行为予以刑事打击。《浙江省会议纪要》规定，“数额超过人民币一百万元不满五百万元……在侦查机关立案前已偿还信贷资金……不作为犯罪处理”“直接经济损失应限定为侦查机关立案时逾期未偿还银行或者其他金融机构的信贷资金”。故对500万元以下贷款，行为人即使存在一定程度的贷款欺诈行为，但只要在公安机关立案之前能够偿还欠款、未造成严重后果，就可能免除刑事司法追责。而对于金额超过500万元的贷款，亦可能因立案之前清偿贷款而大大减轻自身刑事责任。因此，非公企业在贷款逾期后，应通过各种渠道积极筹措资金用于偿还银行欠款，以降低甚至避免相应的刑事责任。

（四）谨慎对待银行信贷工作人员的违规授意

如前所述，银行信贷人员授意借款人伪造申贷资料，并不必然导致借款人骗取贷款刑事责任的免除。在银行信贷工作人员授意伪造资料之时，非公企业应当审慎区分信贷人员的工作身份、目的、伪造资料的种类等具体情况，尽量避免陷入刑事犯罪风险。

第四章　非公企业涉税的法律应对

第一节　引　　言

“税”字左边为“禾”，意庄稼、谷物，右边为“兑”，指兑换。故税之本意为用谷物兑租赋。税收这个千古命题，始终存在于阶级社会中。在英语里税收“tax”这个词，是从古法语 taxe 发展而来，而 taxe 又出自拉丁文“taxare”，这一词汇具有双重含义，一是压迫，二是估价，妙语双关地道出了这一分配现象既使人感到不舒服，但又必须忍受这种负担的双面性。在西方理念中，税收意味着痛苦和轻松。鉴于此，人们常常把纳税的感觉形容为牛被挤完奶的感觉。在国外，尤其在当代西方国家，税收和人们的现实生活密切相关，富兰克林（Franklin）说过，世上只有死亡和纳税是不可避免的。

现代国家是税收国家，[①]在社会主义市场经济条件下，税收成为我国财政收入的主要形式，税收在保障政府职能实现，在资源配置、调节社会经济结构、调节社会财富再分配、缩小贫富差距等方面都起着十分重要的作用。美国著名法学家霍姆斯（Holmes）曾说道，“税负是我们为文明社会所付出的代价”。文明社会来自经济、精神和社会方面的发展，自由是其先决条件。税负及征税的权力部门对于文明社会及其一切进步的影响都是消极的。国家税收征收权是一种国家的强制行为，不以纳税人

① 税收国家（tax state），这是美籍奥地利思想家熊彼特（Joseph Alois Schumpeter 1883～1950）在 1918 年提出的一个概念，用来指称由公众税收养活的现代国家，区别于中世纪西欧那些依靠国王自有领地收入（土地收益）的封建国家。

的意志为转移。纳税人为了避免眼前利益的减少,有可能会采取违法犯罪行为来抵制国家征税,从而破坏国家的税收管理秩序。

我国的税收管理秩序是由《中华人民共和国税收征收管理法》(以下简称《税收征管法》)确立的,《税收征管法》自1993年1月1日起实施,是新中国成立后第一部税收程序法,也是税收征管基本法,历经三次修正。[①] 与之相对应的1997年《刑法》,在破坏社会主义市场经济秩序罪一章中设危害税收征管罪专节,规定了13个具体罪名,对于危害税收征管犯罪,我国税收立法经历了一个逐步严密完善的过程。[②] 税收犯罪行为与国家颁布严格的法律来惩治税收犯罪行为,两者之间是一种动态的博弈。1994年我国进行了分税制改革,确立了增值税和营业税并存的货物和劳务税税制格局。自2016年5月1日起,"营改增"的全面推进,开启我国新一轮的财税改革。"营改增"试点下增值税发票犯罪大增。[③] 在社会转型升级过程中,税收犯罪频发,给经济社会发展造成了严重的后果。税收犯罪随着社会经济的发展、税收制度的变迁、税收政策的调整,在不同时期呈现出不同的特征和形态。

本章主要基于温州地区税收犯罪的实际情况,通过梳理各地检察机关办理的涉税犯罪案件,通过不同的案例重点阐述人们最关心的偷逃税款和虚开增值税专用发票等犯罪类型,归纳特征,突出争议焦点,以帮助企业主在企业经营过程中,避免人为地陷入犯罪的境地,同时也给检察官在办理类似案件时提供不同的参考视角。

---

① 中华人民共和国成立后,我国于20世纪50年代就有税收相关规定了,1986年4月21日《中华人民共和国税收征收管理暂行条例》是最早的正式规定。

② 危害税收征管犯罪立法的四个阶段,第一阶段是税制改革以前,1979年《刑法》中第121条所规定的偷税、抗税两项罪名。第二阶段是税制改革后,虚开伪造和非法出售增值税专用发票的犯罪现象触目惊心。1995年10月30日,全国人大常委会作出了《关于惩治虚开、伪造和非法出售增值税专用发票犯罪的决定》,设立了虚开、伪造和非法出售增值税专用发票罪,并规定了死刑。第三阶段,即1997年《刑法》,体现了《刑法》对税收征管秩序的立法保护。第四阶段,《刑法》第7次修订(2009年),将偷税罪改成逃税罪,从此"偷税罪"的罪名成为历史;《刑法》的第8次修订(2011年),新增了虚开其他发票罪、持有伪造的发票罪两个罪名,并取消了两个发票犯罪死刑规定。

③ 参见人民网,http://legal.people.com.cn/n/2015/0515/c188502-27005132.html,2017年8月29日访问。

第二节　隐藏在身边的犯罪——逃税罪①

逃税罪的前身是偷税罪,《中华人民共和国刑法修正案(七)》将偷税罪改为逃税罪。逃税和偷税的概念是经过长期演变而确定的,此外,还存在“漏税”一说。偷税的概念也是多次被重新定义,从《税收征管法》的多次修正可见一斑。“纳税人伪造、变造、隐匿、擅自销毁帐簿、记帐凭证,或者在帐簿上多列支出或者不列、少列收入,或者经税务机关通知申报而拒不申报或者进行虚假的纳税申报,不缴或者少缴应纳税款的,是偷税。”②

偷税重在“偷”,偷的本质是秘密窃取,即通过秘密手段将他人财物占为已有。而税不是能够偷来的,纳税人的行为只是为了不履行或者少履行纳税义务,简言之就是为了少交税,用“偷税”概念显得不够科学、严谨。也许“逃避缴纳税款”或者“逃避履行纳税义务”,更能反映纳税人的真实意图。这里必须区别“逃税”和“避税”,避税是利用税收法律的漏洞,一般采用合法手段和方法不缴或少缴税款,但不是逃税,也不构成逃税罪。即便如此,国家税务总局也通过《一般反避税管理办法(试行)》(自2015年2月1日起施行)进行堵漏。以此可见,企业的利益与国家的税收长期看是处于动态的博弈之中。

一、民间借贷收取的利息拒不申报纳税涉嫌逃税

案例1　被告人楼某某因民间借贷,收取高额的利息后,拒不纳税,最终因涉嫌逃税罪被义乌市人民法院判处有期徒刑3年6个月,并处罚

① 《刑法》第201条第1款规定:纳税人采取欺骗、隐瞒手段进行虚假纳税申报或者不申报,逃避缴纳税款数额较大并且占应纳税额10%以上的,处3年以下有期徒刑或者拘役,并处罚金;数额巨大并且占应纳税额30%以上的,处3年以上7年以下有期徒刑,并处罚金。

② 《税收征管法》(2015年修正)第63条的规定。

金40万元。①

2008年6月开始，被告人楼某某与王某约定以7分、8分、9分等不同利率的月利息借款给王某，共计1500余万元，王某不定期不定额归还借款并支付利息给被告人楼某某。截至2012年8月，被告人楼某某从王某处收到利息收入共计637.7万元。

根据《税收征管法》等相关税收法律规定，被告人楼某某应缴营业税31.885万元，②应缴个人所得税120.5253万元，应缴城建税2.23195万元，合计154.64225万元。经税务机关通知要求被告人楼某某申报缴税，被告人楼某某拒不申报逃避缴纳税款，经义乌市地方税务局稽查局认定，被告人楼某某逃避缴纳税款比例为100%。

民间借贷行为在温州地区是一种十分普遍的融资手段，但是，当民间借贷与税收联系在一起，往往被人们所忽略。税收的基本特征之一就是法定性，即向哪些人征税、征什么税、税率是多少均由法律事先规定。《中华人民共和国增值税暂行条例》③《中华人民共和国企业所得税法》《中华人民共和国个人所得税法》分别对应增值税、企业所得税、个人所得税。民间借贷收取的利息要纳税，企业贷款利息收入是否也要纳税？答案是肯定的，不仅要缴纳所得税，还得缴纳流转税。企业收取的利息实际上属于金融服务，金融服务适用的增值税税率为6%，因此，贷款利息的税率也是6%。

二、企业破产不影响对法定代表人追责

企业具有法人资格，在某些方面与自然人一样，有始有终。“……法人是具有民事权利能力和民事行为能力，依法独立享有民事权利和承担民事义务的组织。法人的民事权利能力和民事行为能力，从法人成立时产生，到法人终止时消灭。”可是企业又有特殊之处，哪怕破产清算了，在

① 一审判决书文号：〔2014〕金义刑初字第2911号。一审判决后，被告人楼某某不服，提出上诉。浙江省金华市中级人民法院经二审审理，于2015年7月6日以〔2015〕浙金刑二终字第117号刑事判决书，改判被告人楼某某犯逃税罪，判处有期徒刑3年，并处罚金400,000元。

② 说明：本案发生在“营改增”之前。

③ 《中华人民共和国增值税暂行条例》（2017年修订）于2017年11月19日发布实施。

经营期间的逃税行为，仍要追究相关责任人员的法律责任，不因企业破产而免除。

案例2　安胜公司在经营期间偷逃税款，被法院裁定破产后，法定代表人余某生被判处有期徒刑3年3个月，并处罚金50万元。①

2010年5月25日，被告人余某生与鄢某甲、鄢某乙、鄢某丙等人在温州市瓯海区三溪工业园康祥路1号成立"温州安胜箱包有限公司"（以下简称安胜公司），被告人余某生任法定代表人。安胜公司在2010～2012年度经营期间，通过账外销售，现金收入、银行私人户收入不入账不申报的形式偷逃增值税和企业所得税。经查，安胜公司在2010年偷逃增值税73,884.76元，偷逃企业所得税116,740.93元，2010年度已缴纳税款161,147.21元，偷税数额占当年度应纳税额的54.19%；2011年偷逃增值税211,147.1元，企业所得税310,510.45元，2011年度已缴纳税款1,654,745.74元，偷税数额占当年度应纳税额的23.97%；2012年偷逃增值税160,860.8元，企业所得税236,560元，2012年度已缴纳税款1,927,412.37元，偷税数额占当年度应纳税额的17.09%。

2014年3月25日，温州市国家税务局稽查局以公告送达的方式送达拟处罚决定后，安胜公司未补缴应纳税款。2014年11月10日，温州市瓯海区人民法院裁定安胜公司破产。同年12月16日，温州市瓯海区人民法院裁定认可《温州安胜箱包有限公司破产财产分配方案》，根据该方案，安胜公司可供分配的破产财产在偿付第一顺序债权后，偿付了所欠税额中的7513.68元。

一般企业逃税行为往往涉及增值税与企业所得税等两个以上税种，只要其中一个税种的逃税数额、比例达到法定标准，即构成逃税罪，其他税种的逃税数额累计计算。

我国《刑法》对单位犯逃税罪规定了"双罚制"，即对单位判处罚金，对直接负责的主管人员和其他直接责任人员，依照逃税罪的规定处罚。单位犯逃税罪应追究相关人员的个人刑事责任，《刑法》已作明确规定。

① 判决书文号：〔2016〕浙0304刑初51号。

"涉嫌犯罪的单位被撤销、注销、吊销营业执照或者宣告破产的,应当根据刑法关于单位犯罪的相关规定,对实施犯罪行为的该单位直接负责的主管人员和其他直接责任人员追究刑事责任,对该单位不再追诉。"①

三、合同约定工资不明有可能导致犯罪

企业与员工签订劳动合同已成常态,但又有多少企业在与员工约定工资时明确约定税前工资还是税后工资?企业作为扣缴义务人,负有代扣代缴、代收代缴义务,或因工资约定不明而获罪。

案例3 晶德公司在经营期间逃税、虚开增值税专用发票,公司被吊销营业执照后,法定代表人王某麟被判处有期徒刑1年2个月,并处罚金5万元。②

浙江晶德光伏科技有限公司(以下简称晶德公司)于2010年12月27日成立,由被告人王某麟担任法定代表人,并于2014年2月12日被吊销营业执照。期间,王某麟指使会计人员将晶德公司个人所得税申报为零,隐瞒已代扣的员工的个人所得税。经核算,晶德公司偷逃的个人所得税税款合计达人民币11.5万元。案发后,王某麟已补缴税款及滞纳金45.7万元(虚开增值税专用发票案情省略)。

本案中认定逃税数额11.5万元,而王某麟事后补缴了45.7万元,为何会出现这种情况?晶德公司在招聘员工时,与员工签订劳动合同并约定工资,与其中一部分员工明确约定了"税后"工资,与一部分员工仅约定了工资。如果约定的是税后工资,晶德公司作为扣缴义务人,该部分税款由晶德公司承担;如果仅约定工资,那么员工的个人所得税需要员工自行承担,公司在发放工资时予以代扣代缴。经统计晶德公司与员工签订的合同,有7名员工明确约定税后工资,其他员工仅约定了工资,而实际上,每个员工拿到手的工资与合同约定的工资是一致的。从有利于被告人的原则出发,最终认定其中7份明确约定税

---

① 最高人民检察院《关于涉嫌犯罪单位被撤销、注销、吊销、营业执照或者宣告破产的应如何进行追诉问题的批复》(高检发释字〔2002〕4号)。

② 判决书文号:〔2016〕浙0303刑初10号。

后工资的合同涉及逃税数额 11.5 万元，实际上晶德公司涉嫌逃税的总数额远不止这个数字，也就造成了案发后晶德公司补缴税款及滞纳金 45.7 万元的情况。

四、不接受税务机关行政处罚而被立案侦查

税务机关稽查发现企业存在税务违法行为时，有权作出税务处理和行政处罚决定。企业补缴税款后，仍要缴纳滞纳金和罚款，否则可能被刑事立案侦查。

案例4　温州某机械有限公司逃税案不起诉处理。

温州某机械有限公司（以下简称某机械公司）成立于 2012 年 5 月 3 日。2015 年 6 月 9 日，瑞安市国税局稽查时发现该公司 2013 年 5 月取得销售收入 128,205.13 元未申报纳税，造成少缴纳增值税 21,794.87 元；2013 年 5 月其他收入 63,000 元未申报纳税，造成少缴纳企业所得税 38,241.02 元，偷税比例 39.38%。

2016 年 6 月 20 日，某机械公司补缴税款 60,035.89 元。2016 年 8 月 5 日，瑞安市国税局对其作出税务处理和行政处罚，追缴罚款及滞纳金 56,353.73 元，但是该公司一直没有缴纳。

2017 年 2 月 23 日，某机械公司被瑞安市公安局立案侦查，后于 2017 年 5 月 4 日缴纳了滞纳金和罚款。

该案中的某机械公司最终被瑞安市人民检察院作相对不起诉处理。该公司在公安机关立案前已经补缴税款，但未缴纳滞纳金和罚款，对此税务机关可强制执行，通过行政强制措施就能解决，可是税务机关却将案件移送公安机关，向刑事案件演变。由于公安立案标准将纳税人的立案追诉情形规定为“纳税人采取欺骗、隐瞒手段进行虚假纳税申报或者不申报，逃避缴纳税款，数额在 5 万元以上并且占各税种应纳税总额 10% 以上，经税务机关依法下达追缴通知后，不补缴应纳税款、不缴纳滞纳金或者不接受行政处罚的”行为。如何理解后半句，逃税罪追究的是逃避纳税还是拒不缴纳滞纳金、罚款，亦或三者取其一。在处理已经补缴税款的逃税类案件时，应慎重选择刑事打击。

五、启示或建议

(一)纳税申报很重要

检察官或者企业主,可能对零申报、不申报、拒不申报的概念存在认识差别。简单地讲,零申报指纳税人在未发生应税事实的情况下亦应进行申报。即零申报不能等同于不申报,不能因零申报而不申报。案例3中,晶德公司在履行代扣代缴义务时进行零申报而非不申报。零申报在计算逃避缴纳税款占应纳税额的比例时是最容易的,占比百分之百,只要数额达到较大标准就构罪,公安立案追诉标准规定的是5万元。

不申报就是始终未申报,又不同于逾期申报,[①]其原因可能是出于疏忽,也可能是出于逃税的目的或者其他原因。国税总局认为不申报纳税以偷税论处。[②] 但是,国税总局的规定效力级别较低,具体到不申报纳税的行为是否构成逃税罪时,仍应严格按照《刑法》第201条的规定处理。

不申报与拒不申报,相差一个“拒”字,即多了一个经税务机关通知申报的程序。拒不申报曾是偷税罪的一种偷税方式,但是《刑法修正案(七)》修改了逃税罪的罪状,并没有规定这一行为方式。对于逃税罪,以造成国家的税收实质性的损失作为界限。若行为人拒不申报,税务部门应依法核定其应纳税额,要求限期缴纳,逾期仍未缴纳的,可强制执行。强制执行的措施有:“(一)书面通知其开户银行或者其他金融机构从其存款中扣缴税款;(二)扣押、查封、依法拍卖或者变卖其价值相当于应纳税款的商品、货物或者其他财产,以拍卖或者变卖所得抵缴税款。”[③]

(二)法定代表人作为直接负责人应承担法律责任

案例2、案例3有类似之处,安胜公司的余某生,晶德公司的王某麟均系公司的法定代表人,却不是公司最大的自然人股东,一家公司破产

---

① 《税收征管法》第62条规定:“纳税人未按照规定的期限办理纳税申报和报送纳税资料的,或者扣缴义务人未按照规定的期限向税务机关报送代扣代缴、代收代缴税款报告表和有关资料的,由税务机关责令限期改正,可以处二千元以下的罚款;情节严重的,可以处二千元以上一万元以下的罚款。”

② 1997年国家税务总局《关于不申报缴纳税款定性问题的批复》(已废止)规定:“纳税人或扣缴义务人采取不申报的手段,不缴税款的,应当以偷税论处。”

③ 《税收征管法》第40条的规定。

清算,一家公司被吊销营业执照,最终余某生、王某麟均因企业经营期间的逃税行为承担法律责任。

在构成单位犯罪的前提下,须追诉单位直接负责的主管人员和其他直接责任人员。直接负责的主管人员应从两方面加以把握:一是直接负责的主管人员是单位中实际行使管理职权的负责人员;二是对单位具体犯罪行为负有主管责任,两个条件缺一不可。司法实践中主管人员主要包括单位法定代表人、单位的主要负责人、单位的部门负责人等,但并非在任何情况下都要对单位犯罪承担刑事责任,只有当其在单位犯罪中起着组织、指挥、决策作用,所实施的行为与单位犯罪行为融为一体,成为单位犯罪行为组成部分之时,上述人员才能成为单位犯罪的处罚主体,对单位犯罪承担刑事责任。案例 2 中的余某生担任安胜公司的法定代表人,指使公司财务人员分内账和外账记录公司财务账本,以此进行虚假的纳税申报逃避缴纳税款,其在安胜公司逃税犯罪中起决定、批准、指挥等作用;案例 3 中的王某麟同样指使会计人员将公司个人所得税申报为零,其在单位履行纳税义务时起到了决定性的作用,均依法应认定为直接负责的主管人员,故追究起决定性作用的单位主管人员的刑事责任,且不因单位破产而免除。

(三)行政程序并非逃税罪的构罪条件

检察官或企业主可能存在一种认识误区,认为逃税罪需要经过行政处理后才构罪。虽然大部分涉嫌逃税犯罪的案件都存在税务机关行政行为,但仔细研读法条,并没有规定构成逃税罪需要行政前置,即逃税罪的构成要件并不以税务部门的行政处理和行政处罚为前置条件。案例 3 就是一起检察机关办理的未经行政前置的逃税犯罪案件。公安机关的立案侦查与税务部门的行政处罚是两个相互独立的行为,没有税务部门的行政前置,公安机关当然有权对涉嫌逃税的企业进行立案侦查。2010 年 5 月 7 日最高人民检察院、公安部联合发布的《关于公安机关管辖的刑事案件立案追诉标准的规定(二)》第 57 条规定,“纳税人在公安机关立案后再补缴应纳税款、缴纳滞纳金或者接受行政处罚的,不影响刑事责任的追究”。需要注意的是,要求行为人补缴税款、缴纳滞纳金或者给予行为人行政处罚,都是税务机关的职责,公安机关侦查人员毕竟不是专业的税务人员，在涉税案件的处理上，应重视税务机关的意见。

（四）如何适用免责条款

企业既是纳税人，又是扣缴义务人。不论《税收征管法》的规定，还是逃税罪的规定，纳税人、扣缴义务人是有区别的。逃税罪的免责条款仅适用纳税人而不适用扣缴义务人。①

不追究初次逃税的纳税人刑事责任必须同时满足三个条件：（1）在税务机关依法下达追缴通知后，补缴应纳税款；（2）缴纳滞纳金；（3）已受行政处罚。三个条件缺一不可，如果纳税人因逃税被稽查，在构罪的情况下，补缴了税款、缴纳了滞纳金，但是在税务机关作出行政处罚决定后，纳税人未缴纳罚款，亦不认定纳税人已受行政处罚。该情形也就不适用免责条款。案例4中某机械公司的行为就是未缴纳滞纳金、未缴纳罚款，因此，不适用免责条款。

在企业受到行政处罚时，即使纳税人对行政处罚有异议，也应继续履行。《中华人民共和国行政处罚法》第45条规定："当事人对行政处罚决定不服申请行政复议或者提起行政诉讼的，行政处罚不停止执行，法律另有规定的除外。"

（五）案件启示

（1）企业在与员工签订劳动合同时，应明确约定工资为税前工资还是税后工资，依法履行扣缴义务人的责任；（2）在企业经营管理过程中，应及时申报纳税，企业主不能明确指使财会人员进行虚假纳税申报；（3）若因未申报纳税被稽查发现时，应及时补缴税款，接受行政处罚，及时缴纳罚款；（4）检察机关在办理此类案件时，对于情节轻微的逃税案

---

① 《刑法》第201条第4款规定，"有第一款行为，经税务机关依法下达追缴通知后，补缴应纳税款，缴纳滞纳金，已受行政处罚的，不予追究刑事责任……"第1款行为指的是纳税人，未指明扣缴义务人。处罚阻却事由是否适用扣缴义务人是有争议的，张明楷：《刑法学》（第4版），法律出版社2011年版，第723页；《逃税罪的处罚阻却事由》（载《法学论坛》2011年第8期）中，张明楷教授认为，《刑法》第201条第4款处罚阻却事由的规定，不适用于扣缴义务人的逃税行为；而在《正确理解逃税罪的刑罚阻却事由》（载《检察日报》2014年11月26日）、《逃税罪的立法修正与司法适用》（载《中国审判》2009年第12期）文章中，有学者认为，对扣缴义务人也应适用《刑法》第201条第4款有关处罚阻却事由的规定。

件,在已经补缴税款、缴纳滞纳金、罚款的企业,应充分给予企业整改的机会,作轻缓刑处理。

第三节　一张发票引发的犯罪——虚开增值税专用发票罪[①]

虚开增值税专用发票罪是《刑法》第205条规定的一个罪名,具体罪名是"虚开增值税专用发票、用于骗取出口退税、抵扣税款发票罪",是一个选择性罪名,分别是"虚开增值税专用发票罪"和"虚开用于出口退税、抵扣税款的其他发票罪",俗称"虚开两个发票罪"。增值税专用发票对于购货方而言,可以直接从增值税销项税额中抵扣,相当于少交税,换言之,增值税专用发票可视同现金。[②] 2017年最新数据显示,我国增值税在全部税收中占比接近40%,为第一大主体税种。[③] 虚开增值税专用发票罪,不论是案件的数量还是案件的影响,一直以来都是涉税犯罪的重点。经统计,2014年以来,虚开增值税专用发票罪占当年涉税案件的比例至少达到70%以上,[④]如表4-1所示。

① 《刑法》第205条规定,"虚开增值税专用发票或者虚开用于骗取出口退税、抵扣税款的其他发票的,处三年以下有期徒刑或者拘役,并处二万元以上二十万元以下罚金;虚开的税款数额较大或者有其他严重情节的,处三年以上十年以下有期徒刑,并处五万元以上五十万元以下罚金;虚开的税款数额巨大或者有其他特别严重情节的,处十年以上有期徒刑或者无期徒刑,并处五万元以上五十万元以下罚金或者没收财产。……单位犯本条规定之罪的,对单位判处罚金,并对其直接负责的主管人员和其他直接责任人员,处三年以下有期徒刑或者拘役;虚开的税款数额较大或者有其他严重情节的,处三年以上十年以下有期徒刑;虚开的税款数额巨大或者有其他特别严重情节的,处十年以上有期徒刑或者无期徒刑。……"

② 《新三板首例虚开增值税发票被判刑!》,载新蓝网,http://n.cztv.com/baoguang/12183391.html,2016年9月1日访问。

③ 《2017年税收收入12.6万亿　营改增减税近万亿》,载网易:http://money.163.com/18/0202/05/D9KAB4KA002580S6.html,2018年8月30日访问。

④ 未将2012年、2013年的数据列出,因涉及AJ2013系统和统一业务应用系统数据统计的区别。实际上占比最高的是在2012年,达到了95%,基本上当年检察机关受理的涉税犯罪的案件都是虚开增值税专用发票罪案件。

表4－1 2014～2017年虚开增值税专用发票罪占比情况

项目时间	2014年	2015年	2016年	2017年
涉税案件数(件)	90	71	70	72
虚开增值税专用发票罪(件)	77	50	59	58
占比(%)	86	70	84	81

一、提供银行账户有可能导致犯罪

案例5 陈某双为他人虚开增值税专用发票提供银行账户供资金回流并催款，因帮助虚开增值税专用发票而被判处有期徒刑7年，并处罚金20万元。①

2010年4月～2013年2月期间，浙江华东矿用设备有限公司（已吊销营业执照，以下简称华东公司）及其法定代表人倪某成因公司购入生产原料无增值税专用发票（进项），为抵扣税款和开具增值税专用发票（销项），决定在没有真实货物交易的情况下，以支付“开票费”的方式，通过被告人陈某双等人取得三明市新鑫物资贸易有限公司（以下简称新鑫公司）、三明市益源祥物资有限公司（以下简称益源祥公司）、福州华顺贸易有限公司（以下简称华顺公司）、福州新友禾贸易有限公司（以下简称新友禾公司）等四家公司虚开的增值税专用发票。开票公司新鑫公司、益源祥公司、华顺公司、新友禾公司为完成虚假交易虚开增值税专用发票，先将资金汇到被告人陈某双的银行卡内，被告人陈某双扣除开票金额0.2%～0.5%不等的手续费，之后将余款汇入华东公司的出纳陈某乐私人账户内，陈某乐将资金转入华东公司基本户内，再将上述资金加上开票“手续费”汇入开票公司新鑫公司、益源祥公司、华顺公司、新友禾公司的对公账户，由此完成一笔虚假的交易。

经国税机关稽查核实，华东公司通过被告人陈某双获取新鑫公司、益源祥公司、华顺公司、新友禾公司等四家公司虚开的增值税专用发票金额为23,552,690.3元，税额为4,003,957.3元，价税合计金额为27,556,647.6元；其中已经抵扣的增值税专用发票金额为20,965,036.03

① 一审判决书文号：〔2014〕温乐刑初字第986号。

元,税款3,564,056.13元,价税合计24,529,092.16元。被告人陈某双非法获利在10万元以上。

个人银行账户提供给企业使用,或者企业账户提供给他人走一下账,这些都是企业经营过程中很常见的不规范行为。就是因为不规范,才隐藏了巨大的风险。全国人均持有银行卡超过4张,山东人均拥有7个银行账户,提供银行账户给他人使用,只要主观上明知或者应当知道,银行账户的提供者很可能就成为某一项犯罪行为的帮助犯。如提供给诈骗分子使用,则可能构成诈骗罪;提供给逃犯使用,则可能构成窝藏罪;提供给毒贩使用,则可能构成洗钱罪。撇开银行账户的问题,本案至少可以反映出虚开增值税专用发票犯罪的以下特点:

(一)以单位犯罪为主

虚开增值税专用发票主要有四种形式:为他人虚开、为自己虚开、让他人为自己虚开、介绍他人虚开。不论为他人虚开还是让他人为自己虚开,虚开方或受让方应具有开具增值税专用发票的资格,即属于增值税一般纳税人,而一般纳税人是指年应征增值税销售额超过财政部规定的小规模纳税人标准的企业和企业性单位,其特点是增值税进项税可以抵扣销项税。[①] 故增值税专用发票的虚开方与受让方均系单位,也只有单位才可能使用增值税专用发票进行抵扣,大量的案例亦能证实,涉税虚开增值税专用发票犯罪的主体主要是中小型的非公企业。如案件中出现的5家企业,均已涉嫌犯罪,但并非所有的案件都是单位犯罪,介绍他人虚开则可能涉嫌自然人犯罪,即司法实践中所认定的“中间人”。本案中陈某双就是自然人犯罪,其对整个虚开增值税专用发票的链条起到了帮助作用。

(二)跨区域犯罪特征明显

随着现代信息和物流的高速发展,已经很少有一家企业的业务范围局限于某一县或某一市,跨区域贸易和物流频繁发生,随之而来的是虚开增值税专用发票犯罪,亦呈现出跨区域犯罪的特征。如本案华东公司是一家位于浙江的企业,另外四家公司分别位于福建三明市、福州市,双方之间的

---

① 《一般纳税人》,载http://baike.so.com/doc/3066095-3231796.html,2017年8月25日访问。

交易至少是跨省流动。陈某双涉及的仅是福建范围内的业务，这个案件中，华东公司还与上海市的另外三家公司发生业务往来，分别是上海北惠物资有限公司、上海强磊事业公司、上海善闽钢铁有限公司，价税合计7500多万元。

如果说浙江与福建、上海等地区交界，因地理位置原因存在虚开增值税专用发票的可能性，那么温州地区虚开增值税专用发票案件的交易对象中出现一批河南的企业、广东的企业、新疆的企业，就更能说明案件的跨区域特征，由此造成了案件侦查取证的困难。

（三）犯罪“产业链”化

以虚开增值税专用发票为链接点而形成的产业链条，已环环相扣。每一个环节都有专业的人员进行操作并从该链条中获得利益。案件中的华东公司至少还存在一定的真实货物交易，有另外一类企业主要是贸易型企业，完全不存在真实的贸易交易，纯粹是以“犯罪”为主营业务，大肆赚取开票费或骗取国家出口退税款。

在虚开增值税专用发票犯罪的这条黑色产业链上，有造假、销售、虚开等一系列的犯罪活动，只要其中一个环节案发，就会产生多米诺骨牌效应，牵涉到大量链条上的其他企业。本案中华东公司1家公司案发，便牵扯到另外7家企业，还牵出了提供银行账户的个人“陈某双”。牵扯出7家企业并不算多的，在温州地区有查处过，牵扯出四五十家企业的案件，试想再通过这四五十家的企业，还能牵扯出多少可能涉案的企业？虚开增值税专用发票链条上利益巨大，整条产业链延伸的深度和广度，不亚于一场无硝烟的战争。

二、个人独资企业不构成单位犯罪

案例6 郑某虚开增值税专用发票罪被判处有期徒刑1年3个月，并处罚金2万元。①

2008年1月~2010年12月，被告人郑某作为乐清市巨电电气厂（已吊销）负责人，通过乐清市北白象镇金炉铁皮市场经营户金某丹、王某正（均

① 判决书文号：〔2015〕浙温刑终字第410号。

已判刑)，以支付票面价税合计金额5%手续费的方式取得无锡市林木鑫物资有限公司和上海宝淳行实业有限公司虚开增值税专用发票33份，发票合计金额814,987.99元，税额合计138,548.01元。上述发票郑某已于同期向乐清市国税部门申报抵扣，骗取国家税款138,548.01元。案发后，郑某已上交税款40,000元。

原审法院以单位犯虚开增值税专用发票罪判处被告人郑某有期徒刑1年3个月。一审判决后，乐清市人民检察院抗诉称，乐清市巨电电气厂系不具有法人资格的个人独资企业，不构成单位犯罪，原判对郑某未并处罚金不当，适用法律错误。温州市人民检察院支持抗诉意见。

案例7　杨某灿虚开增值税专用发票不起诉案。

瑞安市某鞋厂系2012年11月26日注册成立的个人独资企业，2013年12月，杨某灿为缓解公司抵扣增值税专用发票不足的问题，在没有真实货物交易的情况下，以支付6%开票费的方式从他人处购买甘肃增值税专用发票5份，价税合计584,375元，税额84,909.2元，并于2014年1月24日、2月28日经瑞安市国税局认证抵扣。

2014年6月19日，瑞安市某鞋厂核准登记为温州某鞋业有限公司，杨某灿系法定代表人。2015年4月15日，温州某鞋业有限公司已缴纳税款84,909.2元。2016年8月16日，瑞安市国税局对温州某鞋业有限公司作出税务行政处罚决定和税务处理决定，同年8月23日，温州某鞋业有限公司已补缴税款滞纳金及罚款。

2016年9月22日，瑞安市国税局将本案移送瑞安市公安局审查，同年9月27日，瑞安市公安局立案侦查。

2016年11月10日，瑞安市人民检察院对杨某灿作出相对不起诉决定。

我国《刑法》第30条对单位犯罪作了原则性的规定，“公司、企业、事业单位、机关、团体实施的危害社会的行为，法律规定为单位犯罪的，应当负刑事责任”。《中华人民共和国公司法》(以下简称《公司法》)规定了一人有限责任公司，显然一人有限责任公司具备单位犯罪刑事责任承担的主体资格。那么个人独资企业是否具这一资格，应结合单位犯罪的实质来看，单位犯罪的实质是法人犯罪，而法人是拟制的人格，并非具有生命的真实人。法律不可能对一个虚拟人格的法人进行诸如剥夺人身自由的刑罚。因此,当一人有限责任公司构成单位犯罪时,对单位判处罚金,对直接负责的主管人员和其他直接责任人员处以刑罚。

而个人独资企业并不受《公司法》的调整,法律依据是2000年1月1日实施的《中华人民共和国个人独资企业法》,同样是全国人民代表大会常务委员会发布,与《公司法》地位平等。因此,一人有限责任公司与个人独资企业是不同的。我国的个人独资企业不具备独立的财产权,企业财产属于投资人个人所有,故其不具备法人资格,同时立法上也不承认个人独资企业具备刑事责任承担的主体资格。值得注意的是,一人有限责任公司的财产权属于公司,不属于股东个人,股东仅享有股东权益,而个人独资企业的财产属于投资人自然人,企业收益即为投资人个人收益。因此,两者分别构成单位犯罪和个人犯罪,须追究自然人股东或投资人个人的刑事责任时,一人有限责任公司比个人独资企业相对宽松。

案例6、案例7中的涉案企业均是注册成立的个人独资企业,不符合单位犯罪的主体资格。在案例6中,一审判决认定为单位犯罪,属判决错误,乐清市人民检察院抗诉成功;而案例7中虚开增值税专用发票犯罪是在2014年改制为温州某鞋业有限公司之前已经完成,故应追究投资人个人的刑事责任。瑞安市公安局在移送案件时,是以单位犯罪移送的,然后在审查起诉阶段,又撤回单位犯罪。虽然最终仍追究杨某灿的刑事责任,但是,单位犯罪与自然人犯罪的法理依据并不相同。

另外需要指出,涉嫌犯罪的单位被撤销、注销、吊销营业执照或者宣告破产的,应当根据《刑法》关于单位犯罪的相关规定,对实施犯罪行为的该单位直接负责的主管人员和其他直接责任人员追究刑事责任,对该单位不再追诉,并不意味着在单位被注销后,单位犯罪就转变为自然人犯罪。

三、会计人员的风险

不仅企业的法定代表人需要为单位犯罪承担刑事责任,企业中的会计人员若在单位犯罪中起到了直接作用,亦要承担法律责任。

案例8 被告人盛某时任公司会计,受公司指派与开票方人员联系开票事宜,以虚开增值税专用发票罪被判处有期徒刑3年,缓刑5年。[①]

2011～2014年,浙江恒辉科技有限公司(以下简称恒辉公司)因为生产需要向原福建省福安市云集铁制品加工厂(系个体工商户)定制圆形角钢,并由福安市云集铁制品加工厂长期向其供货。因云集铁制品加工厂无法开具增值税专用发票,恒辉公司为取得抵扣税款的发票,于2011～2014年,与福建省福安市淞兴金属制品有限公司(以下简称淞兴公司)在没有实际货物交易的情况下,共向后者开取了价税合计金额为2500万元以上的增值税专用发票,并为此伪造资金来往明细,将资金先通过恒辉公司账户转账到淞兴公司账户,由开票方淞兴公司及史某花(另案处理)扣除6.5%～7%不等的开票费后,于当日或次日再通过史某花等人的账户回流到恒辉公司董事长姜某尧(另案处理)的个人账户。以上开取的增值税发票均已被恒辉公司用于抵扣税款。案发后,恒辉公司已补缴税款4,162,980.49元。

本案被告人盛某时任公司会计,与案例5陈某双虚开增值税专用发票案十分相似,但存在显著区别。企业会计是一个非常重要,又存在一定风险的职位。不论是虚开增值税专用发票罪还是逃税罪,亦或其他章节所述的骗取贷款罪,涉及企业资金往来的行为,对于企业会计而言,都存在一定的风险。企业会计可能涉嫌职务犯罪,利用职务便利侵占企业的资产;也可能涉嫌单位犯罪,成为单位犯罪中必须被追责的直接责任人员。

在什么情况下会计人员才需要被追究责任?本案的盛某在企业虚开增值税专用发票过程中,与开票方人员联系,主观上明知,客观上又实施了虚开的行为,且虚开数额巨大,当然要追究盛某的刑事责任,而且案例8中的盛某未被认定从犯。同样是会计人员,案例3中晶德公司法定代表人王某麟指使会计人员进行纳税零申报,会计人员对公司员工纳税零申报肯定是知情的,而且也是直接的执行者,但未被追究法律责任。笔者认为,企业中的会计人员往往只是拿薪水的员工,受企业主的指使行事,即使构成犯罪,亦认定从犯。尤其对于那些会计人员的证言对侦破案件起到重要作用的情况下,可借鉴“污点证人”制度,污点证人如实作证,司法机关可以免除会计人员的刑事责任。

---

① 判决书文号:〔2015〕温乐刑初字第1663号。

四、个体工商户虚开亦构罪

案例9 陈某利虚开增值税专用发票不起诉案

2014年11月~2015年8月，浙江某电气有限公司向个体工商户陈某利采购铝电极，要求陈某利提供增值税专用发票，陈某利以支付开票手续费的方式，在没有真实货物交易的情况下，取得宁波某金属有限公司开具的增值税专用发票8张，价税合计791,793.25元，浙江某电气有限公司于同期申报抵扣。

案例8、案例9中还有一个问题是普遍现象，即增值税一般纳税人与个体工商户之间发生贸易关系，如何进行税款抵扣。个体工商户只要账簿设置健全、财务核算准确就可以申请一般纳税人，而且，除国家税务总局另有规定外，纳税人一经认定为一般纳税人后，不得转为小规模纳税人。这里所指个体工商户是指小规模纳税人。个体工商户能够在窗口代开增值税专用发票，除了房租发票的税率是5%外，其他的专用发票都是3%的税率，个体工商户申请代开发票是要交税的，受票方用于抵扣的税就是个体工商户交纳的税。若受票方以税率低不接受，也不能通过支付开票费的形式选择让他人虚开。

企业在与个体工商户发生货物交易或者劳务服务前，应该要考虑到个体工商户作为小规模纳税人的特点。如果企业自己找第三方让他人为自己虚开，则企业主构罪；如果企业主要求个体工商户开具增值税专用发票，个体工商户找第三方虚开，则个体工商户涉嫌犯罪。值得一提的是，是否构成犯罪与是否提起公诉是两个概念，在构罪的前提下，情节轻微是能够作不起诉处理的。

五、启示或建议

（一）虚开数额并不等同于国家税款的损失[①]

2010年最高人民检察院、公安部的《关于公安机关管辖的刑事案件立

---

① 〔2004〕沪高刑终字第63号判决书，被告人娄某某为牟取非法利益，为他人虚开增值税专用发票，且又采用让他人为自己虚开或自己虚开增值税专用发票的手法，抵扣其向他人虚开增值税专用发票中的应纳税款，最终法院认定其为他人虚开并且抵扣的数额40余万元为造成国家损失的数额，让他人为自己虚开的116万元部分并不计算在数额之内，由无期徒刑改判为有期徒刑15年。

案追诉标准的规定(二)》第 61 条规定:“……虚开的税款数额在一万元以上或者致使国家税款被骗数额在五千元以上的,应予立案追诉。”这里有两个数额,一个是虚开的数额,另一个是国家税款被骗的数额,两者之间是不同的。一般企业作为受票方接受他人为自己虚开的增值税专用发票后,于同期抵扣,此时虚开的数额就是骗取国家税款的数额,但是,受到各地税收优惠政策的影响,或者受票企业未进行抵扣等情形,虚开数额往往不等于国家税款被骗的数额。该两个数额只要其中一个达到构罪标准,行为人就可能要被立案追诉。

根据 1996 年最高人民法院《关于适用〈全国人民代表大会常务委员会关于惩治虚开、伪造和非法出售增值税专用发票的决定〉的若干问题的解释》规定,虚开税款数额较大、数额巨大的标准分别是 10 万元、50 万元。最高人民法院于 2014 年 11 月 27 日作出《关于如何适用法发〔1996〕30 号司法解释数额标准问题的电话答复》,明确了在新的司法解释制订前,虚开税款数额较大、数额巨大的标准分别按照 50 万元、250 万元执行(是 1996 年的司法解释数额标准的 5 倍)。[①] 在该电话答复后,温州市公检法刑事执法工作联席会议,规定了虚开增值税专用发票数额在 10 万元以上,或者致使国家税款被骗 5 万元以上的,才予追诉。虚开税款数额 10 万元相对于温州地区的经济水平而言,应是适当的。

(二)补缴税款后仍可能被追究刑事责任

上述案例中,行为人均补缴了税款,除了案例 7 中的杨某灿被不起诉,其他行为人均获得有罪判决。杨某灿一案瑞安市公安局于 2016 年 9 月 27 日立案侦查,但在该日期前,杨某灿以及温州某鞋业有限公司已经补缴税款、税款滞纳金及罚款,即已经完全履行了纳税义务,弥补了国家税款的损失,在这种情况下,杨某灿仍被公安机关立案侦查。实际上并不需要侦查,税务机关的处理决定就可以证明一切,无非是将该案件从一个行政案件向刑事案件转变,以此进入司法程序。

---

① 2018 年 8 月 22 日,最高人民法院《关于虚开增值税专用发票定罪量刑标准有关问题的通知》(法〔2018〕226 号)确定了在新的司法解释颁布前,虚开增值税专用发票罪数额标准暂行为 5 万元、50 万元、250 万元。

现行法律没有明确规定虚开增值税专用发票罪的行为人已经缴纳税款、滞纳金和罚款的行为可以不作犯罪处理。公安机关立案侦查是案件进入司法程序的开始,对于虚开增值税专用发票犯罪行为而言,行为人犯罪已遂,这个时候需要考虑的是如何处罚而不是考虑是否构成犯罪。在处理上可以借鉴逃税罪的处理,立案后再补缴税款、滞纳金、罚款的不影响刑事责任追究,但是,纳税人立案前已经补缴应纳税款,缴纳滞纳金,已接受行政处罚的,不予追究刑事责任。逃税罪可以不予追究刑事责任,那么虚开增值税专用发票罪,检察机关可以充分运用自己的不起诉权对行为人作出不起诉决定。

(三)企业应合法控制成本

为追求企业利润最大化,企业往往需要强调成本控制。但是将"成本控制"简单地理解为"花钱少""少花钱"是不准确的,为了控制成本于是走偏门,逃税、骗税的行为就应运而生。对企业而言,控制成本创造利润无可厚非。部分企业不是通过现代企业管理制度节约开支,不是通过技术创新提升效率,而是着眼于虚开增值税专用发票逃避税收或者骗取国家税款。存在增值税专用发票"富余"的企业,通过为他人虚开增值税专用发票获利;存在抵扣需求却不能获得增值税专用发票的企业,通过让他人为自己虚开增值税专用发票进行申报抵扣。以支付费用购买增值税专用发票为例,一般只需要支付5%~7%左右的开票费用,而申报抵扣或者申报退税的数额均远远高于开票支出的成本,以此来控制企业成本减少开支,完全是本末倒置。陈某双虚开增值税专用发票罪一案,陈某双仅提供银行账户就获利至少10万元,那么链条上的企业,又能获得多少非法利益?对于一般年营业额千万元左右的中小型企业而言,如果能因此获得数十万元的额外利润,折算成利润率的话,可以增加利润率好几个百分点。在如此巨大非法利益的驱动下,虚开增值税专用发票可能成为犯罪的源动力。可是,非法利益终归是有风险的,被查获后需要补缴税款、缴纳滞纳金、罚款,还可能面临牢狱之灾,孰轻孰重企业主应慎重选择。

(四)大数据助突破监管困难

监管困难是虚开增值税专用发票罪高发的原因之一,同时虚开增值税专用发票犯罪高发也是监管困难的原因之一。以往纯粹的虚开基本上很少出现了，现在的虚开增值税专用发票，往往随着货物及资金的流转，仅从账面审查，是很难发现疑点的。实践中出现一种新的情形，当一家企业虚开增值税专用发票一段时间后，原企业被注销，行为人再申请注册成立新的公司，换个马甲继续经营就能够有效地逃避监管风险。在海量工商登记的企业中，税务部门进行监管是比较困难的，但大数据时代的到来，通过大数据筛选，能够找到企业虚开的蛛丝马迹，有助于税务机关或公安机关进行查证。这种借助现在税务机关在行政审批改革大背景下取消增值税一般纳税人资格审批和发票审批后，那种新办企业后大量虚开增值税发票后逃逸的问题也将会被新增值税发票系统及时发现。因为，企业没有货物进来不可能存在大量销售。①

（五）案件启示

1.《中华人民共和国增值税暂行条例》第 1 条规定："在中华人民共和国境内销售货物或者加工、修理修配劳务（以下简称劳务），销售服务、无形资产、不动产以及进口货物的单位和个人，为增值税的纳税人，应当依照本条例缴纳增值税。"对企业而言，进项税抵扣就是增值税专用发票的最大功能，没有流通就不需要缴纳增值税。

2. 企业账户或个人账户不能轻易提供给他人使用，就如为他人提供担保是存在风险一样，额外的资金流可能会给企业带来重大的影响，也许就是犯罪。

3. 企业主精力有限、专业知识有限，可以聘请专业的财会人员进行税务处理。

4. 一旦企业虚开增值税专用发票被查获，应积极补缴税款，接受行政处罚。后续的从轻处理是建立在已经补缴税款、缴纳罚款、滞纳金的基础之上。

5. 基于当前检察机关服务非公经济的大局，对涉税企业应轻拿轻放，在政策、法律允许的情况下，对企业主以非羁押强制措施为主，对企业以不起诉处理为妥，避免给企业造成更大的影响。

---

① 赵国庆：《税务机关将迎来大数据管税的新时代——增值税发票新系统带来的全面影响分析》，载 http://www.shui5.cn/article/19/86263.html，2017 年 9 月 1 日访问。

第四节 “营改增”的影响

2011年11月16日,财政部和国家税务总局发布《营业税改征增值税试点方案》。自2016年5月1日起,我国全面推开“营改增”试点。[①] “营改增”的全面推进,开启我国新一轮的财税改革,其本质上并没有改变危害税收征管罪的犯罪构成,所谓的虚开,仍然是指“为他人虚开、为自己虚开、让他人为自己虚开、介绍他人虚开”等四种情形,但是对处于“营改增”行业中的企业而言,具有重要影响。公安部、国家税务总局数次联手严打“营改增”行业涉税犯罪。

一、增值税征收范围空前扩大

案例10 犯罪嫌疑人徐某、戴某先后注册成立了十余家公司,公司名称中大多包含“企业服务”“商务咨询”等字样,表面上是为有需求的企业提供咨询服务或销售预付卡,但暗地里却从事着虚开增值税普通发票的违法犯罪行为。2013年1月至今,犯罪嫌疑人徐某、戴某等人在无真实劳务发生和货物交易的情况下,通过收取票面金额3%左右开票费的方式,以其控制的10多家企业大肆为其他公司虚开增值税普通发票,品名多为咨询费、服务费。而虚受发票的企业则可借此逃避缴纳税收。截至案发,上述犯罪团伙累计虚开发票金额高达10亿余元,从中非法获利1000万余元,给国家造成税款损失2亿余元。[②]

货、票、款相一致的原则在“营改增”的背景下出现了例外情形,如信息技术服务、文化创意服务等,增值税征收范围相当一部分是应税劳务。应税劳务与传统的货物交易相比,具有无形、不宜计量、难以事后核查等

① 营业税改征增值税,营业税的征收范围具体包括转让无形资产、销售不动产、7项劳务(交通运输、建筑、金融保险、邮电通信、文化体育、娱乐、服务业)。

② 参见王文娟:《上海侦破“营改增”以来最高虚开发票案 涉案金额达10亿余元》,载http://www.ce.cn/xwzx/gnsz/gdxw/201703/29/t20170329_21565322.shtml,2017年9月11日访问。

特性。虚开劳务增值税发票，对开票方而言，如果开票方有较多的留抵进项税款，虚开劳务增值税虽然增加了销项税款，但不会导致缴纳增值税；对受票方而言，一方面可以取得增值税进项税抵扣，另一方面增加企业成本、费用，少缴所得税。似乎双方达成了双赢的局面，但是受损的是国家的税收。当前虚开增值税发票的“主项”有转移到应税劳务上的趋势。

而应税劳务又难以稽查，若某人注册成立技术服务性质的“壳公司”专门从事运营增值税发票的犯罪行为，其与下家签订“广告合同”“技术服务合同”，开具增值税发票并收取服务费用，因为服务的无形性，单从一家公司稽查，表面上合同、发票“完整、一致”，难以发现存在虚开的情形。目前被查处最多的仍是有形的货物型企业。

二、“营改增”企业虚开

案例11 被告单位江西致远物流有限公司、被告人赖某某犯虚开增值税专用发票罪，被告人赖某某被判处有期徒刑3年，缓刑4年。①

被告单位江西致远物流有限公司成立于2006年8月，系法定代表人赖某某个人投资、控股的有限责任公司。经营范围为道路普通货物运输、道路货运站，有效期至2015年1月，注册资金200万元。2011年10月20日起，被告单位被会昌县国家税务局认定为增值税一般纳税人。

2013年8月，瑞金市锦亿矿产贸易有限公司（以下简称瑞金锦亿公司）的法定代表人沈某某找到瑞金泰瑞物流有限公司的陈某某帮忙开具货物运输业增值税专用发票。陈某某随即联系江西致远物流有限责任公司（以下简称致远物流公司）的法定代表人赖某某及其妻子徐某某，被告人赖某某及其妻子徐某某简单了解情况后，同意为瑞金锦亿公司开具货物运输业增值税专用发票，要求瑞金锦亿公司提供相关的开票资料，并按开票金额的3%支付开票管理费，同时约定瑞金锦亿公司的运费必须要进致远物流公司的账户，到账后再打回给瑞金锦亿公司指定的账户。2013年8月29日，致远物流公司的开票员毛某某按照被告人赖某某的吩咐开具了12张货物运输业增值税专用发票给瑞金锦亿公司，开票金额为2,751,252.59

① 一审判决书文号：〔2015〕会刑初字第36号。

元，税款302,637.81元，价税总计3,053,890.4元。沈某某收到发票后，于2013年9月9日、11日、12日分三次将运费共计220万元打入致远物流公司账上，致远物流公司随即将运费转入毛某某个人账户，由毛某某通过网上银行将运费打回给瑞金锦亿公司指定的账户上。同时沈某某按照开票金额4.5%的比例将开票管理费转入陈某某个人账户，陈某某随即将10万元开票费转入致远物流的股东徐某某个人账户，作为在致远物流公司开票的开票管理费。

案例12　2013年1~7月，上海某物流有限公司负责人顾某利用国家"营改增"政策，对外虚开增值税专用发票。顾某伙同他人控制多家公司，在没有真实业务发生的情况下，以收取票面金额5%开票费的方式，为7个省市的200余家单位虚开增值税专用发票700余份，价税合计人民币2800余万元，税款人民币400余万元。同时，为掩盖虚开犯罪事实，顾某又通过支付票面金额1.6%~1.7%开票费的方式，先后让江西省等3个省市的20余家企业虚开增值税专用发票180余份，价税合计人民币2000余万元，抵扣进项税款130余万元。①

案例13　新疆某物流企业属"营改增"企业，没有自有车辆且没有成品油储存设备，却从两家成品油经销单位大量购进了成品油并接受增值税专用发票30份，金额479万元，抵扣税款81.51万元，购进大量成品油的去向无法合理解释。经进一步核实，该企业由于"营改增"后，有些费用无法取得专用发票，为了达到降低税负少缴税款的目的，采取伪造资金流、物流、支付4%的手续费向两家成品油经销单位购买增值税专用发票，以达到少缴税款的目的。②

江西致远物流有限公司是2006年成立的从事物流运输的企业，至2013年7月，公司税收由地税局收取营业税，地税局根据公司的营业额征收3.35%的税收。2013年8月开始，公司的税收是由国税局收取增值税，国税局根据公司的营业额征收11%的税收，也就是最初由地税局收取的营

---

① 参见王文娟：《"营改增"政策被利用　上海一公司虚开增值税发票逾亿元》，载http://news.eastday.com/chyauto/2013-10-18/889022.html，2017年9月11日访问。

② 参见杨舒涵、冀建峰：《新疆查处首例"营改增"企业虚开增值税专用发票案》，载http://news.ts.cn/content/2014-12/15/content_10821531.htm，2017年9月11日访问。

业税变更国税局收取的增值税，简称营改增。本案中，该被告企业从 2013 年 8 月开始缴纳增值税，也是在当月，就为他人虚开增值税专用发票而行犯罪之事。从本案犯罪时间上看，我国推进“营改增”试点的过程中，必然存在大量的“营改增”企业涉嫌税务犯罪。目前来看，物流行业犯罪较为高发。

三则案例均属于典型的虚开增值税专用发票案，区别在于案例中的涉案企业属于物流行业，即属于“营改增”行业。营改增后，企业无须缴纳营业税，转而缴纳增值税。“营改增”行业需求大量增值税发票，即使没有数据统计，也可以推测非法制造、出售增值税专用发票和买卖、虚开增值税发票类的犯罪行为可能大幅增加。

三、启示或建议

1. “营改增”的目的是给企业降税减负，企业不会因改征增值税而大幅增加税负，尤其是在某一时期内增值税激增的企业，就可能存在涉税风险。

2. “营改增”全面铺开，但是，《刑法》关于虚开增值税专用发票犯罪的表述并未更改，犯罪构成未变，唯一的区别就是新增了一类犯罪主体，检察官应以不变应万变的法律素养办理“营改增”后的虚开增值税专用发票犯罪。

3. 企业应谨守不虚开的底线，避免涉嫌犯罪。

第五节　其他罪名

危害税收征管罪从温州地区的实践看，主要集中在逃税罪、虚开增值税专用发票罪、虚开发票罪这三个罪名。虚开发票罪是 2011 年《中华人民共和国刑法修正案（八）》[以下简称《刑法修正案（八）》]增设的新罪名，法条为《刑法》第 205 条第 1 款，而《刑法》第 205 条规定为虚开增值税专用发票、用于骗取出口退税、抵扣税款发票罪，两个罪名间的区别就在于虚开发票罪是除《刑法》第 205 条规定以外的其他发票。另外，两个罪名的量刑也存在明显的区别，虚开增值税专用发票罪的最高刑可达无期徒刑,2011 年《刑法修正案(八)》才废除了死刑规定,而虚开发票罪的最高刑为 7 年以下有期徒刑,由此可见两者的危害程度不同。

上述三个罪名之外,温州地区自 2013 年以来,在 2014 年、2015 年两年时间受理了总计 6 件其他涉税刑事案件,涉及持有伪造的发票罪与非法制造、出售非法制造的发票罪,而 2016 年至今再未受理一起其他罪名的案件。

一、航空运输电子客票行程单是一种发票

乐清市人民检察院于 2015 年受理的一起夏某持有伪造的发票案,行为人伪造的是航空运输电子客票行程单,根据国家税务总局及中国民用航空局《航空运输电子客票行程单管理办法(暂行)》第 1 项规定:航空运输电子客票行程单纳入发票管理范围,由国家税务总局负责统一管理,套印国家税务总局发票监制章。经国家税务总局授权,中国民用航空局负责全国行程单的日常管理工作。夏某从事航空票务经营,从他人处购买了大量伪造的行程单,出售给本地的客户或者党政、企业工作人员用于报销(实际未出售),被查获时仍持有伪造的行程单,因无法查清伪造的行程单由何人非法制造,故以持有伪造的发票罪对其定罪处罚。

二、景区门票是一种发票

苍南县人民检察院于 2015 年 12 月受理了一起非法制造、出售非法制造的发票案。该案件涉及的是苍南县炎亭金沙滩门票,门票具有存根联、发票联、记账联,门票上印制全国统一发票监制章、发票代码、发票号码,由苍南县风景区旅游管理局监制。行为人利用自己在风景区售票的便利,找他人伪造门票并出售牟利。案件虽然以非法制造、出售非法制造的发票罪定罪处罚,但是这个案件侵害的对象是“税”还是“财”是值得商榷的。行为人利用景区售票员的职务便利,其伪造发票的目的是为了出售发票牟利,手段行为构成非法制造发票罪,目的行为是侵占单位的财产,如果该景区的性质系非公企业,则可能构成职务侵占罪;如果该景区的性质系国有单位,则可能涉嫌贪污罪。行为人出于侵占销售门票收入的目的,实施了伪造门票的行为,并实施了侵占门票收入款项的行为,该两个行为之间存在

手段与目的的牵连关系，分别触犯了不同的罪名。这是牵连犯的概念，对于牵连犯，一般是从一重罪论处。

三、为骗取贷款而虚开发票的行为

案例 14　孙某犯非法吸收公众存款罪、骗取贷款罪，数罪并罚，合并决定执行有期徒刑 8 年，并处罚金人民币 70 万元。①

2013 年 12 月，被告人孙某注册成立了江西畅源信息科技有限公司（以下简称畅源公司），朱某、刘某（2014 年 7 月至案发）先后担任该公司总经理。自 2014 年 1 月始，孙某等人大肆面向社会公众宣传、推广“南瓜 P2P”网络借贷平台业务。实际畅源公司系以帮助融资为名非法吸收公众存款后放贷给个人或者企业进行牟利，将大量虚假借款人的抵押物作出项目标的放在网站上进行融资，并允诺给予投资者月息 1.5% ~2% 的高收益作为回报，再将融资款全部放在公司账户上进行任意支配使用。孙某将上述资金用于个人高额利息放贷、支付平台会员利息、维持公司日常开支等。2014 年 1 ~11 月，被告人孙某、刘某等人采取上述手段共吸收了 536 名会员投资款共计 46,025,769.72 元，后因放贷给他人的资金无法收回致资金链断裂，上述会员中 314 名总计 11,965,491.67 元的投资款无法兑付。在 2013 年 1 ~11 月期间，孙某还先后 9 次通过提供虚假煤炭购销合同等材料和虚开 7 张增值税专用发票用于骗取银行贷款、票据承兑，造成银行 3000 余万元本金未能收回。②

案例 14 系江西第一起涉及 P2P 网贷平台的刑事案件，南昌市东湖区人民检察院指控被告人孙某犯非法吸收公众存款罪、骗取贷款罪、虚开增值税专用发票罪，一审判决未认定虚开增值税专用发票罪，该案〔2015〕东刑初字第 570 号判决书第 27 页认定，“被告人孙某伙同他人虚开增值税专用发票系为骗取贷款，无抵扣税款的故意，其行为不构成虚开增值税专用发票罪”。

---

① 一审判决书文号：〔2015〕东刑初字第 570 号。

② 《以案释法以虚开增值税专用发票为手段向银行骗取贷款，是数罪并罚还是按一罪论处?》，载微信公众号：“京师南昌律师事务所”，2018 年 8 月 30 日访问。

骗取贷款罪在本章不再赘述。企业向银行申请贷款,需要提供的资料之一就是增值税专用发票。一般企业主申请银行贷款或银行承兑汇票,需要向银行提供购销合同、增值税专用发票、企业资产负债表、企业利润表等相关材料,若为了骗取贷款而提供伪造的购销合同、虚开增值税专用发票,对虚开增值税专用发票的行为是否定罪处罚?司法实践中,考虑到企业伪造增值税专用发票的目的是为了骗取银行贷款,并未进行抵扣,未给国家的税收造成实质性的损失,一般不作犯罪处理。

至于企业提供的利润表,提供给银行的数据与提供给税务机关的数据,往往相差巨大,这种阴阳利润表已经引起了金融机关与税务机关的重视。这些材料都是实实在在的证据,只要一个引子,就会让企业主陷入危险境地。

四、启示或建议

1. 发票的形式多样,不局限于增值税普通发票,如航空公司的电子客票行程单、景区门票等均属于发票,发票可用于报销,涉及经济利益,涉发票的企业应加强发票管理。

2. 与增值税专用发票相关的刑事犯罪不仅只有虚开增值税专用发票罪一个罪名,伪造、出售伪造的增值税专用发票罪、非法出售增值税专用发票罪、非法购买增值税专用发票罪等都是犯罪行为。企业应树立法治意识,莫行后悔之事。

3. 往大处讲,税收决定国运,每个人应依法纳税。

第五章　强市场监管大势下的企业法律战略

第一节　引　　言

市场经济的本质是竞争经济，竞争的优势是可以最大限度地调动生产经营者的积极性，通过优胜劣汰使经济充满活力。但竞争也有其缺陷，由于市场竞争是切身利益之争，是优胜劣汰之争，激烈的市场竞争最容易把人的劣根性激发出来，如尔虞我诈、贪婪无度、弱肉强食、不当竞争、企图垄断等。竞争带来的消极后果不可避免地伴随竞争而存在，主要表现在三个方面：一是经济活动中的欺诈行为，包括民事欺诈以及涉刑事的诈骗或合同诈骗犯罪；二是会产生不正当竞争行为，通过与商业道德相悖的不正当手段，损害他人的利益，为自己争取竞争优势，从而造成对正常竞争秩序的破坏，目前不正当竞争行为多集中在知识产权领域；三是竞争使生产资本趋于集中，这种集中可能带来规模经济效益，但达到一定程度便可造成垄断，使竞争机制作用难以正常发挥。由于市场本身并不具备维护公平竞争的机制，则需要外部力量介入来解决，对市场进行监管，市场监管的核心是促进和维持公平、自由、正当的市场竞争。

经济活动中的欺诈行为很普遍，尤其是民事欺诈和刑事诈骗犯罪之间的界限较为模糊，因此，在经营活动中区分民事欺诈和刑事诈骗犯罪显得尤为必要。在认定诈骗犯罪的“非法主观占有目的”上存在的较大争议以及证据收集问题，使诈骗罪的办理面临诸多困难。在当前实际中，既存在合同诈骗等经济犯罪立案难问题，又存在公安以刑事立案手段干涉民事经济活动的问题。

关于垄断,我们重点分析行政性垄断和经济性垄断。行政性垄断是指政府滥用行政权力限制竞争的行为,如地区封锁、部门垄断、行业垄断、限制交易等。由于我们仍处于市场经济的转型期,行政权力和经济力量仍有着密切的联系,因而行政性垄断成为我国目前市场竞争中的主要障碍。经济性垄断是指当企业达到一定规模后而滥用垄断地位和优势,实施限制竞争行为,给市场竞争带来阻碍,如价格联盟、拒绝交易、价格歧视、搭售行为等,这也是市场监管的重点。

至于理解不正当竞争,较上述两方面而言相对难一些。理解不正当竞争必须先厘清反不正当竞争与保护知识产权的关系。保护知识产权是保护智力创造成果,能增强权利主体的市场竞争力。1994 年世界贸易组织《知识产权协定》划定的知识产权包括:著作权及相关权利、商标权、地理标志权、工业品外观设计权、专利权、集成电路布图设计权、未公开信息专有权等。我国目前对知识产权的法律保护主要分散在专利法、商标法、著作权法等私法领域,缺少系统的、一体化的法律体系,而目前学术界的主流观点认为,反不正当竞争法为知识产权提供"兜底保护",反不正当竞争法实际保护着专利法、商标法等专门法所保护不到的那些应予保护的权利。如商标法偏重于对驰名商标的反淡化保护,而反不正当竞争法主要是对未注册知名商标提供反混同保护,专利法对技术成果授予专利权,而反不正当竞争法对技术信息采取商业秘密保护。因此,在知识产权民事侵权领域,企业除了要关注商标法、专利法等明确规定的侵权行为外,还要关注反不正当竞争法所规制的行为。

未来经济的竞争就是知识产权的竞争,知识产权关系着企业的核心竞争力,而恶性的竞争也会导致侵犯知识产权行为的泛滥,除了民事侵权行为以外,侵犯知识产权也是刑法制裁的重要方面,尤其是温州当前处于经济转型升级期,在产业升级中增加企业竞争力、保护自身的知识产权、维护自身利益的同时,又要避免侵犯他人知识产权,尤其是避免实施侵犯他人知识产权的刑事犯罪。

本书将结合温州经济的实际,从经济活动中的诈骗犯罪、垄断、不正当竞争和侵犯知识产权四个方面,主要结合温州地区案件,来论述上述行为的民事纠纷与刑事犯罪的界限,企业在加强保护自身权益的同时如何规避对他人权利的侵害,企业在获取竞争优势的过程中如何避免误入法律雷区,以及即使牵涉民事纠纷或刑事犯罪时又该如何选择最优诉讼策略,在企业权益受到行政权或其他外部强大力量侵害时如何选择救济途径等问题。健康有序的市场应该是在法律约束下运行的市场,企业作为逐利者,追求经济效益最大化无可厚非,但作为理性的经济个体,必须认识到,只有健康有序的市场才能减少竞争的副作用,带来持续的经济效益,这才是真正的经济效益最大化。

第二节　经济活动中的诈骗犯罪及应对

合同又称"契约",是当事人之间设立、变更、终止民事权利义务关系的协议,其广泛存在于经济活动领域。然而,经济合同纠纷往往容易与合同诈骗相混淆,有的案件甚至连司法部门都难以作出准确区分。经济合同纠纷是单纯违反民法的民事违法行为,合同诈骗则是既违反刑法又违反民法,将受到刑法和民法的双重处罚。从理论上看,民事合同欺诈与合同诈骗罪分属于两个不同的法律部门,一个从属于民法体系,另一个从属于刑法体系,看似泾渭分明的两个行为实则难分你我,两者的法律关系也盘根错节。所以无论是学术界还是实务界,研究论述的焦点都是民事合同欺诈与合同诈骗罪的界限问题。

一、以履行小额或部分合同诱骗对方继续签订或履行合同的诈骗

案例1　被告人廖某伯在广东省东莞市经营公司,至2014年因经商亏本而多方负债,遂起意从平阳县水头镇收购猪皮,利用发货与付款的时间差套取现金。廖某伯找到在水头镇经营皮革的陈某乙并口头约定由陈某乙在水头镇收购猪皮发货给廖某伯,每平方尺由陈某乙抽成0.2元。2014年4月26日~10月22日,陈某乙从被害人陈某丁、林某乙等20户猪皮供货商处收购猪皮发货给被告人廖某伯,廖某伯对陈某乙的应付款达9,831,578元。期间,经陈某乙催要,廖某伯仅向陈某乙支付了80万元。被告人廖某伯将猪皮用于低价折抵高利贷,低价销售给散户收

取现金等用途，货款用于归还银行贷款、发放工人工资以及公司生产经营。2014年10月18日，陈某乙与被害人陈某丁、林某乙等人到广东省东莞市找到被告人廖某伯质问猪皮去向，为掩盖真相，廖某伯指使他人伪造销售单据并妨害作证，隐匿赃物的去向。

最终法院判决被告人廖某伯犯合同诈骗罪，判处有期徒刑13年，并处罚金人民币10万元。

案例2 犯罪嫌疑人庞某光和妻子耿某一起在俄罗斯莫斯科做销售皮鞋生意。2008～2010年，庞某光多次向欧耐鞋业公司订购皮鞋。2009年开始，庞某光以支付部分货款的方式从欧耐鞋业公司购进皮鞋，后将皮鞋在俄罗斯市场批发销售，收取的销售款没有足额支付给欧耐鞋业公司。后庞某光在无法还清货款，已经没有实际履行能力的情况下，隐瞒事实，继续以上述方式向欧耐鞋业公司订购皮鞋，导致所欠货款越来越多。至2010年12月23日，庞某光共欠货款770万余元。2011年1月12日，庞某光和妻子耿某在法院调解下协议离婚，且没有进行财产分割和债权债务的分担。欧耐鞋业公司停止向庞某光发货后，庞某光于2010年12月31日～2011年6月18日期间，分9次支付179万余元货款。到案后，庞某光的妹妹向欧耐鞋业公司归还26万元，合计归还欠款565万余元。在此期间，妻子耿某变更户籍，并更改原名，住址为虚假地名。

最终检察院以事实不清、证据不足对犯罪嫌疑人庞某光作出不起诉决定。

第一，民事合同欺诈与合同诈骗罪的区别。民事合同欺诈是指在民事交易中，行为人为了牟取一定非法利益，故意利用虚假情况或者隐瞒真实情况使对方当事人陷入错误认识，然后使对方当事人与之签订合同。必须指出的是，民事合同欺诈中的“欺诈”是存在真实的交易意图的，行为人只是想在一种显失公平的情况下完成交易，获取不法利益。欺诈行为的目的是为了合同的顺利履行。合同诈骗罪是指以非法占有为目的，在签订、履行合同过程中，虚构事实或者隐瞒真相，骗取对方当事人数额较大财物的行为。不难看出，两者的相同点在于以虚构事实或者隐瞒真相的方法欺骗他人，两者的不同点在于违法行为的性质不同，具体包括主观形态和客观表现。主观上,行为人并无不履行合同的故意,只是行为人希望或放任合同在显失公平的情况下,从而谋取超乎合同正当利益之外的不当利益。相反,合同诈骗罪的主观方面必须是以"非法占有为目的"的直接故意。在合同诈骗罪中,行为人并没有真实履行合同的意图,其只是通过签订"合同"的幌子来实现对合同标的物或定金的不法占有。客观上,合同诈骗的行为人在签订合同时,为了非法占有他人财物,一般都采取冒充他人身份,虚造凭证等情节严重的欺诈手段;经济合同纠纷则无须冒充他人身份,也无须采取伪造凭证等行为,只是为了使合同的履行能够相对有利于自身的利益而实施了一些情节较轻的欺诈性行为。有履行合同的诚意,往往毫无履行合同的能力,因此也就谈不上会积极地去履行合同约定的义务,这种情况下,合同诈骗犯罪分子往往是签订合同非法拿到对方财物后立即消失或者再三推脱逃避对方的履约要求。也有的合同诈骗的行为人仅履行少量合同约定义务,目的是为了骗取更多的财物,当目的达到时,行为人同样地要么消失,要么推脱逃避。经济合同纠纷当事人一般均有一定的履行能力、履行的诚意和积极行为。合同诈骗犯罪大多没有将骗得的财物用于合同约定的事项上,反而将骗取的财物用于个人生活而非生产经营中,甚至进行挥霍。经济合同纠纷则一般将财物用于合同约定事项或正常的生产经营活动中,并没有挥霍掉财物。

案例 1 和案例 2 中,当事人都是通过先行履行小额合同或履行部分合同,使对方继续签订和履行合同。《刑法》第 224 条第 3 项规定:没有实际履行能力,以先履行小额合同或者部分履行合同的方法,诱骗对方当事人继续签订和履行合同的,认定为合同诈骗罪。因此,要认定当事人是否构成合同诈骗罪,就要着重分析是否具有履行能力和非法占有的主观目的。

第二,合同诈骗罪非法占有主观目的的认定。案例 1 中,廖某伯在收购猪皮前,其个人负债累累,同时其经营的公司拖欠多方的款项,因拒不归还款项被提起诉讼并败诉,其公司的员工工资亦不能按时发放。可以认为廖某伯经营的公司已没有履行合同的能力。关于非法占有主观目的的认定,廖某伯利用发货与付款的时间差套取资金进行行骗,对涉案的财物猪皮或用于抵债,或低价倾销,900余万元应付款项仅付80万元,并要求继续发货,足见其对涉案财物具有非法占有的主观故意。其辩护人提出,廖某伯没有直接对被害人进行行骗,法院认为,廖某伯出于其商业声誉欠佳,利用陈某乙在老家浙江省平阳县收购猪皮而骗取财物,其虽无和被害人直接接触,但是,不影响对其性质的认定。案例2中,检察机关最终作出存疑不起诉的理由主要有两点,一是犯罪嫌疑人庞某光和被害人欧耐鞋业的交易持续了数年,因为每次进货多付款少而累积起巨额欠款,但犯罪嫌疑人庞某光有陆续还款的行为。因此,难以确定其无实际履行能力的时间点。二是关于非法占有主观目的,当时认为构成犯罪一方的观点是庞某光以支付少量货款方式,向他人订购大量货物,没有正当理由拒不支付货款,且离婚时未要求耿某承担相应债务,该客观行为可以推断出其主观上具有非法占有的故意。最终,检察机关认为被害人欧耐鞋业停止供货后,犯罪嫌疑人庞某光又继续支付200多万元,有违诈骗常理。并且,庞某光不支付货款是出于非法占有的目的,还是由于生意亏损或因钱款被其前妻和前丈母娘拿走,目前事实不清。

第三,法院办理刑民交叉诈骗案件遵循的原则。根据现行法律以及司法解释的规定,经济纠纷的刑民交叉案件适用"先刑后民"的审判原则。首先,这就难以避免一些办案人员将本是民事合同欺诈的行为任意扩大为合同诈骗,轻易中止民事合同欺诈案件的审理,导致了民事案件久拖不决,当事人的民事赔偿权利长期无法实现。例如,如果犯罪嫌疑人在逃,未能抓获归案,则无从启动刑事审判,刑案未结,民事权利救济也遥遥无期。或如由于案情复杂或事实难以查清等原因,侦查机关迟迟未侦查终结,导致相应的民事权益无法得到保护。其次,基于"先刑后民"的审判时间差,行为人可以利用较长的刑事审判阶段转移财产,从而逃避债务。此外,"先刑后民"的审判原则制约了受骗方主动起诉的渠道,以至于无法向法院提出诉前保全或诉讼保全的申请。总而言之,无论最后案件如何判决,即使受骗方胜诉也可能一无所获,其合法权利也得不到保障。

笔者认为,在私法自治与市民社会的构建尚不完善的当前,强调私法的独立与自治,排除公法尤其是刑法的不当侵越,无疑是更加切实的明智之举。在程序问题上,“先刑后民”作为一项原则应予否定,相反应从充分保护受害人民事权益角度出发,赋予被诈骗人完整的民事诉讼权利。如被诈骗人一旦认定对方有合同欺诈之情事,即可向法院提起撤销合同之诉,而不论此时相关刑事诉讼进展到何种阶段,就损害赔偿而言,受害人理应在任何时候均可起诉,排除刑事追赃或退赃程序的前提设置。唯有如此,惩罚诈骗犯罪的刑法与保护被诈骗人民事权益的民法才能良性互动,产生合力,共同服务于社会生活。

二、企业股权转让、担保、抵押中容易出现的诈骗

案例3　2011年1月,犯罪嫌疑人王某因资金困难,以新疆德某源矿业公司100%股权作为质押,向新疆中小企业信用担保服务中心借款600万元。犯罪嫌疑人王某归还部分债务后,剩余399万元一直拖欠未予归还。

2011~2012年,犯罪嫌疑人王某又因资金困难,在明知新疆德某源矿业公司100%股权已经被其用于向新疆中小企业信用担保服务中心质押借款情况下,仍以新疆德某源矿业公司100%股权作为担保,用新疆托某岗金矿的名义向新疆鸿峰典当有限责任公司借款1400万元。借款后,犯罪嫌疑人王某至今未归还该笔借款。

2010年,犯罪嫌疑人王某因与胡某武的债务问题,被民事起诉至新疆维吾尔自治区高级人民法院,后经过调解,达成民事和解协议,协议确认欠胡某武本金2600万元,利息1270万元。2011年4月,王某被新疆维吾尔自治区高级人民法院执行局强制执行银行存款430万元,用于归还胡某武的债务。2012年4月,犯罪嫌疑人王某因被胡某武催讨欠款,在明知新疆德某源矿业公司100%股权已经被其分别向新疆中小企业信用担保服务中心、新疆鸿某典当有限责任公司作担保的情况下,仍隐瞒上述情况,主动向胡某武提议以其拥有的新疆德某源矿业公司90%股权变卖抵债。2012年9月17日,新疆维吾尔自治区高级人民法院执行局对王某、胡某武制作执行笔录,明确告知犯罪嫌疑人王某,将冻结其拥有的新疆德某源矿业公司90%股权。2012年10月9日,新疆维吾尔自治区高级人民法院执行局正式发文查封王某新疆德某源矿业公司90%股

权。在法院查封股权期间,犯罪嫌疑人王某于2012年12月底归还胡某武欠款400万元,此后又拒不履行偿还胡某武欠款的义务。

2013年1月31日,犯罪嫌疑人王某隐瞒上述事实,骗取受害人张某木的信任,和张某木达成股权转让合同,以1600万元的价格转让新疆德某源矿业公司50%股权。合同签订后,被害人张某木支付犯罪嫌疑人王某受让款1500万元。

2013年3月初,受害人张某木在办理股权过户手续时,发现新疆德某源矿业公司100%股权已被王某质押向新疆中小企业信用担保服务中心借款,已经无法办理过户手续。经质问犯罪嫌疑人王某,王某仍以转让其手中剩余股权的理由诱骗张某木替其偿还债务,并保证除新疆中小企业信用担保服务中心债务外,其持有的新疆德某源矿业公司90%股权没有其他债务纠纷。2014年1月2日,犯罪嫌疑人王某诱骗张某木替其归还新疆中小企业信用担保服务中心借款本息以及新疆德某源矿业公司矿上债务计768万元,总计骗取受害人张某木2268万元之后,被害人到乌鲁木齐工商局办理解除质押手续,发现犯罪嫌疑人王某持有的新疆德某源矿业公司90%股权早于2012年10月9日就被新疆高院执行局查封。此后,经社会面了解,发现犯罪嫌疑人王某拥有的新疆德某源矿业公司90%股权除被新疆中小企业信用担保服务中心质押、被新疆高院执行局查封外,还担保给新疆鸿峰典当有限责任公司。被害人张某木发觉被骗后,向犯罪嫌疑人多次催要被骗款项,但犯罪嫌疑人王某一直用各种理由予以推诿,直至案发后仍不能弥补受害人张某木的巨大经济损失。

案件移送检察机关审查起诉后,检察机关以事实不清、证据不足对犯罪嫌疑人王某作出存疑不起诉决定。

在动产交易中,双重抵押问题一直被认为是一种较为典型的民事欺诈或违约行为,对双重抵押问题中的诈骗行为的认定,实务中有着不同的见解,这一问题常牵涉到刑事违法与民事违约行为的界限认定。在现实的多数情况下,行为人与他人先行签订抵押合同时常常无非法占有的目的和诈骗的故意,是真实的意思表示,后来的再次抵押行为仅仅是一种违约行为,但只要其在履行后一合同时有积极承担前一违约责任的行为,就不应认定其为犯罪。相反,如果有非法占有的目的和客观上的诈骗行为,才会面临着是否构成诈骗犯罪的问题。

重复抵押,是指债务人以同一抵押物分别为数个债务进行担保,致使该抵押物上有多个抵押权负担的抵押形式。民法并不禁止重复抵押,相反,重复抵押能使抵押物的价值得到最充分的利用,使抵押物的担保价值得到最大程度的发挥,从而开辟了更广阔的融资渠道,同时也强化了债权的效力。由于登记制度可以将多重抵押予以公示,物权法确立了多重抵押权行使的规则,从而避免了多重抵押所发生的冲突和纠纷。如果行为人通过隐瞒动产或不动产实际所有权的归属,利用民事法律中的公示公信、善意取得制度而秘密达到其诈骗的目的,则就应该以刑法的手段进行规制。

案例3检察机关最终以事实不清、证据不足,作出不起诉的决定,主要原因在于认为案件现有证据难以证实王某主观上具有非法占有的目的。具体理由如下,第一,在案证据无法认定王某明确知悉自己的德海源股权被冻结的情况下予以转让,因其在执行局跟胡某武商量时也是称留2个月时间让其自行处置股权。第二,德海源股权虽有质押给中小企业担保公司,但质押金额仅600万元,签订合同时也只欠399万元,该质押价值并未超出德海源股权价值,从目前政府愿意以2900万元的价格收购德海源可反映出其价值,且该笔借款也是德海源公司所借用于公司经营,而不是王某个人行为。事后被害人张某木得知有这部分质押后也愿意再受让20%股权帮德海源公司清偿399万元,因此,该399万元的质押也没有成为被害人张某木购买德海源股权的障碍。而德海源公司为新疆托某岗金矿进行保证担保,现新疆托某岗公司未清偿,但托浪岗公司存在,且是以托某岗股权作质押,不是以德海源股权作质押,不影响德海源股权的转让。第三,根据相关《公司法》的规定,公司股权转让合同的生效是以股东名册变更为生效标志,过户登记仅是形式要件,用于对抗第三人。本案中被害人支付了购买股权的对价,并签订合营协议,虽股权尚未过户,但被害人实际上已取得相应的公司管理经营权,且股东会决议明确了各股东出资情况及比例,同时对公司经营范围的变更进行了协商决议,也就表明张某木已实质取得相对应的股权在公司中所行使的权利。第四,王某转让股权后所获资金并未用于个人挥霍或逃匿,相反，其将所得资金用于支付工人工资、死亡赔偿金及德海源公司前期投入的借款。这部分资金去向表明王某是为公司的进一步经营，为张某木所获股权的利益解决障碍。

三、启示或建议

（一）重视合同前的资信调查工作

主要包括经济状况和商誉两大方面。经济状况如注册资本金、实收资本、资产负债情况、经济效益，还包括生产水平及技术设备等。商誉则是以前的履约情况。对资信状况可以通过银行、工商部门、与其有贸易关系的第三方以及其他专业性咨询机构进行调查。条件允许的情况下尽可能派自己员工到对方公司实地调查。另外，在与对方商谈合作项目前，应详细了解对方的经营范围，如果对方在合作项目中的行为超出其工商登记核准的经营范围，应引起高度重视。

（二）尽量让法务专业人士参与合同签订

在合同管理的各个环节其实都应有律师或企业法律顾问参与，严格审查把关，有条件的可以对签订的合同进行公证。公证和律师见证的形式，在目前是较为流行的法律见证形式，但正是由于这两种形式社会效果好，也为老百姓所熟知，行骗者容易抓住这种心理，从而体现其合作项目和合同的真实性。一般而言，公证和见证的内容，只是可以证明双方在合同上的签名是真实的，签名的真实并不必然是合同本身内容的真实。因此，签订合同时应多留个心眼，不要轻易被合同外在形式所蒙蔽。

（三）注意交易过程中的反常现象

虽然不法分子想出了不少较为隐蔽的诈骗方法，但在实施过程中并非无迹可循，这就需要企业主们在交易过程中多几个心眼，注意一些反常现象，例如，几次交易后突然增加交易量、交接货物时拖延时间、对方人员提供的情况相互间不符、频繁变换联系方式，等等。

（四）充分利用政府职能部门及金融系统资源，及时核实抵押物品、票据的真实性

在交易过程中，如果碰到对方以房产、货物、股权、票据作为抵押的情况，应该尽快通过房产、工商、银行等部门核实抵押物品的真实性及是

否重复抵押,降低受骗概率。

(五)注重对诈骗人的财产进行保全

一般情况下,被害人一旦发现自己被诈骗,往往首先想到向公安机关报案,通过刑事手段介入,一方面达到威慑诈骗方使其退还诈骗金额的目的,另一方面想通过刑事程序中的冻结和扣押等程序避免诈骗人转移财产。但由于诈骗犯罪存在立案难的问题,向公安机关报案后,如果公安机关不立案,可以向法院提起民事诉讼,在提起诉讼后可以申请法院对被告人财产进行保全。同时,可以向检察机关提请立案监督,如果被害人有证据证明被告人侵犯自己财产权利,而公安机关或检察院不予追究被告人刑事责任的,可以直接向法院提起自诉。

(六)在经济活动中要有保全证据的意识

合同诈骗犯罪案件的证据特点是以书证、言词证据为主,因此在交易中,如果发现对方行为出现异常,可以有意识地对双方通话进行录音,对微信、短信等记录进行保存。对诈骗人信用调查核实中,可以对第三人的言词证据进行记录。在以履行小额合同诱骗继续签订或履行合同诈骗中,要注意对发货记录进行保存等。

第三节　垄断现象及应对

关于垄断的概念,理论上有多种解释,但从各国反垄断立法所制止的垄断来看,它有两个显著特征:一是危害性,即某种行为或状态导致某一生产或流通领域的竞争受到实质性的限制和损害;二是违法性,指某种行为或状态违背法律条文的明确规定。

一、行政权力干涉而造成的行政垄断现象

案例4　浙江正某人防设备有限公司负责人仇某飞为提高正某公司的人防设备产品在温州地区的市场占有率,实现在温州市场的垄断经营,遂以正某公司名义与温州地区其他人防设备产品代理商即被告人廖某及包某春、包某青、李某庆(均另案处理)等人商定成立“联盟公司”即

温州市云某人防设备安装有限公司共同合作经营人防设备产品,并约定联盟经营期间主要采用正某公司生产的人防设备产品。后经仇某飞提议,“联盟公司”全体股东商定将总股份提高至110%,将其中10%股份所产生的利润由仇某飞代表“联盟公司”送给温州市人民防空办公室相关领导,以便为其人防工程项目的审批、验收及限制其他人防企业进入温州市场提供关照。期间,仇某飞为限制外地人防企业进入温州市场,多次寻求时任温州市人防办副主任吴某和温州市人防办工程管理处处长郑某甲的帮助,希望吴某、郑某甲能够出台相关文件支持正某公司和“联盟公司”,吴某、郑某甲予以答应。后在吴某、郑某甲的帮助下,温州市人防办于2010年3月30日出台了温人防办〔2010〕26号文件,该文件通过将已被查处的人防企业列入黑名单、在温州设立售后服务点、新进人防企业须到人防部门办理登记认可手续等条件,变相限制了其他外地人防企业进入温州市场,使正某公司及“联盟公司”获得市场竞争优势并顺利占据温州人防市场的大部分份额。

最终法院以单位行贿罪判处被告单位浙江正某人防设备有限公司罚金10万元;被告人仇某飞有期徒刑10个月,缓刑1年。

“进一步破除各种形式的行政垄断”“打破地区封锁和行业垄断”是《关于全面深化改革若干重大问题的决定》《关于促进市场公平竞争维护市场正常秩序的若干意见》中非常重要的改革议程,为我国破除行政垄断注入了新动力。行政垄断是我国从计划经济向市场经济转型过程中的特殊问题,与政府权力长期得不到有效制约、政府主导经济发展有着极为密切的关系,甚至有学者指出,行政垄断对我国市场经济、竞争机制的损害远胜于经济性垄断的损害。对此,作为我国通过法治途径破除行政垄断主要载体之一的《中华人民共和国反垄断法》(以下简称《反垄断法》)以第5章专章列举了行政垄断的各种表现形式。在新形势下,行政垄断呈现出诸多新特点,需要学界、竞争执法机构和司法机构注意。

案例4中,涉案的人防设备公司为提高在温州地区的市场占有率,实现在温州市场的垄断经营,成立企业联盟,排挤外地企业进入,并向主管部门即人防办的相关领导请托,寻求政策倾斜,帮助垄断温州市场。主管部门接受请托后,设置外地企业进入温州市场的条件,虽然文件名义上标榜规范温州人防经营市场，但实际上是设置门槛，通过提高经营成本等方式排挤竞争对手。在这一过程中，政府主管部门很大程度上为了自身某些利益，通过发文、通知以及其他方式固化、支持企业实现经济垄断，其行为已属于典型的行政垄断行为。获得垄断利益的企业，即本案中的人防设备企业为获得竞争优势而行贿，而竞争优势则属于《刑法》规定的受贿罪构成要件中的"为谋取不正当利益"。

这类案件通常以单位的名义进行，涉及单位犯罪的问题。在一些案件中，单位的负责人或直接责任人会辩解属于单位犯罪，从而减轻自己的刑事责任，因此，要审查是否属于单位犯罪。案例 4 属于"联盟公司"(温州市云某人防设备安装有限公司)的单位犯罪，还是多人共同犯罪。最高人民法院发布的《关于审理单位犯罪案件具体应用法律有关问题的解释》第 2 条规定，"个人为进行违法犯罪活动而设立的公司、企业、事业单位实施犯罪的，不以单位犯罪论处"。法院判决认定，温州云某人防设备安装有限公司系被告人正某公司、包某春、包某青、李某庆等人商议通过向温州市人防办相关领导实施行贿犯罪活动，限制其他人防企业进入温州市场，实施其对温州市场垄断经营目的等违法犯罪活动而特意设立的，依法不应以单位犯罪论处。

《反垄断法》第 51 条规定："行政机关和法律、法规授权的具有管理公共事务职能的组织滥用行政权力，实施排除、限制竞争行为的，由上级机关责令改正；对直接负责的主管人员和其他直接责任人员依法给予处分。反垄断执法机构可以向有关上级机关提出依法处理的建议"。由此看来，我国《反垄断法》似乎并未将行政性垄断直接纳入司法审查的范畴。但随着当事人法治意识的提高，《中华人民共和国行政诉讼法》(以下简称《行政诉讼法》)的修改，当事人开始更多地寻求司法救济。2014 年修改的《行政诉讼法》，一方面采取列举的方式，将行政机关滥用行政权力排除或者限制竞争的行政行为纳入了受案范围，另一方面，法院行政案件的受案范围不再仅仅限于具体行政行为，开始将抽象行政行为也纳入其中，这是行政诉讼受案范围非常实质性的一个转变。

二、行业协会参与而造成的市场性垄断现象

案例5　2017年6月8日，温州政协《社情民意》发表了《我市部分县市预拌混凝土市场高度垄断　建议厘定市场关系　恢复正常市场秩序》，反映我市部分县市，主要是平阳、苍南、乐清等地预拌混凝土市场高度垄断，存在“强买强卖”现象，严重影响建筑市场秩序，主要体现在三个方面：一是预拌混凝土市场供应高度垄断。建筑企业承接工程后，如须采购预拌混凝土，必须要通过当地混凝土协会，由协会指定供应商，有的地区行业协会会划定区域、调剂配额，且采购价格比全市价格高，结算方式必须为全额支付，导致建筑企业在混凝土这块亏损较大，利润所剩无几。二是存在强买强卖现象。外地混凝土企业为何进不了当地市场，主要有以下原因：由于混凝土运输车普遍存在超载情况，一进入当地就会被路政、交警等部门盘问（当地混凝土企业举报），因此，几乎所有的混凝土车辆只要被查就会因超载被罚，而混凝土这一商品较为特殊，如在一定时间内不能到达施工地点投入使用就会影响商品功能甚至不能使用，故对施工方而言，混凝土运输车被查对工程进度影响较大，导致客观上不能选择外地混凝土企业。加上协会对混凝土业务进行统一配额，当地混凝土企业之间由于达成共识均不会违背这一规则私下签订协议进行供货，导致施工方无法选择供货单位。三是建筑行业反映还存在混凝土质量较差以及偷工减料的问题。

作为同业竞争者保护和增进全体会员的共同利益而组织起来的非营利性社会团体，行业协会具有规范市场交易行为、维护市场竞争秩序、促进行业健康发展的合理性功能。但现实生活中，行业协会限制竞争行为也屡见不鲜、层出不穷。为了实现行业内企业利益和行业利益最大化，行业协会往往会通过“自律”行为组织或参与会员企业实施联合限制竞争以减少甚至消除会员企业间的竞争，或者通过推行行业标准等措施阻碍、排斥非会员企业参与市场竞争。这不仅异化了行业协会设立的初衷，损害了消费者的合法权益和社会公共利益，而且阻碍了市场竞争，扰乱了市场秩序。以组织的名义实施联合限制竞争行为，是行业协会限制竞争最常见也是最主要的行为类型，如行业协会以“行业自律价”为名限

定商品的最低销售价、价格的上涨率或上涨幅度,设定价格界定方法,决定基准价格等。

案例5中,根据检察机关的情况摸排,平阳、苍南、乐清当地的所有混凝土公司基本为当地行业协会成员,温州市政府有关部门不定期发布混凝土指导价,各县市区根据各地情况发布指导价,但混凝土指导价并非由政府部门认真行使职责核定的,而是根据混凝土协会上报的价格而定,可见价格实质上是由混凝土协会掌控。同时,行业协会对地区内的混凝土需求进行划定区域、统一配额,对哪些地区由哪些企业提供混凝土进行统一安排,建筑企业选择余地小。由于采购价格较高,建筑企业的利润所剩无几。不仅如此,建筑企业还反映混凝土还存在质量差和偷工减料的问题。

司法机关最终以强迫交易罪名对相关人员进行处理,虽然刑事手段可以立竿见影,但刑事手段在处理行业协会限制竞争上则是治标不治本。在规制行业协会限制竞争行为上,主要还是要依靠政府部门的有效监督,以及在立法层面上,就行业协会限制竞争行为的类型、认定、监管以及法律责任等问题作出系统规定,构建和完善我国行业协会限制竞争行为的反垄断法规制度体系。

三、启示或建议

(一)合理运用行业协会的作用

温州烟具、灯具、鞋革、服装等行业都设立了行业协会,且行业协会的会员覆盖率极高。行业协会作为非营业性的自治组织,设立的初衷是保护行业内企业利益以及实现行业利益最大化,但如果通过实施协会成员联合限制竞争以减少甚至消除会员企业间的竞争,或者通过推行行业标准等措施阻碍、排斥非会员企业参与市场竞争的,则将面临法律的惩治。

(二)企业面临行政垄断时,可以采取哪些救济方式

第一,可以通过举报、反映问题的方式寻求反垄断救济。如案例4中,事发的原因源于一份政协委员的情况反映,由于当地建筑企业的利益受到损害又未寻找到合适的救济途径,其中一个身为市政协委员的建

筑企业主就通常采用供市委领导参阅的《社情民意》来反映问题，从而引起领导的重视，通过市委领导批示办理的途径来维护自身的权益。当然，这种方式较为特殊，不具有普遍适用性，因此，还需要通过常规的司法救济途径来解决。第二，对于政府通过规范性文件进行行政垄断的行为，企业可以向法院提起行政诉讼，在对行政行为提起诉讼时，可以一并请求法院对规范性文件进行合法性审查。第三，检察机关提起公益诉讼。修改后的《中华人民共和国民事诉讼法》和《行政诉讼法》规定，检察机关是提起行政公益诉讼的主体，行政公益诉讼可以弥补原告弱势地位之不足，大大加强反垄断诉讼的实际效力。

第四节　侵犯知识产权犯罪现象及应对

一、侵犯知识产权犯罪的几个主要罪名

案例6　被告单位温州市艾某电气有限公司于 2006 年 1 月注册成立，法定代表人朱某甲。公司经营范围主要系制造、加工、销售电器配件、机械配件、电力设备配件。被告人王某系朱某甲的丈夫，作为公司实际负责人，负责公司的经营。2013 年 3 月 3 日之前，被告单位温州市艾某电气有限公司为谋取非法利益，在未取得“Schneide Electric”“CLIPSAL”商标使用权的情况下，经被告人王某决定，生产注册商标为“Schneide Electric”“CLIPSAL”的开关成品 900 只、开关面板 23, 690 只、开关配件 240, 800 只、包装盒 7500 只。2015 年 5 月 14 日，公安机关在温州经济开发区被告单位温州市艾某电气有限公司厂房内查获上述产品，以及模具 7 副。经鉴定，上述产品价值共计人民币 746, 355 元。

法院判决认为，Schneider 商标的注册人为施耐德电气公司，施耐德中国公司系 Schneider 商标的普通被许可人，CLIPSAL 商标注册人为奇胜工业香港有限公司，并已许可施耐德中国公司使用该商标。被告单位温州市艾某电气有限公司、被告人王某未经注册商标所有人许可，在同一种商品上使用与其注册商标相同的商标，其行为均已构成假冒注册商标罪，判处罚金 40 万元；被告人王某系被告单位直接负责的主管人员，

其行为已构成假冒注册商标罪，判处有期徒刑2年6个月，并处罚金40万元。

案例7　2014年初开始，被告人邓某学在淘宝平台上开设“浙江索某电器有限公司”等多家网店，明知是假冒注册商标“正泰”“德力西”的自动转换开关，仍通过上述网店予以销售，销售金额达9万多元。法院判决认为，被告人销售明知是假冒注册商标的商品，销售金额较大，其行为已构成销售假冒注册商标的商品罪。

案例8　2015年9月7日，公安机关接匿名举报，对苍南钱库仙居乡一处房子进行检查，发现被告人鲍某孝在没有任何合法手续的情况下非法制造注册商标标识“五粮液”“十里香”“剑南春”等包装品，现场查获包括瓶身、瓶盖、底座、盒子、手提袋、外纸箱、商标颈标、瓶衬、防伪商标、瓶贴等包装品及加工设备。法院判决认为，被告人鲍某孝伪造、擅自制造他人注册商标标识，情节严重，其行为已构成非法制造注册商标标识罪。

根据统计，2018年和2019年，温州检察机关共办理侵犯知识产权罪案件217件400人，起诉200件346人。其中，假冒注册商标罪案件97件135人，销售假冒注册商标的商品罪38件64人，非法制造、销售非法制造的注册商标标识罪61件142人，侵犯著作权罪1件1人，侵犯商业秘密罪3件4人。针对侵犯非公企业知识产权和科技创新问题，温州市检察院联合公安、法院出台了知识产权案件“三合一”审理会议纪要，加强涉企知识产权保护。

从知识产权犯罪成本上来看，侵犯知识产权犯罪无论是心理成本、经济成本还是法律成本都非常低。首先，从心理上来说，在我国，普通群众对于知识产权的保护认识还不是很深，甚至很多人根本就没有知识产权的保护意识。社会对于侵犯知识产权犯罪的宽容导致了犯罪人本身的罪恶感缺失，以致很多犯罪者也不认为自己的行为是犯罪行为。其次，从经济成本来说，知识产权作为一种无形资产，它的复制成本要远远低于其发明成本。最后，从法律上来说，侵犯知识产权以民事处罚和行政处罚居多，刑事处罚较少，犯罪追究率低，犯罪者受到的惩罚轻，往往只需要赔一点钱就可以免于牢狱之灾，因而更容易引诱他们再次犯罪。

案例6的假冒注册商标罪、案例7的销售假冒注册商标的商品罪、案例8的非法制造、销售非法制造注册商标标识罪是民营企业在生产活动中最常见的三种侵犯知识产权的犯罪,这里有必要说明三种罪名的构罪标准:

(1)假冒注册商标罪:非法经营数额在5万元以上或者违法所得数额在3万元以上的;假冒两种以上注册商标,非法经营数额在3万元以上或者违法所得数额在2万元以上的;其他情节严重的情形。(2)销售假冒注册商标的商品罪:销售金额在5万元以上的;尚未销售,货值金额在15万元以上的;销售金额不满5万元,但已销售金额与尚未销售的货值金额合计在15万元以上的。(3)非法制造、销售非法制造注册商标标识罪:伪造、擅自制造或者销售伪造、擅自制造的注册商标标识数量在2万件以上,或者非法经营数额在5万元以上,或者违法所得数额在3万元以上的;伪造、擅自制造或者销售伪造、擅自制造两种以上注册商标标识数量在1万件以上,或者非法经营数额在3万元以上,或者违法所得数额在2万元以上的;其他情节严重的情形。

二、侵犯商业秘密的犯罪

案例9 2007~2008年间,谢某猛与时任温州市东瓯微孔过滤有限公司生产车间主任的宋某明结识后,多次与其相谈并以利益相诱,欲从宋某明处获取东瓯公司的微孔过滤管及相关设备生产的制造工艺,后宋某明违反与东瓯公司的保密合同,将相关过滤管技术泄露给谢某猛。继而谢某猛于2008年5月注册成立苏州欧某微孔过滤设备有限公司,并顺利生产出与东瓯公司同样的产品进入市场销售,造成东瓯公司经济损失。经上海市科技咨询服务中心知识产权司法鉴定所鉴定,欧某公司的"刚性微孔PA过滤管"等产品所涉及的生产技术,与东瓯公司的"刚性微孔PA过滤管"等产品所涉及的生产技术中含有的不为公众所知悉的技术信息构成相同或具有同一性。

法院判决认为,谢某猛以不正当手段,诱使宋某明违反保密约定向其披露东瓯公司的商业秘密,给东瓯公司造成重大损失,谢某猛、宋某明的行为均已构成侵犯商业秘密罪。被告人谢某猛犯侵犯商业秘密罪,判处有期徒刑1年6个月,并处罚金人民币70万元;被告人宋某明犯侵犯商业秘密罪,判处有期徒刑9个月,并处罚金人民币30万元。

商业秘密,是指不为公众所知悉,能为权利人带来经济利益,具有实用性并经权利人采取保密措施的技术信息和经营信息。在我国商业秘密还没有专门立法予以保护的情况下,对于侵犯商业秘密的民事案件主要还是依据《反不正当竞争法》第9条的规定,刑法也设有专门处罚侵犯商业秘密的法律条文,即《刑法》第219条侵犯商业秘密罪。劳动雇佣关系是引发侵犯商业秘密的主要根源,也是构成商业秘密侵权判定原则之“接触”的主要方式。有调研曾选取300多份公开的判决书作为分析样本,根据侵害商业秘密案件的原被告身份法律关系作为分析指标,得出此类案件近90%的属于劳动雇佣关系,只有10%属于非劳动关系,包括技术或者业务合作、直接同业竞争关系等。在职员工和离职员工都要同样承担保密义务,针对员工可以采取签订保密协议和竞业限制协议。竞业限制协议,是指员工离职后出于对原用人单位商业秘密的保护,而通过竞业限制协议的签订来限制员工在离职后一定时间内不得从事与原用人单位具有直接同业竞争关系的经营活动或行为。

在办理刑事案件中,司法人员需要注意鉴定意见的问题。商业秘密案件具有较强的技术性、专业性,从而使得法庭对商业秘密权利的确认高度依赖于专门的鉴定意见以及专家出具的检验报告、咨询意见等。由于信息是否构成商业秘密是决定被告人罪与非罪的基础事实,故在侵犯商业秘密刑事案件中,鉴定意见的有效性不仅是控辩双方的争议焦点,更是法庭证据审查的重中之重。在办案中,司法人员重点审查鉴定意见,主要注重审查以下几个问题,一是鉴定机构和鉴定人的鉴定资质问题,要注意辩方常常提出的鉴定人和鉴定机构不在司法行政部门公告的鉴定人和鉴定机构名册之中,从而否定鉴定人和鉴定机构鉴定资质的抗辩。二是客观分析权利人的信息是否属于商业秘密,即审查权利人的信息是否属于“非公知信息”。三是审查鉴定检材是否符合提交要求,《中华人民共和国刑事诉讼法》规定的鉴定检材的原则性要求,对于商业秘密刑事诉讼司法鉴定是一体适用的。但是,由于商业秘密案件存在权利在先确认的特点，因此，鉴定检材的提交亦有其个性化的要求，通常要求侦查机关在立案审查时就必须固定权利检材，且检材应当由权利人提交。

三、启示或建议

（一）知识产权侵权诉讼的证据收集对策

在司法实践中，很多知识产权侵权案件线索是由权利人提供的，权利人在发现自己的知识产权被不法侵害时，要在第一时间搜集证据，保存证据并提交司法机关。知识产权侵权案件中，保护相关证据可以采用“双轨制”，权利人既可以向有关部门举报，利用行政部门的管理来达到收集证据、停止侵害的结果，也可以直接向法院提起诉讼，但这种方式往往是迫不得已的一种方式。同时，想要认定侵权人存在侵权行为，就必须通过控制这些侵权物品来实现，而侵权物品是由侵权人所掌控的，这就要求权利人具有很高的控制能力以及信息掌控能力。除此之外，知识产权还具有专业性和隐蔽性的特征，要认定一项行为或某个物体为侵权行为的载体，权利人最好让具有专业知识背景的人一同进行证据的收集，避免造成证据的灭失。

（二）生产外包装的企业要避免踩到刑法雷区

2014～2017年，温州检察机关办理的86件非法制造、销售非法制造的注册商标标识罪中，有63件为苍南地区案件，占了全市的73%。众所周知，苍南的产业主要以生产外包装为主，包装上有注册商标的标识，生产者伪造、擅自制造他人注册商标标识，销售者销售伪造、擅自制造的注册商标标识，如果达到一定数额或数量，则将触犯刑法，面临惩治。因此，在生产和销售包装时，应让对方出示商标所有权或授权使用的证明，并保留相关证明。

（三）与员工签订保密协议或竞业禁止协议

如果企业的生产经营中涉及商业秘密或知识产权，用人单位与劳动者可以在劳动合同中约定保守用人单位的商业秘密和与知识产权相关的保密事项。同时，对负有保密义务的劳动者，用人单位可以在劳动合同或者保密协议中与劳动者约定竞业限制条款，并约定在解除或者终止劳动合同后,在竞业限制期限内按月给予劳动者经济补偿。劳动者违反竞业限制约定的,应当按照约定向用人单位支付违约金。竞业限制的人员限于用人单位的高级管理人员、高级技术人员和其他负有保密义务的人员。

(四)注重在诉讼程序中维持商业秘密机密性的措施

由于担心在诉讼程序中有可能会丧失秘密性,商业秘密合法持有人往往放弃通过诉讼手段来保护自己的商业秘密。因此,在目前保护商业秘密的特殊诉讼制度尚不完善的情况下,在诉讼过程中,企业可以向法院提出限制取得证据内容,有条件地参与听证会、庭审程序,选择性公布非秘密内容的司法裁决等要求。同时,商业秘密一旦公开披露,想要恢复到商业秘密丢失之前不为公众知悉的状况是不可能的,因此临时的禁止措施非常必要。尤其是在丝毫拖延都可能造成无法挽回后果的情况下,申请人可以提供足够担保,向司法机关提出临时的禁止措施请求。在商业秘密案件庭审公开质证环节,可以要求与被告当事人签订商业秘密保密协议,防止商业秘密在司法救济过程中遭受"二度伤害"。

(五)侵犯知识产权刑事判决生效后,如何获得因被侵权而造成的经济损失

侵犯知识产权构成犯罪的,刑事判决生效后,被侵权人可以向法院提起民事诉讼,要求被告人停止侵害知识产权,同时要求被告人赔偿因侵害知识产权而造成的经济损失及为制止侵权行为支出的合理费用。

第五节　不正当竞争现象及应对

一、模仿知名商品而构成不正当竞争的情况

案例10　伊利公司起诉称,"QQ 星营养果汁酸奶饮品"是其于2012年上市销售的专为儿童设计的饮品,包括香蕉口味和草莓口味。该产品包装、装潢设计独特,是根据迪士尼卡通形象在国内首创的3D立体包装。该产品自2012年面世以来,获得多个奖项。经过广告投放与宣传,

获得了极高的知名度，市场占有率极高，是相关公众广为知晓的知名商品。蒙牛公司于2015年4月上市了名为“未来星营养果汁酸奶饮品”的产品，该产品也包括香蕉和草莓两个口味，包装、装潢以卡通形象为蓝本，也是3D立体形状，且卡通形象特点与“QQ星”类似。作为同类产品，伊利公司与蒙牛公司的产品被并列摆放在货架上，造成消费者混淆和误认。伊利公司认为，被控侵权产品包装、装潢与伊利公司的产品包装、装潢在组成要素、设计风格等方面相同或近似，产品名称也近似，以相关公众的一般注意力为标准，极易产生对产品来源的混淆和误认。伊利公司同时起诉了位于北京市海淀区的一家超市，要求其停止销售蒙牛公司的涉案产品。蒙牛公司辩称：第一，伊利公司的产品不具备知名度和特有性，不构成知名商品特有的包装、装潢；第二，双方的包装、装潢不构成近似；第三，双方商品没有混淆的可能性；第四，蒙牛公司的商标本身具有极高知名度，没有侵占伊利公司商誉的主观恶意；第五，蒙牛公司有自己的知识产权，包括自己的瓶身和设计。伊利公司的产品名称是通用名称，不具有知名性，不能被伊利公司独有。

法院经审理后认为：伊利公司与蒙牛公司均从事牛奶制品方面的经营，均是我国乳品行业的领军企业。伊利公司“QQ星”、蒙牛公司“未来星”是两个各自旗下独立的、专门针对儿童群体研发的牛奶品牌，在该领域展开了激烈竞争。双方在产品类别、用户群体、盈利模式、市场细分领域等方面均有重合，存在直接竞争关系。法院认为，蒙牛公司推出同类产品的时间晚于伊利公司，且伊利公司的涉案产品知名度高、包装装潢独特，蒙牛公司与伊利公司之间长期存在着激烈竞争关系，蒙牛公司不可能对伊利公司涉案产品的包装装潢不知晓，存在攀附恶意。最终，法院认定蒙牛公司构成不正当竞争，应立即停止使用涉案产品包装、装潢的不正当竞争行为，涉案海淀区某超市应立即停止销售涉案侵权产品，同时蒙牛公司应当消除影响，并赔偿伊利公司经济损失及合理开支共计215万元。

任何一项创新都不可能是凭空产生的，都会借鉴前人的经验。对商品包装、装潢的设计，不同经营者之间可以相互学习、借鉴，并在此基础上进行创新设计，形成有明显区别的各自商品的包装、装潢。这种做法是市场经营和竞争的必然要求。但是,对他人具有识别商品来源意义的特有包装、装潢,则不能作足以引起市场混淆、误认的全面模仿,否则就会构成不正当的市场竞争。找到借鉴与仿冒的界限,借鉴他人创新的方式而不是借鉴他人创新的成果,就会避免落入侵权或不正当竞争的陷阱。该案件的判决给我国企业的借鉴与创新、模仿与反模仿上了生动的一课,企业运营中要时刻保持警惕,避免出现类似不正当竞争事件的发生。

知名商品的特有包装、装潢属于商业标识的范畴。修订后的《反不正当竞争法》第6条规定,经营者不得擅自使用知名商品特有的名称、包装、装潢,或者使用与知名商品近似的名称、标准、装潢,造成和他人的知名商品相混淆,使购买者误认的手段从事市场交易,损害竞争对手。因此,法院在办理模仿知名商品是否构成不正当竞争的民事侵权案件时,主要从三个方面进行审查:第一,原告所主张的商品是否为在先的知名商品。《反不正当竞争法》所指的知名商品,是在中国境内具有一定的市场知名度,为相关公众所知悉的商品。第二,原告所主张的商品使用的包装、装潢是否具有特有性。即是否足以使相关公众将包装、装潢的整体形象与商品联系起来,具有识别其商品来源的作用。第三,公众是否容易对模仿与被模仿的商品引起混淆、误认。《反不正当竞争法》中规定的混淆、误认,是指足以使相关公众对商品的来源产生误认,包括误认为与知名商品的经营者具有许可使用、关联企业关系等特定联系。

二、商标侵犯行为构成不正当竞争的情况

案例11　据了解,2005年1月,和美酒店获得授权在中国使用或者转授权他人使用"如家"横排文字商标与"如家"竖排文字商标,而且有权对侵犯涉案商标专用权的行为进行调查、搜集证据及提起诉讼。2009年8月,经天津市工商行政管理局静海分局审核登记,瑞和如家注册成立,登记字号为"瑞和如家",类型为个体工商户。据相关证据显示,瑞和如家的外墙牌匾上标注了"瑞和如家快捷酒店"字样,其中"瑞和"两字的字体明显小于"如家快捷酒店"的字体。同时,瑞和如家的订房卡、入住和押金凭证上显示了"瑞和如家快捷酒店"。此外,瑞和如家还使用了

“天津瑞和如家快捷宾馆”字样在互联网上进行宣传。对此,和美酒店认为,瑞和如家对其构成商标侵权及不正当竞争。

法院判决,瑞和如家使用“如家”文字,经营与和美酒店相同的服务并在其宾馆外墙牌匾上突出使用“如家”文字,足以引起相关公众对商标注册人与企业名称所有人的误认,使他人对市场主体、服务来源产生混淆,侵犯了和美酒店对涉案商标享有的专用权。同时,瑞和如家在后注册并使用于企业名称中,具有攀附涉案商标商誉的主观故意,违反了诚实信用原则,容易使相关公众将瑞和如家的宾馆服务误认为是和美酒店提供的“如家酒店”服务,对和美酒店构成不正当竞争。

案例12 因认为武汉市黄陂区汉口北核心电器经营部销售外包装上突出使用“小天鹅”字样的洗衣机商品,侵犯了其对第788582号“小天鹅”商标享有的专用权,并对其构成不正当竞争,无锡小天鹅股份有限公司将核心电器经营部诉至法院。湖北省高级人民法院针对该案作出判决,认定核心电器经营部对小天鹅公司不构成商标侵权及不正当竞争。

该案属于将他人在先注册商标用于企业名称中的字号而引发纠纷的典型案件。在知识产权的保护中,我国《反不正当竞争法》与《中华人民共和国商标法》(以下简称《商标法》)系一般规定与特别规定的关系。在具体的个案中,《商标法》有相应规定的,在法律保护中优先适用《商标法》的规定;若穷尽商标法亦无法提供保护,而又有权利遭受侵害且需要保护时,则可在案情适宜的情形下适用反不正当竞争法予以补充保护。根据最高人民法院《关于审理商标民事纠纷案件适用法律若干问题的解释》第1条第1款第1项之规定,对于“突出使用”,容易使相关公众产生误认的,可以依据我国商标法进行规制。

案例11中,被诉侵权行为既包含侵权人对“瑞和如家”字号在酒店服务外墙招牌中的单独“突出使用”,也包含侵权人在房卡、入住凭证上对“瑞和如家”作为字号的企业名称的“正常使用”。其中,侵权人对“瑞和如家”字号于服务招牌中的单独“突出使用”行为可以依据我国现行《商标法》予以规制,那么对于没有突出的“正常使用”如何规制?我国现行《商标法》第58条规定,将他人注册商标作为企业名称中的字号使用，误导公众，构成不正当竞争行为的，依照《反不正当竞争法》的规定处理。由于对“瑞和如家”作为字号的企业名称的“正常使用”，无法将其定性为商标侵权行为进行规制，但该行为实质上又会误导公众进而侵占他人市场份额，具有法律制止的必要性，此时，《反不正当竞争法》便可以发挥其补充保护的功用，将其定性为不正当竞争行为以弥补商标法规制范围之外的保护缺失问题。

案例12中，被控侵权商品上使用的“青岛美丽小天鹅日用品有限公司”的企业名称虽然含有与“小天鹅”商标相同的文字，但是由于“小天鹅”3个字的字体、大小、颜色与企业名称中的其他文字相同，因此，并没有构成突出使用“小天鹅”商标的行为，并未侵犯小天鹅公司享有的涉案注册商标专用权。关于是否构成不正当竞争，由于不符合商标侵权的条件，是否能够构成不正当竞争显得尤为重要。根据我国《反不正当竞争法》第5条第3款规定，经营者不得擅自使用他人的有一定影响的企业名称。该案中，被控侵权商品上系规范使用企业名称的全称而非简称，而且并未单独使用“小天鹅”字号，同时由于被控侵权商品已经被退回生产厂家，并未进入实际的流通领域，没有造成消费者对商品的来源产生实际的混淆和误认，因此，法院认为不构成不正当竞争。

三、关键词搜索中产生的不正当竞争情况

案例13　原告畅想公司诉称：被告中源公司、中晟公司为提高市场占用率，获得竞争优势，擅自把原告企业名称“宁波畅想软件开发有限公司”及其字号“畅想软件”作为“百度竞价排名服务”的搜索关键词，故在搜索时以上述词汇找到的首条信息是两被告官方网站的链接，误导用户。原告认为被告已侵害原告的企业名称权和字号权，其诉请判令两被告须停止不正当竞争行为，即在百度推广竞价排名时禁止设置“宁波畅想软件股份有限公司”“畅想软件”等与原告的企业名称或者字号相关的关键词。被告公司称：使用他人商标或者字号等文字作为搜索关键词本身并不违法，且其在百度搜索的后台秘密状态下使用涉案关键词属于商业秘密，“畅想”既非畅想公司的注册商标，亦非知名字号，向公众公开的搜索结果并不涉及畅想公司的权利内容，不会造成相关公众的误认，未

对畅想公司造成直接损害，不构成不正当竞争。最终法院判决认定：中源公司、中晟公司该行为显属不当使用他人的企业名称或字号，有悖于诚实信用原则和公认的商业道德，具有可责性，应给予明确的否定性评价，判决中源公司、中晟公司立即停止在百度推广服务中使用“畅想软件”“宁波畅想软件开发有限公司”作为搜索关键词。

“混淆”或“混淆的可能性”是我国商业标识保护的基础，也是认定行为是否构成商标侵权或不正当竞争行为的界限。但是，以混淆为基础的商业标识保护制度正面临着来自互联网的强有力挑战。在交易行为由现实世界转移至网络后，商业标识吸引顾客、获取商业机会的功能凸显。面对网络上各种海量信息的冲击，如何瞬间抓住消费者眼球来推销自己的商品或服务便成为商战中制胜的关键。实践中，一些企业为了推销自己的商品或服务，利用他人的商业标识作为竞价排名的关键词，以博取点击量，该行为虽未必会引起混淆，但却可抢夺本属于他人的交易机会，极易引发纠纷。

案例 13 中，法院判定被告公司构成不正当竞争的理由有三点：首先，畅想公司经多年经营，在业内积累了一定的商誉和知名度，其外贸软件产品的受众亦较为广泛，其合法取得的企业名称和字号应依法受到妥善而全面的保护。其次，使用畅想公司的企业名称和字号等实施百度搜索的行为人很可能是畅想公司的目标客户或潜在客户，亦是中源公司、中晟公司所要争取的对象。中源公司、中晟公司作为与畅想公司相互熟知的同地域的同业竞争者，在无任何正当使用畅想公司企业名称和字号的合法事由的情况下，却将畅想公司的企业名称、字号等作为搜索关键词通过百度进行推广链接，显然具有不当利用畅想公司商誉，攫取其客户资源，以获取不正当竞争利益的主观故意。而当客户搜索“畅想软件”或“宁波畅想软件开发有限公司”时，位列搜索结果首行的“富通天下”广告推送极可能吸引客户一定的注意力，客观上会增加该两公司网站的点击量，亦极可能影响到客户的选择，给该两公司带来潜在的商业交易机会，使畅想公司失去了潜在的商业交易机会，损害畅想公司的利益。最后，虽然在搜索结果中中源公司、中晟公司的创意标题、描述内容和链接网址均标注了其提供的产品及服务为“富通天下”软件，并在标题旁边标注了“推广链接”，使百度推广的结果与自然搜索的结果区分开来，但是该行为仍具有不正当性。

四、启示或建议

（一）如何把握模仿和侵权的界限

《反不正当竞争法》所保护的知名商品包装、装潢的特有性主要是指区别商品来源的显著特性，这些包装、装潢不具有功能性，不是该行业所通用的包装、装潢。因此，企业在对知名商品进行模仿时，可以充分利用产品包装、装潢设计中的通用要素，自由设计与他人在先使用的特有包装、装潢具有明显区别的包装、装潢。但是，对知名商品具有识别商品来源意义的特有包装、装潢，则不能作足以引起市场混淆、误认的全面模仿，否则就会构成不正当的市场竞争。

（二）如何选择诉讼策略

首先，选择适格的被告。根据我国《商标法》的相关规定，构成商标侵权的被告主体既可以是生产商，可以是销售商，也可以是为销售提供便利条件，帮助其实施侵权行为的储藏、运输、保管等企业或者个人。构成不正当竞争的行为既可以是假冒他人的注册商标，可以是擅自使用他人知名名称、包装、装潢，可以是擅自使用他人的企业名称或者姓名，也可以是在商品上伪造或者冒用认证标志、名优标志等质量标志、伪造产地的行为等。原告在确定起诉被告前，一定要将上述行为与该行为人的具体情况密切对照，不可将不同主体的不同行为混合起来认定被告，否则容易出现因被告不适合而被驳回诉讼请求的情况。其次，选择合适的管辖法院。一般情况下，被告所在地、行为实施地、行为结果地等均可作为管辖的连接点。对于原告而言，选择对己方有利的法院提起诉讼，不但可以排除对自己不利的区域因素，也可以节省很多诉讼成本，提高诉讼效率。最后，选择合理的诉讼标的。获得赔偿并非所有诉讼的唯一目的，制止侵权、震慑潜在侵权、肃清市场、提高市场份额、树立权威、重建消费者信心等，均可作为原告提起诉讼的目的。在需要索赔的案件中，也并非标的越高越好，高的诉讼标的意味着高的诉讼费，同时有可能提高审级及社会关注度。因此，原告应综合考虑诉讼目的、诉讼经费预算、证据可支持的赔偿金额、被告的赔付能力等，结合管辖法院历年来类似案例的判赔金额，确定一个较为合理的数额。如果在诉讼过程中发现新的证据，尚可在适当时机调整诉讼标的。

（三）如何规避商标侵权及不正当竞争

应优先选择使用已有的注册商标，如果是未注册商标，则需要进行商标查询检索，主动规避与他人注册商标相同或者近似。同时，应避免将他人注册商标作为企业名称使用，尤其是作为企业名称突出使用，如果利用企业名称登记与商标注册申请属于不同的主管机关，抱着侥幸心理将他人注册商标作为企业名称登记使用，涉嫌构成不正当竞争。而为了依傍名牌，将他人注册商标作为企业名称并对与他人注册商标相同的字号进行突出使用，则涉嫌构成商标侵权。此外，在销售或加工过程中，应提高审查义务，应对销售或加工的商品所使用的商标进行注册审查，要求生产商或者委托加工方出示商标注册证明，并且签署销售合同、委托加工合同，约定其中因使用商标所应承担的责任与义务。还须注意保存进货合同、加工合同、货款支付凭证等交易文书，避免因涉嫌侵权时被控连带责任。

（四）如何规避关键词搜索领域的不正当竞争

企业如果想当然地认为关键词属于公有领域，任何人均可使用，就是认识误区。企业在互联网关键字搜索中，利用他人的商业标识为自己谋取利益的行为并非必然不正当，但如果该行为影响到消费者利益或者对竞争者的利益产生实质性的损害时，就是法律所禁止的“搭便车”行为。从目前的判例来看，我国多数法院倾向于积极保护商业标识权利人的权利，而为不正当“搭便车”行为的成立设置了非常宽松的标准，也就是说很容易构成不正当竞争。

第六章　涉企环境污染风险的法律应对

第一节　引　　言

1968 年,英国学者哈丁(Hardin)在其发表于美国《科学》杂志的一篇文章中提出了“公地悲剧”(tragedy of the commons)理论,美国学者认为,公地悲剧发生的根源在于“当个人按自己的方式处置公共资源时,真正的公地悲剧才会发生”。拿环境污染来说,由于治污需要成本,私人必定千方百计企图把企业成本外部化。这就是赫尔曼 · E. 戴利(Herman E. Daley)所称的“看不见的脚”,这双“看不见的脚”导致私人的自利不自觉地把公共利益踢成碎片。在经济发展与环境资源矛盾日益尖锐的中国,雾霾、毒地、黑臭河等词汇充斥着三维空间,作为环境和资源的直接影响者,“股东至上”,追求利润最大化让企业承受越来越大的环境责任风险,桎梏着企业的创新和发展。创造良好的生存空间,获得价值链的长久利益,承担“企业社会责任”①(CSR)正成为现代企业追求共赢的价值导向,如民营企业华为集团从 2008 年开始建立披露社会责任报告制度,将环境保护的理念融入产品服务和业务活动中。

① “企业社会责任”(Corporate Social Responsibility,CSR)最早于 1924 年由 Sheldon(1924)提出。Sheldon(1924)认为,企业应该将企业的社会责任与企业经营者满足消费者需求的各种责任联系起来;企业社会责任含有道德因素,企业对社区的服务有利于增进社区利益。随后的几十年中,在学术界不断深化对企业社会责任研究的同时,社会各界开始普遍接受企业应该承担社会责任的观点,企业界则开始注重承担社会责任(Karnani,2010)。20 世纪 70 年代末,“财富 500 强”(Fortune 500)公司中,只有不到 50% 的公司在年表中提及了社会责任,而到 20 世纪 90 年代末,大约 90% 的公司将社会责任作为公司目标的核心组成部分(Boli and Hartsuiker,2001)。

在环境保护的立法层面，新一轮的法律修订正在如火如荼地进行。被称为“史上最严”的环保法及大气污染防治法、水污染防治法、土壤污染防治法系列单行法律应运出台，此外，40多部行政法规，数百件相关部门规章，加上环境保护地方性法规、地方政府规章、自治条例和单行条例、司法解释等，织起了严密的环境保护法律网，进一步明确了政府监管职责，严格企业环境法律责任，确立环境信息公开和公众监督制度，打破“守法成本高、违法成本低”的怪圈，采取按日处罚、违法信息记入社会诚信档案、查封扣押生产设备等严厉手段，重视环境修复赔偿，建立污染场地的修复制度，加大对污染企业的“秋后算账”。环境保护领域的政商关系已由政府单一监管逐步形成“参与—协商—共识—执行”互动式环境保护协同规则。对于严重污染环境行为，2011年《刑法修正案（八）》将“重大环境污染事故罪”修改为“污染环境罪”，随之最高人民法院、最高人民检察院于2013年、2016年颁布《关于办理环境污染刑事案件适用法律若干问题的解释》（以下简称《2013年两高解释》《2016年两高解释》）明确了污染环境罪的定罪量刑标准，《2016年两高解释》更是细化了入罪标准，对共同犯罪、单位犯罪、犯罪竞合、宽严相济、监测数据造假等法律问题加以认定，2019年2月20日最高人民法院、最高人民检察院、公安部、司法部、生态环境部联合发布《关于办理环境污染刑事案件有关问题座谈会纪要》（以下简称2019年两高三部座谈会纪要），旨在统一法律适用，指导司法办案，促进两法衔接，层层推进严厉打击污染环境罪的步伐。这从环境行政执法与刑事司法衔接的一组数据可见端倪。2014年各级环保部门向公安机关移送污染环境刑事案件2080件，是过去十年总和的两倍。[①] 仅2016年上半年，地方各级环保部门移送涉嫌环境污染犯罪案件840起，与2015年上半年相比，移送案件数上升14%。[②] 从2018年2月14日国务院新闻办通报的生态环境检察工作情况来看，2018年生态环境领域刑事案件批捕起诉的案件大幅上升。与此

---

① 喻海松、马剑：《从32件到1691件——〈关于办理环境污染刑事案件适用法律若干问题的解释〉实施情况分析》，载《中国环境报》2016年4月6日，第5版。

② 赵天宁：《环境保护部发布2016年上半年环境执法情况》，载环境保护部网站，http://www.mep.gov.cn/gkml/hbb/qt/201608/t20160824-362769.htm，2016年8月24日访问。

同时，检察机关提起公益诉讼工作自 2015 年 7 月试点以来，截至 2019 年 6 月底，全国检察机关共办理生态环境和资源保护领域诉前程序案件约 14.5 万件，提起公益诉讼 5518 件，有效构筑了行政、民事、刑事、公益诉讼全方面的生态司法保护格局。其中，查处的涉企案件与日俱增。

尽管环境保护行政执法、刑事司法体系在不断健全，惩治力度不断加大，但由于小微企业环境责任法律意识滞后，正规企业漏排偷排行为监管不力，致使涉企污染环境案件快速上升，尤以电镀、酸洗、蚀刻、抛光、化工、印染、纽扣、废物回收等行业为甚。同时，由于污染环境罪具有极为明显的复杂性和较强的专业性，证据收集难度大，缺乏完整的环境污染损害鉴定评估与环境风险评估技术体系；以罚代刑问题突出，执法人员刑事案件移送意识较弱，两法衔接机制不畅；定罪量刑方面的规则供给仍处于捉襟见肘的境地，学术界和实务界在法益侵害、犯罪形态与犯罪构成的关系、阻却责任事由等方面存在分歧，上述因素制约着环境治理。本章拟从全国特别是温州地区典型污染环境刑事案件出发，分述争议焦点、明晰法律关系，以期为司法实践提供借鉴，为企业环境治理提供风险警示及应对锦囊，为环境保护新型政商关系的规则确立提供保障。

第二节　入罪情形的认定

《刑法修正案（八）》大大降低了污染环境罪的入罪门槛，《2013 年两高解释》明确了“严重污染环境”的 14 种情形，《2016 年两高解释》将入罪情形进一步扩大到 18 种。在适用过程中，对入罪条件“严重污染环境”认定标准的把握存在分歧，其侵害的法益因具有自然法益、人类法益、环境管理秩序等多重性而陷入实害犯、危险犯、情节犯、行为犯的争论，[①]司法经验不足、环境污染专门性问题的难以确定、兜底条款的模糊性，导致人们对自然法益是否有危险之判断难以持有客观统一标准，过

① 参见侯艳芳：《污染环境罪疑难问题研究》，载《法商研究》2017 年第 3 期。

严不利于惩治犯罪,过宽则掣肘经济发展。本节主要探讨实例中存在的争议焦点:一是危险废物的认定;二是非法处置行为的认定;三是私设暗管偷排数量的认定。

一、入罪情形中“危险废物”的认定

“危险废物”[①]属于“固体废物”[②]中特殊的一类,两者在处置资质、处置方式、处置成本、运输管理等方面存在不同的要求,在法律责任的承担上更有天壤之别,是否认定为危险废物既是处理相关环境资源案件的焦点问题,也体现了环境纠纷案件审判专业性、复杂性的特点。尽管《2016年两高解释》第15条第1项对危险废物的含义作了定义,[③]但解释第13条第1款[④]又规定国家危险废物名录所列废物,须综合分析有关证据及部门意见后才能认定,这赋予司法机关一定的裁量权,也增加了适用的难度;同时,危险废物鉴别标准(GB5085.1-2007)的复杂性、专业性,进一步加大危险废物与固体废物识别难度,另外,质监部门、行业协会对相关企业的副产品生产标准失之监管,使危险废物与企业经营范围内生产的副产品界分不明。

案例1 白某林在没有办理危险废物经营许可证的情况下,从吴某琴等人处收购沾染有矿物油、涂料废物及废有机溶剂等物的废旧包装桶,雇用工人用洗衣粉、香蕉水或清水清洗后出售,对于不易清洗的包装桶切割成块状后出售。对于清洗废旧包装桶产生的废水,白某林指使工人直接倾倒在地上,通过铺设的管道排放至外环境。现场查获的废铁

① 《中华人民共和国固体废物污染环境防治法》第88条第4项规定,危险废物是指列入国家危险废物名录或者根据国家规定的危险废物鉴别标准和鉴别方法认定的具有危险特性的固体废物。

② 《中华人民共和国固体废物污染环境防治法》第88条第1项规定,固体废物是指在生产、生活和其他活动中产生的丧失原有利用价值或者虽未丧失利用价值但被抛弃或者放弃的固态、半固态和置于容器中的气态的物品、物质以及法律、行政法规规定纳入固体废物管理的物品、物质。

③ 《2016年两高解释》第15条第1项规定,“危险废物”,是指列入国家危险废物名录,或者根据国家规定的危险废物鉴别标准和鉴别方法认定的,具有危险特性的废物。

④ 《2016年两高解释》第13条第1款规定,对国家危险废物名录所列的废物,可以依据涉案物质的来源、产生过程、被告人供述、证人证言以及经批准或者备案的环境影响评价文件等证据,结合环境保护主管部门、公安机关等出具的书面意见作出认定。

桶、塑料桶共1899个，净重28.63吨（不含桶装废液）。环保部门于检查当日对白某林作坊内的废物包装桶进行了识别，并出具有关鉴定意见，证明作坊内的废包装桶标签、铭牌标注的物质中有液压油、润滑油、废矿物油、切削液、灰乳液、国产化ES21乳液、稀释剂、罩光清漆、阴极电泳漆树脂。

重庆市渝北区人民法院依法判决白某林犯污染环境罪，判处有期徒刑1年8个月，并处罚金150,000元；吴某琴犯污染环境罪，判处有期徒刑1年，缓刑2年，并处罚金80,000元。

沾染有矿物油、涂料废物及废有机溶剂等物的废旧包装桶应认定为危险废物。本案查获的废旧包装桶盛装的是矿物油、涂料废物及废有机溶剂等物，依据《国家危险废物名录》规定，润滑油等矿物油系危险废物，另根据《废弃危险化学品污染环境防治办法》第3条第3款的规定，盛装废弃危险化学品的容器和受废弃危险化学品污染的包装物，按照危险废物进行管理。无危险废物经营许可证从事收集、贮存、利用、处置废旧包装桶等危险废物经营活动，严重污染环境的，根据《2016年两高解释》第6条规定，以污染环境罪定罪处罚。

危化企业在生产经营中，一般按规定生产、贮存、处置危险化学品，但因为不了解相关法律规定，对盛装危险化学品的容器等包装物在废弃时往往随意处置，或廉价交给废品收购回收、利用、处置。上述案例表明，盛装废弃危险化学品的容器和受废弃危险化学品污染的包装物，其收集、贮存、运输、处置依照有关规定应当作为危险物品管理。无危险废物经营许可证对上述容器和包装物进行经营活动，严重污染环境的，依法以污染环境罪定罪处罚。有关企业、单位将上述废弃的容器和包装物交由废品收购站或其他无危险废物经营许可证的单位或个人进行处置，依法构成污染环境罪的共犯。

案例2　被告江苏某光学眼镜公司是丹阳市一家生产树脂眼镜镜片的合资企业，其在树脂镜片磨边、修边工段等过程中产生了树脂玻璃质粉末。原告镇江市生态环境公益保护协会向镇江中院提起环境民事公益诉讼，诉称2014年4～7月被告将约5.5吨的树脂玻璃质粉末交给3名货车司机，将上述废物倾倒于丹阳市的一处拆迁空地，造成了环境污染。这些废物根据丹阳市环境保护科技咨询服务中心作出的环境影响报告表认定为危险废物HW13,归类于“饱和或者废弃的离子交换树脂(900－015－13)”,须依法交由危废处置资质的单位进行焚烧处理。原告请求判令被告采取措施消除环境污染,承担暂存、前期清理以及验收合格的费用,或赔偿因其环境污染所需的相关费用合计人民币23.4万元。案件审理中,镇江市中院委托鉴定机构江苏省环境科学院,鉴定结果显示该类粉末废物未列入《国家危险废物名录》(2008年版),委托江苏康达检测技术有限公司对上述废物倾倒地被污染的土壤进行检测,结果显示未发现挥发性有机物、半挥发性有机物,调取上海松江区环境保护局审批的某相关眼镜项目环境影响报告表,显示自1995年一期项目开始,即将该类废物作为一般工业固体废物交第三方综合利用,实践已有20余年。同时,丹阳市环境保护局也无法提供该类废物具有危险性的执法资料。由此,审理法院结合普遍的社会常识,即树脂眼镜镜片广泛应用于世界各地,如近视镜、太阳镜、老花镜等,长期与眼镜佩戴者身体接触,安全性已是众所周知的事实,废屑粉末系物理磨边、修边产生,因此不具有危险特性。法院遂向丹阳市环境保护局、当地眼镜商会发出司法建议,建议依法重新评定该类固体废物的属性。后经评定,确认该类废物不具有危险特性,可交由第三方综合利用或者以无害化焚烧等方式进行处置。法院根据评定报告再次提出司法建议,建议为该类废物建立集中收集处置体系。丹阳市眼镜商会采纳了该建议,参照固体废物相关环保管理要求,采取转移“五联单”的办法管理,并将该类废物运交垃圾发电厂焚烧发电。丹阳市环保局对新的评定报告予以认可,同意丹阳市眼镜商会提出的该类废物集中处置方案,并表示愿意监督该公司依法处置剩余废物。

一审法院判令该公司在丹阳市环境保护局的监督下按照一般废物依法处置涉案废物。

对树脂镜片在切边、打磨过程中产生的废物属性的识别,将影响眼镜产业的安全清洁生产模式、生产成本、产业竞争格局以及区域危险废物处置产能的调整。该起公益诉讼案件的审理结果推动和督促当地眼镜商会和环境保护主管部门依法纠正了长达十余年的行业误评,鼓励、支持地方政府和行业组织采取有利于保护环境的固体废物集中处置措施，促进了清洁生产和循环经济发展，对于充分发挥环境公益诉讼推动公共政策形成的功能具有较好的指导意义。

本案涉及危险废物的鉴别程序和鉴别规则的司法运用。在案件审理中，地方眼镜行业技术服务部门的环评报告将树脂眼镜镜片修边工艺段粉末认定为危废（HW13），但眼镜镜片材料从属性上并不符合“非特定行业的废弃的离子交换树脂（900－015－13）”，[①]是否具有“危险特性”存在争议。审理法院依据《危险废物鉴别标准通则》，积极采取委托鉴定、调查等方式综合确认案涉固体废物的属性，具有典型意义。

关于危险废物的认定以及是否需要鉴定的问题，2019 年两高三部座谈会纪要认为对于列入《国家危险废物名录》的，如果来源和相应特征明确，司法人员根据自身专业技术知识和工作经验认定难度不大的，司法机关可以依据名录直接认定。对于来源和相应特征不明确的，由生态环境部门、公安机关等出具书面意见，司法机关可以依据涉案物质的来源、产生过程、被告人供述、证人证言以及经批准或者备案的环境影响评价文件等证据，结合上述书面意见作出是否属于危险废物的认定。生态环境部门、公安机关对未列入名录的，应根据原辅材料、产生工艺等进一步分析其是否具有危险特性，不可能具有危险特性的，不属于危险废物；可能具有危险特性的，抽取典型样品进行检测，并根据典型样品检测指标浓度，对照《危险废物鉴别标准》（GB5085.1－7）出具认定意见。对确需进一步委托有相关资质的检测鉴定机构进行检测鉴定的，生态环境部门或者公安机关按照有关规定开展检测鉴定工作。

相关企业对生产作业时产生的固体废物，如存在对人体健康或生态环境造成有害影响的可能，应及时申请环境保护行政主管部门组织专家进行废物的危险特性鉴别，进行依法处置，相关行业协会也应当督促组织企业依法开展废物的识别，分类集中处置废物，承担环境社会责任。

案例 3　江苏泰州常隆公司、锦汇公司、富安公司、施美康公司、申龙

① 本案中的树脂指的是镜片树脂，而不是离子交换树脂。离子交换树脂在工业上和废水处理中用来吸附重金属等阳离子或氰化物等阴离子，因此，在废弃阶段可能含有毒性残留物。

公司、臻庆公司系在泰兴市经济开发区内从事化工产品生产的企业,在化工产品生产过程中产生副产盐酸等副产酸。江中公司、祥峰公司、鑫源公司、全慧公司分别设立于2004~2011年期间,均系自然人控股的有限公司,经营范围分别包括危险化学品、化工原料批发、零售等,均领取危险化学品经营许可证,但没有固定组织机构和人员,没有处理废酸等危险废物的经营许可证。2011~2013年期间,常隆公司分别与江中公司、祥峰公司签订工业品买卖合同,锦汇公司与江中公司签订工矿产品购销合同,以每吨补贴20~45元不等的价格向上述公司出售副产酸,施美康公司以每吨补贴100元的价格将副产酸交由鑫源公司处置,申龙公司分别以每吨补贴20~50元不等的价格将副产酸交由曹某峰、全慧公司、祥峰公司处置,富安公司以每车补贴1500~2000元的价格将副产酸交给江中公司处置,臻庆公司以每吨补贴20元的价格将副产酸交由全慧公司处置。江中公司法定代表人戴某国、姚某元、祥峰公司法定代表人丁某光、鑫源公司法定代表人蒋某红、全慧公司王某明及曹某峰等人分别指使他人驾驶并押运危险品运输车,违反国家规定将从上述化工产品生产企业收集的危险废物运出直接倾倒或导入改装的危险品运输船,通过船底舱的阀门倾倒至长江如泰运河、古马干河水体中。经水质采样监测,造成两条长江内河水体、水生物、河床等水生态环境受到严重破坏。经江苏省环境科学学会评估,上述化工产品生产企业生产过程中产生的上述尾气吸收液(副产酸)属于国家危险废物名录中的废物。

判决认定戴某国等人明知自己登记注册的企业及所使用的他人登记注册的企业均没有收集、贮存、利用、处置危险废物的资质和能力,为谋取利益,违反国家规定,擅自承揽收集、贮存、利用、处置危险废物的业务,并指使、放任或伙同他人,将从化工产品生产企业收集的危险废物倾倒至长江内河,严重污染环境,戴某国等14人均已构成污染环境罪。

该案由检察机关支持泰州市环保联合会提起民事公益诉讼。法院认为常隆公司等6家从事化工产品生产的企业分别与江中公司等具有危险化学品经营许可证,没有固定组织机构和人员,没有处理废酸等危险废物的经营许可证的4家公司签订工业品买卖合同、工矿产品购销合同，采取补贴销售的方式将副产酸交给4家公司处置，主观上具有非法处置危险废物的故意，客观上造成环境严重污染的后果，应当承担对环境污染进行修复的赔偿责任。

一些地区相当一部分企业，将废酸、化工残液、冶炼飞灰、污泥等多种列入《国家危险废物名录》或者环评中明确的危险废物，以副产品的名义，制定所谓的企业标准并在质监部门备案后，不再作为危险废物进行严格管理。有了“副产品”这个合法外衣以后，这些本应从严管理的危险废物就会游离于危险废物监管体系之外，带来极大的环境安全隐患。

在民事公益诉讼案件中，常隆等公司辩解，案涉副产酸不属于危险废物，而是依法生产经营的产品。法院认为，案涉副产酸虽然符合我国化学工业产品标准并可以销售，但其在被抛弃时，由于具有强烈的腐蚀性，属于国家规定的危险废物。我们认为，常隆等6家公司为降低处置成本，规避责任，以补贴销售的形式与无危险废物经营许可的单位签订副产酸买卖合同，其实质是以销售副产品的形式掩盖非法处置危险废物的目的。为了防止企业将一些没有经济利用价值的危险废物定性为副产品，以副产品之名行非法处置之实，应当以接收危险废物进行综合利用的单位是否取得危险废物经营许可证为判断标准，无论企业是否将危险废物作为副产品制定企业标准并备案，只要《国家危险废物名录》中列明为危险废物的，必须按照危险废物严格管理处置。

化学工业产品和危险废物是两个不同的概念，认定标准不同，相互之间有交叉。符合化学工业产品标准可以销售的副产品，具有危险特性，属于危险废物的，应当严格依法交由具有危险废物经营许可证的单位处置。由于可能涉及刑事责任的承担，在对待危险废物还是副产品的问题上，企业应当慎重对待，在不能确定或者手续不完善的情况下，应当加强与当地环保部门的联系和沟通，从严采取措施，最大限度避免可能发生的法律风险。

在环境公益诉讼案件中，环境损害赔偿金额如何确定？在环境侵权案件中，侵权人应当赔偿人身损害、财产损害、应急处置和其他事务性费用、生态环境修复赔偿等损失，其中造成人身损害和财产损害的，其赔偿项目和金额的确定已由《中华人民共和国侵权责任法》和相应的司法解释明确规定,应急处置费用和其他事务性费用相对容易确定,争议较少,而生态环境修复赔偿金额因较强的专业型和复杂性,成为环境诉讼案件中的最大争议点。国内现有的专门环境损害司法鉴定机构非常少,难以满足不断增加的环境侵权鉴定的社会需求。为了推进我国环境损害评估工作,2015 年,最高人民法院、最高人民检察院与司法部联合印发《关于将环境损害司法鉴定纳入统一登记管理范围的通知》,司法部与环保部联合印发《关于规范环境损害司法鉴定管理工作的通知》,对环境损害司法鉴定作出明确规定。[①] 关于环境损害鉴定评估方法,2014 年原环保部在借鉴总结国内外方法和实践经验的基础上,颁布了《环境损害鉴定评估推荐方法(第Ⅱ版)》,列出常用的环境价值评估方法,包括直接市场价值法、揭示偏好法、效益转移法、陈述偏好法等。本案中江苏省环境科学会运用的“虚拟治理成本法”[②]就是揭示偏好法中的一种,经当庭质证,最终被法院采纳。

二、入罪情形中“非法处置”行为的认定

排放、倾倒和处置是《刑法》规定的污染环境罪的 3 种行为方式。排放是指将有害物质直接排入环境的行为,倾倒是指将有害物质通过运载工具等转移至他处排入环境的行为。从司法实践看,对排放和倾倒含义的理解已基本达成共识,但对处置含义的理解则存在较大的分歧。虽然《2016 年两高解释》第 16 条的规定对无危险废物经营许可证,以营利为目的,利用危险废物,污染环境的行为以非法处置危险废

---

① 环境损害司法鉴定是指在诉讼活动中鉴定人运用环境科学的技术或者专门知识,采用监测、检测、现场勘察、实验模拟或者综合分析等技术方法,对环境污染或者生态破坏诉讼涉及的专门性问题进行鉴别和判断并提供鉴定意见的活动。环境诉讼中需要解决的专门性问题包括:确定污染物的性质;确定生态环境遭受损害的性质、范围和程度;评定因果关系;评定污染治理与运行成本以及防止损害扩大、修复生态环境的措施或方案等。

② 虚拟治理成本法是按照现行的治理技术和水平治理排放到环境中的污染物所需要的支出。虚拟治理成本法适用于环境污染所致生态环境损害无法通过恢复工程完全恢复,恢复成本远远大于其收益或缺乏生态环境损害恢复评价指标的情形。虚拟治理成本法的具体计算方法见《突发环境事件应急处置阶段环境损害评估技术规范》。

物论处，[①]但该条款是列举式的说明，还是概括性的定义，仍有待商榷，且该条款的设置与解释第1条规定的非法排放、非法倾倒行为有混淆之嫌。另外，国务院2016年修订的《危险废物经营许可证管理办法》第31条第4项虽就“处置”一词含义加以规定，[②]但实务中具体到对危险废物采取静置处理等不作为行为、[③]未直接作用于环境的处置危险废物行为[④]等是否属于刑法上的处置行为争议较大，而这将直接影响到对污染环境罪入罪情形的界定，因此有必要对污染环境罪中非法处置行为的含义作些探讨。

案例4　2015年3月25日，黄某租用空地非法回收废旧铅蓄电池用于贩卖牟利，并雇用张某将回收过来的废旧铅蓄电池任意堆放在空地上，造成电池废液泄漏污染环境。2015年4月13日，苍南县环保局在该地当场查获废旧电瓶车铅蓄电池共计10,960千克，经鉴定，该铅蓄电池属于危险废物，且含有有毒重金属铅。

一审法院认定黄某任意堆放废旧铅蓄电池的行为属于非法处置危险废物，严重污染环境，其行为已构成污染环境罪。二审法院认定黄某明知部分废旧电池外壳破损，但未采取任何防护措施，放任电解液泄漏渗入地面，并造成附近河道和雨水沟被重金属铅污染，属于利用裂隙非

---

① 《2016年两高解释》第16条规定，无危险废物经营许可证、以营利为目的、从危险废物中提取物质作为原材料或者燃料并具有超标排放污染物、非法倾倒污染物或者其他违法造成环境污染的情形的行为，应当认定为“非法处置危险废物”。

② 国务院2016年修订的《危险废物经营许可证管理办法》第31条第4项规定，处置是指危险废物经营单位将危险废物焚烧、煅烧、熔融、烧结、裂解、中和、消毒、蒸馏、萃取、沉淀、过滤、拆解以及用其他改变危险废物物理、化学、生物特性的方法，达到减少危险废物数量、缩小危险废物体积、减少或者消除其危险成分的活动，或者将危险废物最终置于符合环境保护规定要求的场所或者设施并不再回取的活动。

③ 有学者认为，污染环境罪中的非法处置行为包括作为与不作为，其中作为是常态按照环境保护行政规范性文件或者单位内部的规范性文件的规定，需要对有害物质的处理设备、设施等进行定期检修，相关责任人员能够履行而没有履行检修义务，导致有害物质倾泻、渗出、排出，发生严重侵害环境法益后果的，属非法处置的不作为。参见侯艳芳：《污染环境罪疑难问题研究》，载《法商研究》2017年第3期，第113～122页。

④ 有学者认为，非法处置危险废物犯罪行为不应当包括虽对危险废物进行不合法利用，但未置于环境之中，对环境质量不产生不利变化的结果，也即未出现环境法益被侵害的结果。参见王岚：《论非法处置危险废物类污染环境罪中的处置行为》，载《法商研究》2017年第3期，第123～131页。

法排放有毒物质,严重污染环境,其行为已构成污染环境罪,维持一审判决。

由于废铅蓄电池具有很高的回收利用价值,回收行业利润巨大,虽然国家早已把废铅蓄电池列入《国家危险废物名录》中,并在2012年发布《铅酸蓄电池行业准入条件》规定采用落后工艺和含镉超过0.002%的电池企业应于2013年底进行淘汰,但我国废铅蓄电池还未建立完善的回收监管体系。在高额利润的诱惑下,大部分废铅蓄电池最终流入非法的小作坊进行简单拆解。这些企业规模小,基本没有专业设备,通常把铅蓄电池的铅极板拆下、废酸直接倾倒、塑料保留,综合利用率极低。这种原始的拆解方式,不仅对环境是极大的污染,对人体也有很大的伤害,专家表明,酸液未经处理排放会造成水、土壤污染。人体长期暴露在铅含量较高的环境中,会使人体内铅含量超标甚至铅中毒,损害大脑神经系统,同时对造血功能、肾脏、骨骼等有极大的不良影响。根据国务院《危险废物经营许可证管理办法》及《2016年两高解释》的相关规定,这种对废铅蓄电池的回收拆解行为应认定为非法处置危险废物。

本案中,黄某任意堆放废旧铅蓄电池,尚未对废铅蓄电池进行拆解利用,应视为对危险废物的静置处理,是否属于刑法上的处置行为在司法实践中争议较大。对此,2019年两高三部座谈会纪要认为,司法实践中认定非法排放、倾倒、处置行为时,应当根据《固体废物污染环境防治法》和《2016年两高解释》的有关规定精神,从其行为方式是否违反国家规定或者行业操作规范、污染物是否与外环境接触、是否造成环境污染的危险或者危害等方面进行综合分析判断。对名为运输、贮存、利用,实为排放、倾倒、处置的行为,例如,未采取相应防范措施将没有利用价值的危险废物长期贮存、搁置,放任危险废物或者其有毒有害成分大量扬散、流失、泄漏、挥发,污染环境的,应当认定为非法排放、倾倒、处置行为,可以依法追究刑事责任。

案例5 被告人肖某凤、李某华夫妇在上海市宝山区罗店镇南周村南周一路附近租赁的场地上,在未取得行政部门许可的情况下,无证开设经营废机油回收处理厂,并先后于2011年3月、2014年2月雇用被告人蔡某春、石某燕在场地内负责装卸、过滤、处理废机油。2012年12月始,被告人力浩公司业务员陈某立明知肖某凤等人系无证经营的情况下,仍在公司的安排下委托肖某凤收购废机油后出售给其所在的公司。2014年4月15日,肖某凤、李某华、蔡某春、石某燕、陈某立在上述废机油回收处理厂内被抓获,并从现场查扣251.5吨废机油以及过滤、贮存设备。被告人肖某凤、李某华、蔡某春三人销售处理的废机油超过2800吨,石某燕销售处理的废机油超过800吨,陈某立委托肖某凤、李某华非法处置废机油超过2600吨。

一审认为:被告人肖某凤、李某华、蔡某春、石某燕结伙,无证经营危险废物的收集、贮存、处置,其行为均已构成非法经营罪,且属情节特别严重;被告人陈某立明知肖某凤等人系无证经营的情况下,仍受力浩公司委派从肖某凤处收购废机油,应作为单位犯罪的直接责任人员承担刑事责任,其行为构成非法经营罪,且情节特别严重,对5名被告人均应依法予以处罚。

二审认为,肖某凤、李某华在未取得行政部门许可的情况下,开设废机油回收处理厂,并雇用蔡某春、石某燕共同对回收的废机油进行过滤等处置行为。其中,肖某凤、李某华、蔡某春非法处置危险废物超过2800吨,石某燕非法处置危险废物超过800吨,严重污染环境,其行为均已构成污染环境罪。力浩公司明知肖某凤、李某华无经营许可证,仍委托上述人员非法处置危废物超过2600吨,严重污染环境,其行为也构成污染环境罪,陈某立应作为上述单位犯罪中直接负责的主管人员承担刑事责任。故对5名被告人以污染环境罪分别判处刑罚。

长期以来,在民营企业、家庭作坊遍布的温州,废机油的非法处置现象很严重,且屡禁不止。汽车4S店、车辆修理厂、螺帽、紧固件等机械加工企业、鞋底厂、轮船码头,都要用到机油,每年会因此产生大量的废机油,而在温州,取得危险废物经营许可的企业只有两家。高额利润驱使滋生了非法收集、处置废机油的地下黑市交易链,产生废机油的单位表面上与两家有资质的企业签订危险废物委托处置协议,但暗地里将大部分废机油通过非法渠道卖给小商小贩,再转卖给无证经营的废机油收购点,进行简单沉淀、过滤、分级后,按提取的油品品质不同,销售给需要机油的不同企业。非法收购点在废机油的收集和处置过程中,因车辆、工具、容器不规范,存在严重的废油泄漏,污染土壤、水域,更为恶劣的是,将沉淀后含有危险物质最多的底泥随意倾倒,对环境安全造成严重隐患,如果渗入土壤,几十年无法修复,如果渗入地下水,1斤废机油可污染1000吨清水,相当于7个人一年的饮用水量。2015年,温州市市环保局、市公安局联合查处了全链条特大废机油非法收集、处置案,对6个村11个废油收购点进行打击取缔,首次对废机油非法处置污染环境案采取刑事措施,涉案人数达20多人。

静置沉淀废机油属于非法处置危险废物。本案中,行为人回收废机油后进行“静置沉淀”等过滤方式,其目的是要对油桶中的废机油进行油水分离,对含水量过高的废机油进行“抽水”处理,使废机油的含水量低于5%,并通过装有过滤网的油泵、油桶过滤废机油内杂质后转卖给他人。在此过程中,必然会改变废机油的物理特性,减少了废机油的数量、缩小了废机油的体积,符合刑法意义上“处置”的行为特性。本案处置危险废物数量达到3吨以上,已符合《2016年两高解释》第1条第2款规定的严重污染环境的情形,根据上述解释第6条规定,行为人无危险废物经营许可证从事收集、贮存、利用、处置危险废物经营活动,严重污染环境的,按照污染环境罪定罪处罚。

三、委托无证回收废机油构成污染环境罪的共犯

废机油是属于国家明文规定的危险废物,收集、贮存、处置废机油应当领取危险废物综合经营许可证;收集废机油应当领取危险废物收集经营许可证。企业委托无危险废物经营许可证的他人收集、贮存、利用、处置危险废物,构成污染环境罪的共犯。

根据《2016年两高解释》第7条的规定,行为人明知他人无经营许可或者超出经营许可范围,向其提供或者委托其收集、贮存、利用、处置危险废物,严重污染环境的,以污染环境罪的共同犯罪论处。本案中,力浩公司在明知被告人肖某凤等人无经营许可的情况下,仍然委托上述人员非法处置危险废物,其销售处置的废机油已超过2600吨,严重污染环境,其行为应当以污染环境罪论处。被告人陈某立受力浩公司委派招揽业务,应作为单位犯罪中的直接负责的主管人员承担相

应刑事责任。

无证经营废机油严重污染环境是否构成非法经营罪?《刑法》第225条非法经营罪明确规定了四种入罪的非法经营行为,其所保护的法益是市场秩序中的特许经营秩序,与特许经营无关的禁止经营行为、违法准入许可等行为不宜纳入该罪的范围。根据现有的法律、行政法规,废机油不属于专营、专卖物品或者其他限制买卖的物品,而是属于《国家危险废物名录》规定的"HW08 废矿物油与含矿物油废物"一类的危险废物,对其的无证经营活动违反的是《危险废物经营许可证管理办法》的相关规定,侵害的法益是环境保护及安全。虽然《刑法》第225条将"其他严重扰乱市场秩序的非法经营行为"作为非法经营罪的兜底条款,但基于刑法的谦抑性与罪刑法定原则,其他严重非法经营行为的认定应当严格按照法律明文规定进行。对此,2019年"两高三部"座谈会纪要认为,准确理解和适用《2016年两高解释》第6条①的规定应当注意把握坚持实质判断和综合判断两个原则,对行为人非法经营危险废物行为的社会危害性既要作实质性判断,也要根据该行为在犯罪链条中的地位、作用进行综合判断。笔者认为,上述规定一方面是为了防止非法经营罪兜底滥用,打击面过宽;另一方面是强调对危险废物严重污染环境行为从产业链角度全链条、全环节、全流程的刑事打击,其目的在于斩断利益链条。实务中,如无证据证明无证经营危险废物行为属于危险废物非法经营相对固定产业链的一部分,不宜直接以非法经营罪处断。因此,本案无证经营废机油活动不宜直接适用《刑法》第225条第4款规定认定为非法经营罪。二审法院对力浩公司及其直接负责的主管人员陈某立以污染环境罪论处,适用法律正确。

四、入罪情形中"私设暗管"等逃避监管行为的认定

私设暗管或者采取其他规避监管的方式排放污染物是一种主观恶

---

① 《2016年两高解释》第6条规定,无危险废物经营许可证从事收集、贮存、利用、处置危险废物经营活动,严重污染环境的,按照污染环境罪定罪处罚;同时构成非法经营罪的,依照处罚较重的规定定罪处罚。

性更大的违法行为，其不仅可能导致更严重环境损害后果，而且对监管造成了严重阻碍及干扰，大大增加了执法的难度和成本。《中华人民共和国环境环保法》、①《中华人民共和国水污染防治法》（以下简称《水污染防治法》）②相关的法律、法规和《2016 年两高解释》规定只要存在通过暗管、渗井、渗坑、灌注等逃避监管的方式违法排污的行为，不管是否造成损害后果，都视为严重污染环境的行为，执行严格的行政处罚及刑事制裁。在司法实践中，因行为人逃避监管，往往难以排查私设暗管行为，或虽查实有私设暗管行为，但因现场无排污，样本难以采集，另对于通过暗管持续排污、间歇排污的案件，排放的污染物种类、数量难以鉴定，都给该类案件的办理带来较大的难度。

案例 6 吴某作为瑞安市某车辆配件有限公司酸洗车间主任，负责处理酸洗或磷化汽车配件产生的废水，2015 年 1 月 21 日 21 时 0 分～21 时 20 分，其在加班期间趁无人之际，擅自不正常运行公司已经被环保部门验收合格的防治污染设施，利用水泵连接软管的方式，将沉淀池内的废水未经后续环保处理直接排入雨水管道后流入河中，共排放 1 吨废水。当晚 22 时许，该酸洗车间正在生产时被瑞安市环保局现场查获，经检测，送检的废水 pH、锌超标排放。

2015 年 1 月 21 日，瑞安市环保局以该案涉嫌污染环境但未达刑事立案标准为由移送瑞安市公安局作行政处罚，瑞安市公安局于同日对吴某作出行政拘留 10 日的处罚。

本案吴某行为是否可以认定为“私设暗管”排污，关涉行政处罚依据以及是否构成污染环境罪。虽然，吴某利用水泵连接软管，并非通常意义上的暗管铺设，但对“私设暗管”中“暗管”的理解不能简单地相对于“明管”来理解，应从立法的目的及后果来考虑，而非简单地从形式上进行判断。根据《水污染防治法》以及两高解释，私设暗管的目的在于规避

---

① 2014 年新修订的《中华人民共和国环境保护法》第 42 条第 4 款规定：“严禁通过暗管、渗井、渗坑、灌注或者篡改、伪造监测数据，或者不正常运行防治污染设施等逃避监管的方式违法排放污染物。”

② 《水污染防治法》第 39 条规定：“禁止利用渗井、渗坑、裂隙、溶洞，私设暗管，篡改、伪造监测数据，或者不正常运行水污染防治设施等逃避监管的方式排放水污染物。”

监管方式,“暗管”应该理解为通过隐蔽的方式达到规避监管的目的而设置的管道。在此基础上,2014 年,浙江省高级人民法院、省检察院、省公安厅、省环保厅专门出台会议纪要,认定未经职能部门审批安装、规避监管的排放管道均属两高解释规定的“暗管”,利用隐蔽时段或隐蔽地点非法排放,属于广义上的以“私设暗管”形式排放。本案中,吴某利用晚上加班无人的隐蔽时段,私接软管直接将废水排放至雨水管道,其目的是为了逃避监管,应当认定系“私设暗管”排放。

根据检测结果,吴某私设暗管偷排的废水 pH 和锌含量均未超过标准值 3 倍以上,且非法排放危险废物的数量未超过 3 吨以上,尚未达到两高解释非法排放的入罪情形。其行为是否构成污染环境罪,界定的标准是排放的物质性质,即是否排放了有放射性的废物、含传染病病原体的废物、有毒物质。故针对本问题,本案在瑞安市公安局作出行政拘留的处罚决定后,瑞安市检察院以吴某行为涉嫌污染环境罪开展立案监督。

案例 7　瑞安某化工有限公司是一家生产偶氮系列有机颜料的企业,生产过程中会产生大量废母液,在处理废母液过程中会产生废水污泥。为尽快处置废母液并节省处置费用,2014 年 7 ~ 11 月,瑞安市某化工有限公司副总经理林某弟指使公司污水处理站站长陈某平在夜间把部分废母液不经处理直接排放到公司旁边的飞云江里,指使公司股东戴某全挖开厂区围墙外污泥埋入管道用于部分废母液直接排放。陈某平指使尚某兵、吴某富、李某海、储某根架设七字型塑料管、三通、软管直接排放部分废母液及废水污泥。负责夜间巡查的公司股东黄某庚等人监督污水处理等事务时,对偷排行为予以默许。至被查获之日,该公司通过私设暗管向飞云江排放废母液达 1 万余吨。经监测,现场采样得到的废母液及废水污泥中化学需氧量(COD)浓度为 4.47 ~ 6.94 × 1000mg/L,氨氮浓度为 56.4 ~ 175mg/L,苯胺类浓度为 13.1 ~ 37.8mg/L。环保部门出具书面意见认定,非法排放的废母液及废水污泥属于《国家危险废物名录》中的危险废物。该案由最高人民检察院挂牌督办。

一审法院认为,瑞安某化工有限公司私设暗管排放危险废物,严重污染环境,排放的危险废物数量达 1 万余吨,属后果特别严重;被告人林某弟、戴某全、陈某平系直接负责的主管人员，被告人尚某兵、吴某富、李某海、储某根、黄某庚系其他直接责任人员，其行为均已构成污染环境罪，对被告单位和各被告人分别判处刑罚。二审法院认为原判定罪准确，审判程序合法，除对被告单位瑞安某化工有限公司罚金 800 万元不当，改判罚金 500 万元，其余维持原判。

本案是通过铺设的暗管排放危险废物，逃避监管，严重污染环境的典型案件。案件审理过程中，有观点认为现有证据不能认定偷排数量 1 万余吨，也未证明对飞云江水质造成明显损害，故法院认定特别严重不当。也有观点认为，法院依据被告单位偷排期间的真实产量结合被告单位正常污水处理能力，通过专业机关科学核算并无不当。我们认为，私设暗管非法排放有毒物质，无论偷排数量及有无造成环境实际损害结果，都视为有严重污染环境的情形，构成污染环境罪。在认定是否构成“后果特别严重”，因为本案审理时，《2013 年两高解释》并未就非法排放导致后果特别严重的情形作出规定，①法院主要依据瑞安某化工有限公司非法排放的数量及排放地飞云江水系对当地社会经济的重要意义认定属于后果特别严重。显然，如何认定偷排危险废物的数量成为关键。本案中，三条偷排管道非同一时间铺设，排放的危险废物已进入外环境，数量无法检测。审理法院综合被告人供述、偷排时间内宝源公司的产量及原有两套污水处理设施的正常处理能力计算本案非法排放废母液的数量，较为客观，符合有关规定。②

暗管埋设涵盖项目的设计、施工、监理、竣工验收、正常生产等各环节，不同环节承担责任的责任主体不同。企业在项目施工过程中铺设排污管道应当严格依法报批，在生产排污期间防止不正常使用或闲置污染防治措施，严格管理措施，防止排污责任人员私自安装临时排污软管排污。同时，建议企业在日常的运营过程中，进行定期的环境监测，保存监测数据，做好台账管理。若在监测过程中发现数据异常，企业也可及早

---

① 该案之后，《2016 年两高解释》第 3 条已就污染环境后果特别严重的情形作出明确规定，非法排放、倾倒、处置危险废物 100 吨以上的，应当认定为后果特别严重的情形。

② 《2016 年两高解释》第 13 条第 2 款规定，对于危险废物的数量，可以综合被告人供述，涉案企业的生产工艺、物耗、能耗情况，以及经批准或者备案的环境影响评价文件等证据作出认定。

发现问题，从而进行及时的处理。

第三节　责任主体的认定

污染环境罪高发于生产过程中，而生产过程中有毒物质的生产、收购与运输等环节一般由多人参与，呈动态的链条关系。但是，污染环境行为在刑事立案时所固定的证据往往只是针对具体实施者在特定时间点上的行为，加之污染环境罪的证据具有容易灭失且难以重获的特点，追究主要责任者等污染环境行为人的刑事责任存在困难。被刑事追责的行为人一般只是污染环境行为的具体实施者，而对造成环境法益侵害后果具有较大原因力和影响力的主要责任者往往难以追究刑事责任。本节主要探讨污染环境罪责任主体司法认定中共同犯罪、单位犯罪的疑难问题。

一、污染环境罪共同犯罪责任主体的认定

我国传统刑法理论在认定共同犯罪方面坚持主客观相统一原则，须有共同的犯罪故意，要求行为人具有共同的认识因素以及其中意志因素，并且要求具有共同犯罪故意的主观联络，共同犯罪行为间须具有客观联结，行为所指向的犯罪事实要具有同一性。传统刑法理论过分强调责任共同，忽视共同侵害法益事实，而污染环境犯罪各环节行为人在主客观方面并不具备紧密的共同性，用传统刑法理论处理该罪不仅导致司法实践中认定共同犯罪存在困难，而且导致法益保护不力。为此，《2013 年两高解释》《2016 年两高解释》确立了污染环境犯罪的共同犯罪处理规则，不考虑行为人与他人在事前与事中是否有犯罪故意的主观联络，客观上也不要求具有同一犯罪事实，只要求行为人主观上明知他人无经营许可证或者超出经营许可范围，客观上具有向其提供或委托其收集、贮存、利用、处置危险废物的行为，且严重污染环境的，以共同犯罪论处。

案例 8　江苏泰兴长江内河倾倒副产酸污染环境案（本案的基本案

情、裁判结果详见案例3)。本案中,江苏常隆公司等6家从事化工产品生产的企业将生产过程中产生的副产品酸等危险废物采取补贴销售的方式交与江中公司等无处理危险废物资质的企业进行处置,造成严重环境污染,虽然从传统刑法共同犯罪理论而言,常隆等公司并非为刑法意义上的犯罪行为,并且在主观方面也很难认定常隆等公司与江中公司等企业有共同的犯罪故意,用传统刑法理论处理本案共同犯罪问题存在诸多障碍。但根据《2016年两高解释》相关规定及2019年"两高三部"座谈会纪要,行为人将危险废物委托第三方处置,没有尽到查验检验许可的义务,或者委托处置费用明显低于市场价格或者处置成本的,不能作为合理解释的,可以认定其故意实施环境污染犯罪,但有证据证明确系不知情的除外。常隆等公司补贴销售的行为应视为明知江中等公司无危险废物经营许可证,仍委托其处置副产酸等危险废物,受委托的江中等公司非法倾倒危险废物的行为严重污染环境,已符合污染环境罪之构成要件,成立污染环境罪,作为危险废物提供人、委托人的常隆等公司应以共犯论处。

非法处置副产酸的江中公司、祥峰公司、鑫源公司、全慧公司是否构成单位犯罪?个人为进行犯罪违法活动而设立的公司、企业、事业单位实施犯罪的,或者公司、企业、事业单位设立后,以实施犯罪为主要活动的,不以单位犯罪论处。本案中,戴某等人以非法牟利为目的,成立公司专门从事非法收集、贮存、利用、处置危险废物的经营活动,构成污染环境罪的,应以共同犯罪论处。

这起由环保组织起诉、检察机关支持起诉的公益诉讼案件,涉案企业众多、判赔金额巨大,被称为"天价环境公益诉讼案",同时人民法院探索创新赔付方式,在审理该案中不仅确认污染企业应当赔付高额环境修复资金,而且就其具体履行方式作了精心设计,允许其缓交40%的环境修复费用,还可以通过技术改造费用部分进行抵扣,既实现了生态环境修复的目标,又兼顾了企业的现实困难,充分考虑企业的生存和发展需求,尽量避免企业因承担责任而破产关闭,实现了经济发展和环境保护的有机统一。

需要提醒企业注意的是,《危险废物经营许可证管理办法》明确规定,具备危险废物综合经营许可证的单位才可以从事各类别危险废物的收集、贮存、处置经营活动,持有危险化学品经营许可证、危险废物收集经营许可证等经营证书不能视为具有危险废物处理资质。企业在委托相关单位处理危险废物时,需要查验相关单位的资质证件,确定其具备相关资质,并留存相关查验资质的证据,以证明尽到查验资质的责任,否则,将会承担成为污染环境罪共犯的法律风险。

二、污染环境罪单位犯罪责任主体的认定

单位实施环境污染相关犯罪,往往具有更大的社会危害性。现实生活中,较多的重大环境污染事故往往是生产、经营单位为追求经济效益,偷排偷放、忽略污染治理所造成。而司法判例中,对单位追究刑事责任的案例较少。2015 年,全国各级法院一审判决的“污染环境罪”案件共计 1322 个,自然人犯罪与单位犯罪数量悬殊。自然人犯罪多达 1250 个(占 94.55%),涉及单位犯罪的仅 72 个(占 5.45%)。有些刑事判决追究了单位直接负责的主管人员和其他直接责任人员的刑事责任,没有追究单位的刑事责任,个中原因,除对单位犯罪的构成要件存在不同认知外,当然也出于为企业的生存发展、经济效益考虑。

案例 9　温州市某科技环保有限公司主要从事从电镀、钢管等企业收集含有重金属的电镀酸洗污泥(属危险废物)并进行无害化处理。2013 年 12 月,该公司因技术改造处于停产状态,但却没有停止从相关企业收集化学污泥,导致公司仓库储存不下。2014 年 4 月,为消化库存进行牟利,法定代表人江某决定以每吨 60 元的价格将船运、倾倒化学污泥的业务承包给温某,并指使公司物控部主管张某及运输车队司机将未经处置的污泥运至码头装船。而温某又将承包的业务转包给陆某(另案处理),并雇人负责码头卸货、装船等工作。经查实,2014 年4~5月,该公司将约 1800 吨化学污泥倾倒入瓯江。为逃避监管,2014 年 5 月,江某通过他人介绍,与福建某企业签订合同,将公司仓库里部分危险废物转给福建企业处理。同年 6 月,福建省这家企业因设备维修,不再具有消纳危险废物的能力,中断进货,导致温州市某科技环保公司仓库再次“爆仓”。江某故伎重施,2014 年 6~7 月期间,某公司向瓯江倾倒化学污泥约 2400 吨。

一审和二审法院审理后认定温州某科技环保公司和江某等人违反国家规定,结伙非法倾倒危险废物,后果特别严重,其行为均已构成污染环境罪。

温州某科技环保公司身为一家具备危险废物经营资质的企业,不按照危险废物经营许可证规定处置危险废物,为消化库存,牟取公司非法利益,经该公司法定代表人江某决定,指使公司张某等人通过船运的方式向瓯江非法倾倒化学污泥,单位构成污染环境罪。法定代表人江某作为单位直接负责的主管人员,张某等人作为直接责任人员,均以污染环境罪追究刑事责任。

案例10 2007年以来,宁夏明盛公司在废水处理措施未经环境影响评估,未经申报登记、验收的情况下,擅自在厂区外东侧腾格里沙漠采用“石灰中和法”处置工业废水。2009年6月18日,廉某中任明盛公司法定代表人,负责公司全面工作并决定继续使用“石灰中和法”处置工业废水。明盛公司于2011年5月11日取得排放污染物许可证,有效期限至2014年4月30日。明盛公司在排放污染物许可证到期后,仍继续非法排污。至2014年9月被责令关闭停产时,该公司厂区外东侧腾格里沙漠渗坑内存有大量工业废水。经宁夏环境监测中心站对现场废水取样检测认定,废水中多项监测因子超过国家排放标准。案发后,明盛公司、廉某中为防止污染扩大,及时采取措施,消除污染。明盛公司支付因采取合理必要措施所产生的费用626,640元。

法院认为,明盛公司违反国家有关环境保护的规定,非法排放、处置有毒物质,严重污染环境,廉某中系被告单位直接负责的主管人员,对污染环境的行为负有直接责任,明盛公司和廉某中的行为均已触犯刑律,构成污染环境罪。明盛公司排污时间相对较长,且在排放污染物许可证到期后,仍非法排污,严重污染环境,结合明盛公司的具体犯罪事实,决定对其判处罚金人民币500万元。廉某中犯污染环境罪,判处有期徒刑1年6个月,缓刑2年,并处罚金人民币5万元。

案例11 瑞安某化工有限公司污染环境案(本案的基本案情、裁判结果详见案例7)

上述三个案例均属于典型的污染环境单位犯罪。单位犯罪是在单位意志支配下为谋取单位利益而实施的犯罪行为,犯罪行为是否体现单位意志是区分单位的犯罪行为与单位组成人员个人犯罪行为的关键。案例9和案例10均是单位法定代表人为单位利益,决定实施环境污染行为,体现的是单位意志,构成单位犯罪。案例11则体现的是单位分管污染处置的负责人,为谋取单位利益决策组织或放任他人实施污染环境行为,是否体现单位意志,严重污染环境的,单位是否构成污染环境罪?在该案中,某化工公司负责污水处理、基建、生产管理的公司副总经理、董事会成员、股东林某弟为尽快处置废母液并节省处置费用,授意、指使陈某平等人将部分废母液通过架设暗管直接排放,其犯罪动机是为了谋取单位非法利益,是否构成单位犯罪争议焦点在于单位分管负责人林某弟的决策能否代表单位意志。单位意志一般体现在单位集体研究决定,主要是指根据法律或单位章程的规定经过单位决策机构的研究作出的决定,在司法实践中,单位的有关责任人员在对单位的领导、经营管理过程实施的职务行为,因其所处的地位与所担负的职务的影响,使其决定不仅是其个人意志的反映,同时也是单位意志的反映。[①] 故作为公司副总经理,分管污水处理的负责人,林某为谋取单位利益,授意、指使公司有关人员私设暗管、排放危险废物的行为应视为单位意志的体现,其所在的单位构成污染环境罪。这种观点已经得到2019年"两高三部"座谈会纪要认可,纪要认为,为了单位利益,实施环境污染行为,并具有下列情形之一的,应当认定为单位犯罪:(1)经单位决策机构按照决策程序决定的;(2)经单位实际控制人、主要负责人或者授权的分管负责人决定、同意的;(3)单位实际控制人、主要负责人或者授权的分管负责人得知单位成员个人实施环境污染犯罪行为,并未加以制止或者及时采取措施,而是予以追认、纵容或者默许的;(4)使用单位营业执照、合同书、公章、印鉴等对外开展活动,并调用单位车辆、船舶、生产设备、原辅材料等实

---

① 2013年江苏省高级人民法院、人民检察院出台《关于依法办理环境保护案件若干问题的实施意见》进一步细化认定单位构成环境污染罪的范围及标准。该意见第5条规定,为了单位利益,实施污染环境犯罪行为,并具有下列情形之一的,即可认定为单位犯罪:由单位决策机构决定的;经单位主要负责人或者分管负责人事先同意的;单位主要负责人或者分管负责人明知行为人实施上述行为而不加以制止,也未及时采取措施防止损失扩大、消除污染的。

施环境污染犯罪行为的。

上述三个案例法院均采用了“双罚制”,让涉案企业在经济上“得不偿失”,对涉案企业的法定代表人、污染行为直接负责的企业主管人员判处有期徒刑和罚金,使心存侥幸的单位相关负责人“自由和财产两失”。上述温州某科技环保公司和相关人员除被依法追究刑事责任外,该省环保厅还依据《固体废物污染防治法》对这家公司作出吊销其危废经营许可证的决定。与此同时,法院在对宁夏明盛公司及其法定代表人处罚中充分考虑其以积极消除污染行为对环境的不利影响等具体情节,对法定代表人廉某适用缓刑,并依法对其实行社区矫正,对引导类似环境危害行为人在案发后积极预防环境危害后果的发生或扩大,修复被破坏的生态或恢复被污染的环境,具有良好的示范效果。排放污染物及危险废物经营单位,应当以此为戒,建立环境保护责任制度,明确单位负责人和相关人员的责任,依法经营,严禁为节省处置成本,超标排污、非法排污,通过暗管、渗井、渗坑、灌注或者篡改、伪造监测数据,或者不正常运行防治污染设施等逃避监管的方式违法排放污染物。在发生污染环境的行为后应当积极采取相应措施防止损害后果发生、扩大,对已发生的环境危害后果及时进行修复,争取从宽处理。

第四节 “行刑衔接”监督机制的完善

中国共产党第十八届四中全会通过的《中共中央关于全面推进依法治国若干重大问题的决定》(以下简称《决定》)明确提出健全行政执法和刑事司法衔接机制的要求,[①]但在环境保护的司法实践中,与大量环境

① 中国共产党第十八届四中全会《决定》在“深入推进依法行政,加快建设法治政府”一章中提出“健全行政执法和刑事司法衔接机制,完善案件移送标准和程序,建立行政执法机关、公安机关、检察机关、审判机关信息共享、案情通报、案件移送制度,坚决克服有案不移、有案难移、以罚代刑现象,实现行政处罚和刑事处罚无缝对接”。

行政处罚案件形成对比的是，受到刑事制裁的案件却是寥寥可数。① 究其原因，除刑事处罚和行政处罚固有差异外，我国确立环境犯罪的时间较晚，实践经验的匮乏使得环境刑罚在打击和预防犯罪方面未达到预期的效果是主要原因，当然还有地方政府出于政绩考虑的地方保护主义，环境污染犯罪专业性较强，取证、鉴定及因果关系的确定难度大等因素，但不可否认，实践中，环保部门仍然存在应该移送公安机关侦查而未移送以及公安机关应立案而不立案的问题，大量应该追诉而未追诉的案件仍然存在。针对环境污染案件“行刑衔接”不畅的问题，2017 年 1 月，原环保部、公安部、最高人民检察院联合出台《环境保护行政执法与刑事司法衔接工作办法》（以下简称《行刑衔接工作办法》），要求各级环保部门、公安机关和人民检察院应当加强协作，统一法律适用，不断完善线索通报、案件移送、资源共享和信息发布等工作机制，并强调了人民检察院对环保部门移送涉嫌环境犯罪案件活动的法律监督。本节主要立足于温州检察机关立案监督的污染环境罪相关案例，探讨行刑衔接机制的完善。

案例 12　2014 年 6 月以来，谢某、王某在未取得营业执照以及未办理环评手续的情况下，在温州市龙湾区新江路 149 弄开办紧固件加工厂，进行螺丝酸洗、加工等工作。二人明知酸洗螺丝后的废水会对环境造成污染，仍直接将该废水倒在车间地面上（地面未有任何防漏措施），并使用大量清水冲洗地面，废水经车间墙洞流到外面菜园。2015 年 11 月 27 日，温州市龙湾区环保局查获该厂，并对车间地面以及外排放口的废水进行取样。经检验，车间地面水样含镍 231mg/L、含铬 936mg/L，超过国家污染物排放标准 3 倍以上；外排放口水样含镍 0. 25mg/L、含铬 2. 47mg/L，未超过国家污染物排放标准 3 倍以上。该区环保局以外排口水样铬、镍含量未超 3 倍为由认为不构成污染环境罪，对谢、王二人处以行政处罚。2016 年 5 月 9 日，该区检察院在专项督查活动中发现本案

① 根据国家环境保护部每年发布的《全国环境统计公报》显示，2011 年《刑法修正案（八）》出台后，2012 ~ 2013 年，行政处罚 256, 367 件，以污染环境罪刑事处罚仅 70 件；《2013 年两高解释》出台后，降低了入罪门槛，2014 年的环境污染罪案件出现不同寻常的激增，比上年增长近 8 倍，但这并不意味着行刑衔接机制通畅。

已涉嫌污染环境罪，向区环保局发出《建议移送涉嫌犯罪案件函》，建议将本案移送公安机关处理。6月17日，区环保局将该案移送该区公安分局，区公安分局认为本案争议较大未予立案，区检察院于同年6月21日向区公安分局发送《要求说明不立案理由通知书》，要求说明不立案理由，区公安分局遂于同日立案。

法院以谢某犯污染环境罪，判处有期徒刑10个月，并处罚金人民币10,000元；王某犯污染环境罪，判处有期徒刑10个月，缓刑1年，并处罚金人民币10,000元。

本案是一起因法律适用较大争议引起行刑衔接不畅的典型案例。本案中，环保部门、公安机关将“外环境”理解为外排放口，取样鉴定后未达入罪情形，故认为不涉嫌犯罪。根据《行刑衔接工作办法》第37条规定，“外环境”，是指污染物排入的自然环境。就本案而言，谢某、王某二人明知车间地面未有任何防漏措施，且有很多坑洞，仍将酸洗废水直接排放至车间地面，污水直接与地表土壤接触，应该认定已直接排放至“外环境”(地表土壤)。另外，根据《浙江省涉嫌环境污染违法案件调查取证工作规程》关于现场调查的取样要求，采样人员应当对排污单位实际排污点(倾倒点或处置点)和工艺产污环节(或存储点)同步取样。本案的实际排污点就是在车间地面，因而，对车间地面的废水进行取样并检验符合上述规定。经检验，车间地面水样中铬、镍含量已经超过国家标准3倍以上(其中铬超624倍、镍超231倍)，严重污染环境，已涉嫌污染环境罪。谢、王二人向地面排放废水后冲洗稀释，故排放到厂区外面的污水中重金属含量低于实际排污点的重金属含量，不应以稀释后的取样检测数据作为入罪与否的判断依据。检察机关据此就本案开展立案监督，并引导公安机关、环保部门调查取证，统一法律适用，进一步明确证据采集范围和重点，通过环保、行刑协作机制形成合力，使该案得到依法处理。

温州经济多起步于小工厂、小作坊，规模小、流动性大，大多存在无证经营、无环评手续、无排污设施，任意排污的现象，部分企业甚至日夜向河道、田间直排污染物严重污染环境，实践中往往因环境监管单位难以掌握污染动态信息、排污口取样困难等原因造成的监管失灵而逍遥法外。通过环境污染违法案件调查取证工作规程进一步完善，行刑衔接机制进一步畅通，针对这些三无企业，不再简单以废水排污口为取样点，而是从生产环境、产污环节、实际排污点、排放外环境综合取样，另外为严厉打击非法从事电镀、制革、印染、炼油、褪色等单位生产排污行为，破除"守法成本高于违法成本"的尴尬局面，《浙江省涉嫌环境污染犯罪案件移送和线索通报工作程序》规定，环保部门一旦发现上述企业涉嫌环境污染违法案件，即通报公安机关提前介入侦查，共同打击环境污染犯罪行为。

第七章　网络化趋势下的企业法律风险与应对

网络化是互联网、[①]现代计算机技术[②]结合的产物，同时具备了技术意义和社会意义。技术上讲，实现网络资源的整合与共享，消除了时间和空间的阻隔，实现人与人，人与物的实时信息共享。从社会意义上说，网络化则引起了社会结构、行为意识的重构。网络化则是利用互联网技术和计算机技术，把连接网络的资源进行整合，达到软件、硬件和数据资源共享的新技术应用。近些年来，以智能手机为代表的移动网络终端日益普及，为网络化提供了坚实的物质基础。截至2016年末，中国手机平均保有量超96台/百人，而智能机普及率也达到了58%，而科技发达的日本仅为39%。智能手机的应用，使我们的生活网络化迅速成为现实，从平时的工作、学习到生活出行，再到理财购物，都能深刻感受到网络化

---

① 互联网（Internet），始于1969年美国的阿帕网（ARPANET），是网络与网络之间所串连成的庞大网络，这些网络以一组通用的协议相连，形成逻辑上的单一巨大国际网络。这种将计算机网络互相联接在一起的方法可称作"网络互联"，在这基础上发展出覆盖全世界的全球性互联网络称互联网，即是互相联接一起的网络结构。美军在ARPA（美国国防部高级研究计划署）制定的协定下，首先用于军事连接，后有4所大学的4台主要的计算机连接进来，于1969年12月开始联机运行。另一个推动Internet发展的广域网是NSF，它最初是由美国国家科学基金会资助建设的，目的是连接全美的5个超级计算机中心，供100多所美国大学共享它们的资源。NSF也采用TCP/IP协议，且与Internet相连。ARPA和NSF最初都是为科研服务的，其主要目的为用户提供共享大型主机的宝贵资源。随着接入主机数量的增加，越来越多的人把Internet作为通信和交流的工具。一些公司还陆续在Internet上开展了商业活动。随着Internet的商业化，其在通信、信息检索、客户服务等方面的巨大潜力被挖掘出来，使Internet有了质的飞跃，并最终走向全球。

② 冯·诺依曼（John von Neumann）被誉为现代计算机之父，冯·诺依曼提出了"程序存储"思想。存储程序原理又称"冯·诺依曼原理"是将程序像数据一样存储到计算机内部存储器中的一种设计原理。程序由指令组成，并和数据一起存放在存储器中，计算机启动后，能自动地按照程序指令的逻辑顺序逐条把指令从存储器中读出来，自动完成由程序所描述的处理工作。"存储程序原理"的提出是计算机发展史上的一个里程碑，也是计算机与其他计算工具的根本区别。

带来的便捷和效率。

网络化改变了人们的生活方式,同时也对企业的生产经营活动带来深刻的影响。一方面网络化为企业发展提供了前所未有的机遇。如企业的研发、生产、管理等环节,网络化使企业的决策和资源整合效率都得到极大提高。企业的销售经营线上线下融合的趋势更加明显,大大减少了销售环节和提高了商品的流转速率。另一方面,网络化助推企业转型发展的同时,也带来意想不到的问题和困难。企业在网络化背景下面临的一大挑战是,涉企新型法律纠纷和犯罪形式不断出现,企业不得不面对更多未知的法律风险,对企业的营商环境和对外关系产生的一定的影响。本章主要基于企业在网络化时代所关注的问题,通过以案释法的方式,分析企业在互联网金融产品、知识产权、公民个人信息安全等方面可能遇到的法律风险,探讨企业如何去应对网络化给企业带来的机遇和挑战。

第一节　数字化思维

网络化过程中,数字化扮演着核心和灵魂的关键角色。无论是现代计算机的运行,还是在网络空间信息产生、处理、传递等过程都离不开数字化。一言概之,没有数字化,互联网和现代计算机都不能存在,而网络化更无法想象。

我们通常是用人类文明表示人类的进步。“文明”一词字面意思是“以文明事”,即以一定的载体来承载信息,人类文明的发展体现于信息存储和传递方式的不断革新和超越。人类文明的萌芽期我们称为史前文明,因其没有文字记载,燧人取火、尧舜禅让、大禹治水等事迹只见诸于史书的转述。没有文字,以符号、图案为载体,传递的信息量极少且极易失真,无法实现知识经验的积累和沉淀。

文字符号的出现开启了第一次文明革命。文字作为中介系统,使信息传递得以实现,文明成果得以连贯、完整的展现。通过文字的信息传递,人们得以借助前人已有知识,从新的视角观察、思考和改造现实世界,因此,文字符号的出现,即被视为第一次文明革命。

第二次文明革命同样是信息革命,此时的信息传递中介从文字演变为数字。数字化引领新的信息革命,并构建出一个数字化的虚拟世界。数字化过程就是将客观世界的信息转变为可以度量、统计、分析的数据(数据是承载信息的数字,是对信息数字化的记录,如 492 和 101 两个数据并无信息价值,但上海环球金融中心的高度 492 米 101 层者构成一则信息,492、101 则具备被分析、利用的信息价值),这些数据可以借助现代计算机技术、高速网络、大容量存储设备被充分使用。通过数据应用,人类可以对客观世界进行更深入的解析和干预,大数据则是数据应用的新疆界。我们从未像今天这样可以从任意角度去观察、解析所处的世界,而在这过程中,大数据扮演的是提供无尽资源的角色。"大数据标志着人类在寻求量化和认识世界的道路上前进了一大步,过去不可计量、存储、分析和共享的很多东西,都被数据化了。拥有大量的数据和更多不那么精确的数据,为我们理解世界打开了一扇新的大门。"①云计算更是通过网络化把数字化的优势进一步扩大,"原先单一的中央式计算方式,变成了云计算为特征的分布式计算方式,使处理能力海量增加"。②

以数字化为基础的信息技术革命,对现实社会产生了深刻而直接的影响。其一,实现信息传递的即时性。古时中央对地方实施更有效的统治,取决于信息传递速度,故有秦直道的修建和唐驿制度的建立。近代工业革命信息传递出现电报、电话,使空间距离大大缩短。网络化时代,信息传递不仅有文字,还有声音、图像,甚至借助新的虚拟现实技术,以后还包括嗅觉、触觉等人体感知信息。全感知交流、沉浸式购物体验等将不再受时空限制,应用到销售等领域将具有巨大的商业价值(如淘宝的网上 VR 体验店)。其二,构建虚拟空间。在网络化的数字世界,从虚拟身份、虚拟财产,再到虚拟社区的构建,数字化虚拟空间已经是现实世

---

① 参见[英]迈尔·舍恩伯格、库克耶著:《大数据时代》,盛杨燕等译,浙江人民出版社 2013 年版,第 23 页。

② 陈宇著:《风吹江南之互联网金融》,东方出版社 2014 年版,第 233 页。

界的衍生和映射，亦是独立的存在。不可否认，虚拟空间为我们观察和解决现实世界问题提供了更多的选择，以全新视角审视客观世界。借助虚拟社区和借鉴虚拟社区管理经验已经对现实社会治理产生积极作用，提高管理水平和服务意识，打造嵌入式社区，是实现虚拟对现实促进的创新方式，如杭州市智能居住小区通过虚拟社区信息流引导现实社区人流。其三，增强现实拓展能力。随着数字化应用深入，人工智能系统、云计算、物联网等新技术领域不断加强我们的能力，生产效率提高是虚拟作用现实最客观、有效的体现。如"长征七号"是我国首枚全生命周期的数字火箭，其采用三维协同、设计、试验和制造，火箭全研制流程没有一张纸质图纸，全箭模型数据规模超过20GB，生产加工阶段实现"一键式"加工。以前加工某零部件，首先要根据二维图纸画出工序草图、手工编制工艺规程，其次进行车、铣、镗等系列工序，现在，只需按动数控机床按钮，成品即刻完成，且合格率达100%。[①]

第二节　互联网金融犯罪与企业风险提示

互联网金融是传统金融机构与互联网企业利用互联网技术和信息通信技术实现资金融通、支付、投资和信息中介服务的新型金融业务模式。我国的金融业一直以来是门槛高、监管严的行业，近年以来，作为金融创新的主场，互联网金融方兴未艾。常见的互联网金融诸如P2P模式的网络借贷，众筹模式的网络投资，利用第三方支付平台开发的货币基金等新型金融工具和产品层出不穷。一方面互联网金融的发展在满足微小企业融资、增加百姓投资渠道、提高社会金融服务水平、降低金融交易成本、推进利率市场化等方面都发挥了积极作用。另一方面，现阶段互联网金融的繁荣很大程度上是缺乏监管所致，处于严重依赖"监管红利"的初始阶段。在监管缺位的情况下，大量并非从事金融业务的互联

① 彭训文：《中国航天将迎"海南时刻"》，载人民网，http://paper.people.com.cn/rmrbhwb/html/2016-05/14/content_1679069.htm，2019年2月28日访问。

网企业通过网络开展各类金融业务,但缺乏传统金融业必需的风险管控机制,导致互联网金融行业发展出现了偏离,甚至以金融创新的名义进行非法集资、金融诈骗等违法犯罪活动。

一、网络借贷形式的集资类犯罪

案例1 2013年11月被告人徐某林出资成立温州××投资管理有限公司,并任法人代表。公司成立后创建了"××贷"投资网站平台,在互联网上向社会公众推广其P2P借贷投资模式。即先找到借款人,再根据借款人的借款要求制作借款标提供给投资人投资,公司收取利息差价。截至2014年11月3日,"××贷"网络投资平台共吸收郑某甲等133名投资者投资人民币21,590,092元,被告人徐某林将这些款项部分用于"××贷"投资平台的日常运营,部分用于个人其他投资,造成8,901,913元的款项无法偿还。

案例2 2014年,被告人林某甲从事垫资还贷生意,因经营不善,已资不抵债。2014年12月3日,被告人林某甲注册登记成立温州某某贷民间融资信息服务有限公司,公司注册资本为1000万元(未实缴),公司的经营范围为民间融资信息服务、民间借贷撮合服务、理财产品推荐服务等。被告人林某甲在互联网上推出"某某贷"网络服务平台,并宣称该网络服务平台是为个人借款与出借提供服务,为有资金需要的借款人和有理财需求的投资人搭建的中介平台。该平台于2015年1月4日正式运营,先后共发布81个信用标,74个抵押标,并以年利率18%、20.4%及奖励金吸引投资客户,其中大部分信用标、抵押标为虚假标。截至2015年4月20日止,"某某贷"网络服务平台共吸纳投资共计5,754,126.55元。上述钱款由某某贷公司人员转入被告人林某甲的私人账户,被告人林某甲将钱款用于归还其个人欠款和支付某某贷公司运营成本,共造成3,399,249.95元的款项无法偿还。

2018年金融领域最大的"黑天鹅"就是大量P2P网络借贷平台的暴雷。"据相关数据,仅7月(7月2日~16日),就有131家网贷平台暴雷,很多规模非常大的网贷平台,就这样轰然倒下。"[①]P2P 网络借贷,又称网贷。P2P 是英文 Peer to Peer 或者 Person to Person 的首个字母缩写,意即"点对点或个人对个人"贷款。P2P 网络借贷是指个人或者法人通过独立的第三方网络平台相互借贷,一般来说是由 P2P 网络借贷平台作为中介机构或平台,借款人在平台发放借款标,投资者进行竞标向借款人放贷的行为。[②]

近些年来,P2P 网络借贷规模急剧膨胀,而出现的问题同样众多。截至 2015 年 11 月底,全国 P2P 行业累计交易规模已达 1.25 万亿元,2015 年以来截至 11 月底,行业交易规模约在 8400 亿元左右。[③] P2P 平台更是达到 3657 家,其中正常运行的有 1924 家,问题平台共 1733 家(不含港澳台地区)。[④] 一方面平台超常规发展,另一方面问题频现,导致这一现象的根本原因是缺少信用机制和金融监管。由于投资人获取融资对象的信息高度依赖网上平台,而这些信息的可靠性没有第三方的审核监督。"在金融市场上,交易一方对另一方缺乏充分的了解,以致无法作出正确的决策,这种不对等的状态被称为信息不对称[⑤](asymmetric information)。"互联网金融作为新型投资工具,传统的金融监管和个人征信暂时不能到位,行业规范和信息披露制度不完善,进一步导致其风险的增加。P2P 借贷平台为借贷双方提供供求信息,但借款人的信息完全来自于平台,事实上反而隔绝了投资人和借款人之间的联系。交易数据、信用审核都在平台,投资人无从判断真假,产生严重的信息不对称。信息不对称造成部分 P2P 借贷平台利用这一设计漏洞,进行非法借贷活动。与巨大的平台数量不相适应的是,P2P 网络借贷平台的合法性本来

---

① 佚名:《14 天 131 家 P2P 平台暴雷　无数投资者血本无归》,载凤凰财经,http://finance.ifeng.com/a/20180718/16391513_0.shtml,2019 年 2 月 13 日访问。

② 王齐睿:《P2P 网络借贷的刑法规制分析:一不小心会涉嫌哪些犯罪?》,载搜狐财经,http://www.sohu.com/a/139242910_650500,2019 年 2 月 18 日访问。

③ 佚名:《P2P 问题平台数已经占总数的 46%　行业风险持续扩大》,载中国财经网,http://finance.huanqiu.com/roll/2015-12/8137137.html,2019 年 3 月 8 日访问。

④ 程翔:《P2P 网络借贷平台的风险与监管研究》,载《商》2016 年第 23 期。

⑤ 参见[美]弗雷德里克·S. 米什金著:《货币金融学》(第九版),郑艳文、荆国勇译,中国人民大学出版社 2011 年版,第 41 页。

就存在巨大的疑问。国务院2011年修订的《非法金融机构和非法金融业务活动取缔办法》第4条第2款规定:“前款所称非法吸收公众存款,是指未经中国人民银行批准,向社会不特定对象吸收资金,出具凭证,承诺在一定期限内还本付息的活动;所称变相吸收公众存款,是指未经中国人民银行批准,不以吸收公众存款的名义,向社会不特定对象吸收资金,但承诺履行的义务与吸收公众存款性质相同的活动。”常见的P2P网络借贷平台都是通过吸纳社会公众资金达到融资的目的,普遍存在虚构借款项目、借新还旧等现象,一旦出现资金链断裂,不能正常还本付息,极可能构成犯罪。

P2P网络借贷平台最可能构成非法吸收公众存款和集资诈骗罪。两个罪名在犯罪形式上有很大的近似性,主要区别表现在两个方面:一是采取的客观手段不同,“使用诈骗方法”是集资诈骗的构成要件,而非法吸收公众存款则无须这一要件,最高人民法院《关于审理诈骗案件具体应用法律的若干问题的解释》第3条规定,诈骗犯罪中的“诈骗方法”是指行为人采取虚构集资用途,以虚假的证明文件和高回报率为诱饵,骗取集资款的手段。但在非法吸收公众存款案件中,往往也存在虚构或夸大的现象,则需要从主客观两方面加以厘清。二是对于集资款的主观心态不同,集资诈骗要求对集资款有“非法占有目的”。2011年施行的最高人民法院《关于审理非法集资刑事案件具体应用法律若干问题的解释》第4条规定,对“非法占有为目的”的八种情形做了详尽的描述。具体到网络借贷案件中,主要还是要依靠对客观事实的取证和分析。目前看,最有区分度的案件事实包括了融资项目是否真实,资金流向和偿还能力等要素。如果被告人存在虚构投资项目,盈利能力明显无法持续支付投资人收益和本金,对资金使用极度不负责任或肆意挥霍造成资金亏空只能借新还旧来维持资金链等情况,可以判定其主观上具有非法占有的目的。

在案例1中,徐某林虽然也有虚构借款标吸收公众存款的事实,但是这些款项部分用于投资平台的日常运营,部分用于个人其他投资,造成款项无法偿还主要原因是徐某林经营不善导致资金链断裂,没有发现转移财产或肆意挥霍等行为,因此,无法判断其有无“非法占有目的”。

案例 2 被告人辩称没有非法占有的故意,被告人林某甲成立的某某贷公司也是以 P2P 平台业务为主,因行业发展和经济形势的问题导致公司亏损,并不存在使用诈骗方法去诈骗投资人的款项,也没有将投资款用于偿还他人债务,应认定为非法吸收公众存款罪。从案件事实看,林某甲在某某贷公司成立之前就已经资不抵债。在某某贷公司的注册及经营管理方面存在诸多问题,既没有实缴该公司的注册资本,亦没有建立基本的风险控制体系,反而注册大量虚假的内部账号,采用虚假宣传的手段,以高回报为诱饵向社会不特定对象吸收资金,并将该资金转入其私人账户,部分用于归还个人欠款,最后致使巨额资金无法归还。林某甲明知无法偿还投资人的本息,仍然通过虚假宣传和虚假投资项目吸收公众资金,而资金使用主要用于偿还个人欠款和日常开支,并未用于所宣称的生产经营活动,因此,具有“以非法占有为目的”的主观故意。

二、第三方支付领域的犯罪

第三方支付是指使用第三方平台提供的账户进行交易的网络支付模式。第三方支付最早兴起于网络购物,买方选择商品后,使用第三方平台提供的账户进行款项支付(支付给第三方),并由第三方通知卖家发货,买方收货并确认后通知第三方支付货款,第三方再将款项转至卖家账户。第三方支付的主要功能是为买卖双方提供了信用支付的平台,因其便捷性、可视性,逐渐在日常交易中代替现金支付,以支付宝、微信等代表的第三方支付发展迅猛,点一点、扫一扫就支付的无现金交易方式已经成为中国的一张名片。央行发布“2017 年第二季度支付体系运行总体情况”报告显示:2017 年第二季度银行电子支付总金额为 545.58 万亿元,同比减少 25.37 万亿元,而同期以支付宝、微信支付为代表的非银支付大幅增加 35%,2017 年第二季度完成支付近 31.5 万亿元。[①]

第三方支付模式可以实现便捷交易,大大减少时间和经济成本,但是由于第三方支付平台是基于计算机和互联网技术而建立,而计算机系

---

① 孟珂:《央行:二季度非银支付业务金额同比增长 34.87%》,载人民网,http://money.people.com.cn/n1/2017/0906/c42877-29518370.html,2019 年 2 月 22 日访问。

统和网络以及当前第三方支付认证方式存在安全漏洞，导致与第三方支付有关的经济犯罪时有发生。

案例3 〔2016〕浙06刑终287号。2015年5月，被告人刘某、王某、李某经事先商量，趁徐某乙在国外留学期间，通过他人非法获取徐某乙的支付宝及身份证信息，并由王某负责伪造徐某乙的身份证，李某持该虚假身份证到中国邮政储蓄银行湖南省双峰县县城支行，骗领银行卡一张，并绑定130××××7603手机号码。后刘某与王某以上述虚假身份证和银行卡向支付宝公司进行实名认证，同时将上述银行卡与徐某乙的支付宝进行绑定。之后，三被告人先后多次将徐某乙账户余额内的人民币28,727元转至重新认证的支付宝并使用。

案例4 〔2015〕双刑初字第160号。2014年3月，被告人王某、柴某与王某洪、胡某保商议利用发布可以办理透支信用卡的虚假短信，然后通过支付宝转账的方式诈骗被害人财物。王某、柴某负责接听电话、注册支付宝、转账等，当有人通过拨打虚假短信上的电话来咨询办理信用卡事宜时，王某、柴某冒充银行工作人员接听电话，谎称可以代办5万～50万元的信用卡。当对方相信后，两人则要求对方新办理一张银行借记卡并预留王某、柴某指定的电话号码，然后再以需要验资为由，要求对方将办理信用卡透支额度40%的现金存入新办理的银行卡内，当对方按要求存款后，王某、柴某等人便要求对方将身份证、银行卡复印件或照片通过邮箱或微信传给王某、柴某，王某、柴某等人则利用对方的个人信息注册支付宝账号，并通过支付宝快捷支付方式将对方银行卡上的钱转走。

第三方支付可以说是近年电子商务迅速发展的缩影，这一网络支付方式为交易双方提供了前所未有的交易安全保证。第三方支付的基本流程是：买方先将款项交付给第三方支付平台，当买方收到商品或接受服务产品后，通知第三方支付平台向卖方确认支付（包括确认时限到后默认支付），如果买方对商品或服务不满意，可以按照协议通过第三方退款退货，而这个时候，第三方支付平台发挥一定的“准仲裁”作用，可以促使该交易完成、取消或部分完成。

从第三方支付平台的实际作用看，已经超出了以往民事法律关系中的代理、保管或代为履行等单一民事行为。第三方支付主要涉及三方面主体，即交易买方、交易卖方和支付中介，从法律关系上来看，买方和卖方之间订立商品买卖合同，他们之间是一种买卖合同关系，而交易双方与第三方支付的关系则要复杂得多。一是第三方支付不属于代理。"现行法律规定禁止'双方代理'，即任何个体不得同时作为基础合同双方当事人的代理人，如第三方支付平台同时代表交易卖方和交易买方的利益，在双方发生付款纠纷时，支付平台难以保持其应有的中立性。"[①]对买家而言，即使在第三方支付预存款，但是在本次交易中，合同双方并未通过第三方代为履行合同义务或签订协议，第三方的资金转移依据是买方与第三方网上签订了代为资金支付的协议，第三方并不为合同本身瑕疵承担责任。二是第三方支付也不是单纯的代为履行第三人。《中华人民共和国合同法》（以下简称《合同法》）第65条规定的当事人约定由第三人向债权人履行债务的，第三人不履行债务或者履行债务不符合约定，债务人应当向债权人承担违约责任的条款明显与第三方支付情形不符。在第三方支付交易流程中，第三方支付不仅仅是代买方支付货款的行为，还有因商品瑕疵中止支付或默许确认支付等行为。三是第三方支付与民法中的保管合同并不吻合。保管合同是保管人保管寄存人交付的保管物并返还该物的合同。在保管合同中，并无对第三人交付保管物的规定，而且在第三方支付中的"促使交易"的作为也无法用保管这一民事关系衡量。

笔者认为，可以部分借鉴"托管财产"这一概念。财产托管（fiducie）是指财产所有人（称为托管人）将有形财产或者无形财产的所有权临时地、完全信赖地转移给另一人（称为托管受托人或管理人），后者在对财产进行约定的使用之后，负责将之重新转归托管人或特定的第三人所有。托管财产所有权主要适用于两个方面，一是财产的经营管理。财产托管的目的首先可以是为托管人利益而对其财产进行经营管理，即由托管受托人对托管人的财产提供经营管理服务。二是债务履行的担保。

① 龚晓明、何艳：《第三方网络支付相关犯罪法律规制研究》，载《中国检察官》2016年第242期，第19页。

财产托管的目的也可以是为债务的履行提供担保:财产托管制度使债务人可以将其某些财产交给债权人,后者即成为该财产的所有人,并在债务得以清偿的情况下,负责将财产重新转移给前者。债权人可对财产充分行使所有权的某些权利(如返还请求权),但不享有所有人的全部权利,即对财产实施某些法律行为,但其实施行为不得为满足自己的利益。第三方支付在法律关系上近似托管财产所有权所适用的第二种情形,即债务履行的担保,但不完全一致。第三方支付平台因协议托管资金,对交易双方的合同履行提供担保(以托管资金为限),但第三方平台不是作为债权人持有该项财产,而是受委托管理支付或收取资金。

第三方支付犯罪与传统侵财类犯罪有很大的不同,涉案财物并不是直接从受害人处获得,盗骗交叉是第三方支付犯罪最常见的情形。根据我国刑法理论,盗窃是以非法占有为目的,窃取他人财物的行为,而诈骗是通过隐瞒真相或者虚构事实的方式,诱使对方基于错误认识处分财产进而获得财物的行为。在第三方支付犯罪案件当中,应主要考察被害人是否有基于错误认识对其财产进行处分的行为(由于第三方支付的特点,被害人泄露关键性的个人信息,也可能被视为对财产的一种处置),以及被害人的财产损失是否直接基于其处分行为而发生。案例 3 中,三被告利用徐某乙在国外留学不知情的情况下,通过伪造身份证骗领银行卡和绑定手机号码,再以虚假身份证和骗领的银行卡在第三方平台实名认证,以此盗取了徐某乙在账户余额内的钱款。刘某等人通过伪造身份证、骗领银行卡和绑定手机号码,使银行基于假冒信息发放了银行卡都是为秘密窃取实施的犯罪预备行为,刘某等人伪造徐某乙的身份证,并办理信用卡,进行了一系列网络操作后转移资金的行为属于单方行为,并非基于徐某康的处分行为而发生,因此,该案中刘某等人行为符合了秘密窃取的行为特征。

案例 4 中,犯罪嫌疑人也是通过第三方支付获取了被害人财物,但与案例 3 有着本质不同。被告人王某等人以代办高额信用卡为诱饵,欺骗受害人将钱款存入银行卡,利用获取的被害人的身份证、银行卡和银行预留手机号注册支付宝账号并绑定银行卡,达到转移银行卡内资金的目的。两个案例,受害人在犯罪过程中作用完全不同,徐某乙在整个犯罪过程中,无任何作为,而后一个案例众多受害人都按照犯罪分子要求提供了个人身份资料办理银行卡并把对方的手机设为银行卡的预留号码,这种泄露个人关键信息的行为足以使个人财产处于不安全状态。参照网络支付的安全认证方式,相当于将个人资金置于他人的控制之下,已经具有处分的实质意义,这也是传统诈骗与网络金融诈骗的区别所在。众所周知,银行等金融机构,用户大额提现或改密等行为需要现场身份验证,这是保证用户资金安全的关键,但这种传统金融机构的安全验证方式恰恰是互联网金融平台的最大短板。在互联网金融领域,非物理接触是常态,为实现网络支付的便捷性,第三方支付在技术实现和产品设计上无法对实际操作人的真实身份进行现场验证,决定了第三方支付平台很难和传统金融机构一样为用户提供全面的资金安全保障。第三方支付平台会要求用户账户绑定银行卡和身份证,如进行转账、提现、改密等关键业务,需要通过预留的手机号码进行验证等方式保证资金安全。第三方支付平台不需要现场验证,而以身份信息和手机验证作为主要安全设置,如果犯罪嫌疑人同时获取这两方面信息,第三方平台将默认操作者为权利人。两个案例的不同处置,既可以对第三方支付的法律责任进行限定,符合网络支付的基本规律和特性,同时也要求个人在获得网络支付服务便利性的同时特别要注重保护个人信息,体现出法律的公平性和引导作用。

三、启示或建议

(一)互联网金融企业应注意政策和制度风险

互联网金融是“互联网 +”战略的重要部分,但金融创新需要在网络法治、金融监管的轨道上有序发展,企业应关注金融政策和立法的动向。2015 年 7 月 18 日中国人民银行等十部委《关于促进互联网金融健康发展的指导意见》提出,互联网金融本质仍属于金融,没有改变金融风险隐蔽性、传染性、广泛性和突发性的特点。加强互联网金融监管,是促进互联网金融健康发展的内在要求,提出了“依法监管、适度监管、分类监管、协同监管、创新监管”的原则。加大对互联网金融的监管是大势所趋,2016 年以来,央行、银监会等金融监管部门加强对 P2P 借贷平台、第三方支付等互联网金融行业的治理行动。

2016 年 8 月，中国银监会、工业和信息化部、公安部、国家互联网信息办公室颁布了《网络借贷信息中介机构业务活动管理暂行办法》，明确了备案管理、资金存管和信息披露等相关政策办法，成为 P2P 网贷行业监管的基础。此后，中国银监会发布《网络借贷信息中介机构备案登记管理指引》《网络借贷资金存管业务指引》，加之 2017 年 8 月 25 日中国银监会《网络借贷信息中介机构业务活动信息披露指引》发布实施，对网贷 P2P 平台的信息披露进行了详细的规范，完善了 P2P 网络借贷平台的金融监管体系。

网络借贷平台往往利用第三方支付提供的资金存管脱离银行监管，出现大量改变借款用途、建立资金池等违规现象。针对这个情况，金融监管部门也积极介入，《关于促进互联网金融健康发展的指导意见》中明确银行业金融机构作为资金存管机构，对客户资金进行管理和监管，第三方支付机构作为非银行业金融机构不具备存管人的业务主体资格。资金存管机制实现了客户资金与网贷机构自有资金的分账管理，从物理意义上防止网贷机构非法触碰客户资金，确保网贷机构“见钱不摸钱”，加强了对网贷资金在交易流转环节的监督。同时，中国人民银行发布实施的《非银行支付机构网络支付业务管理办法》(中国人民银行公告〔2015〕第 43 号)中也明确非银行支付机构不得为从事信贷、融资、理财、担保等金融业务的机构开立支付账户，第三方支付机构作为非银行支付机构，也不具备开展资金存管业务的基本条件。

互联网金融目前处在法律、法规和监管体制都缺位的状态，再者行业普遍缺乏自律意识，导致机构自身或是机构成员为牟利而违法犯罪。对此，企业应深入开展相关法律法规的研究，并积极关注行业发展趋势，对近期发布的针对性条文进行学习，加强自律避免法律风险。常见需要避免的法律风险包括：一是集资犯罪风险。“非法集资”作为互联网金融行业的“达摩克利斯之剑”，通常包括了“非法吸收公众存款罪”“集资诈骗罪”“擅自发行股票、公司、企业债权罪”以及“欺诈发行股票、债券罪”等 4 个罪名。二是非法经营犯罪。这是一些互联网金融企业最容易忽视的犯罪类型，与大家普遍认识的未经审批向公众吸纳存款构成犯罪相反，未经许可向公众发放贷款的行为也可以构罪。在我国，向不特定多数人发放贷款属于银行特许经营的业务，经营该业务需要取得银行业监督管理机构的批准。如果P2P网络借贷等互联网金融平台通过资金池面向不特定多数人放贷，重则涉嫌非法经营罪。从以上两个常见罪名看，P2P网络借贷等互联网金融平台应回归本位，主要以向借贷双方提供信息服务为行业目标，构建共享融通的互联网金融新业态。三是洗钱犯罪。随着互联网金融的兴起，特别是第三方支付的发展，犯罪分子将洗钱的手段转移向互联网，利用互联网金融的监管缺失和漏洞进行一系列的洗钱犯罪。互联网金融的洗钱行为有7类：利用第三方平台转移资金；网络赌博、非法集资；利用网络银行实施地下钱庄活动；网络炒汇、炒金；证券期货违法犯罪活动；银行卡犯罪；网上制假售假等。[①]

（二）互联网金融企业内部风险

互联网金融企业不仅存在法律风险，还存在内部风险，在当前法律语境下，有时候内部风险是直接导致法律风险落定的攸关因素（大部分的非法集资案案发都肇因于资金链断裂）。如美国Paypal推出了某金融产品曾创下超过5%的年化收益率。但2008年金融危机后，美联储推出货币刺激经济政策，货币流动性大大增加，利率降低，Paypal货币基金产品的收益率暴跌，最终于2011年清盘并关闭该产品。因此，互联网金融企业在设定金融产品时，必须要高度关注产品的安全性，避免因产品设计缺陷导致的金融风险。

（三）投资人风险提示

企业作为投资人要避免法律和金融风险，一是广泛接受政府、专业机构开展的针对互联网金融用户的宣传培训活动，购买互联网金融服务之前进行反复比较考察，充分了解投资产品的收益和风险。二是分散投资。具体来说，在投资对象和选择行业对象上，应避免将资金集中投放在一个行业或企业上。三是投资人在购买互联网金融产品的同时提高保护自身利益的法律风险意识，如妥善保管项目推广的网页资

① 左永刚：《反洗钱下一站或是互联网金融领域》，载《证券日报》2014年5月10日第5版。

料、相关法律文书，资金流转的记录。相应的，监管机构需要对互联网金融机构的信息披露和风险明示制定强制性规定，为互联网金融行业发展提供有力的法律保障。

第三节　公民个人信息保护与企业风险提示

中国互联网协会发布的《中国网民权益保护调查报告》显示，个人信息泄露给社会带来了巨大的危害，而且不断深化其负面影响。

一、侵犯公民个人信息犯罪

案例5　被告人陈某甲于2013年4月开始在QQ上与其上家取得联系，以每个星期100元或者包月300元的价格向上家购买含有企业名称、法定代表人（部分信息中包括法定代表人身份证号码、注册资本、经营范围、经营地址、联系电话）的信息。购得信息后，再通过QQ贩卖给沈某、蒋某等人。陈某甲到案后，公安机关在其电脑上查获其向上家购买的信息9000余条及向其同事获取的类似信息35万余条，共计36万余条，其中有16,669条含有企业法定代表人完整的身份证号码信息。另外，陈某甲贩卖给沈某该类信息9万余条，其中4425条含有企业法定代表人身份证号码信息；陈某甲贩卖给张某该类信息10万余条，其中2196条含有法定代表人完整身份证号码信息。

案例6　杜某利用技术手段攻击了“山东省2016高考网上报名信息系统”并在网站植入木马病毒，获取了网站后台登录权限，盗取了包括徐某玉在内的大量考生报名信息。7月初，陈某在江西省九江市租住房屋设立诈骗窝点，通过QQ搜索“高考数据群”“学生资料数据”等聊天群，在群内发布个人信息购买需求后，从杜某手中以每条0.5元的价格购买了1800条当年高中毕业学生资料。同时，陈某雇佣郑某、黄某等人冒充教育局、财政局工作人员拨打电话，以发放助学金名义对高考录取学生实施诈骗。2016年8月19日，山东省临沂市高考录取新生徐某玉被不法分子冒充教育、财政部门工作人员诈骗9900元。

从近些年涉及公民个人信息犯罪案件看,除传统静态信息(如姓名、身份证号码、手机号码)等外,还增加了新的信息类型,一是个人动态信息,如人车运行轨迹、手机定位记录、通话记录等。二是特定人群的信息,如针对特殊病患、高考生等特殊群体的信息。通过获取相关信息为前提,有针对性地实施"精准诈骗"等犯罪活动,因为掌握有被害人的准确信息,更容易使被害人相信。徐某玉案揭示了针对特定人群获取信息后实施诈骗的犯罪行为,正是因为对方能准确说出被害人的姓名、住址和学校,被害人才相信了对方的身份,信息泄露对案件发生起到关键作用。三是有关身份认证的生物特征信息。随着互联网技术的发展,与个人身份认证有关的应用场景越来越多,如手机银行和支付宝使用的人脸、指纹验证,声纹认证等。这类个人信息越来越与我们的财产安全、人身安全密不可分,也成为犯罪侵害的高风险领域。

目前,对个人信息的立法正在完善过程中。《刑法修正案(七)》颁布实施之前,对"公民个人信息"的界定很不明确,零星分布在不同的法律、法规中,而且与隐私权紧密联系,制约了对个人信息外延的扩展。但在网络时代,仅仅以隐私权保护个人数据显然不够,随着互联网的发展,公民个人信息的经济价值日益凸显。与此同时,侵犯公民个人信息的刑事犯罪频频发生,犯罪主体、犯罪手段、社会危害等呈现日益复杂的态势。与《刑法修正案(七)》相比,《刑法修正案(九)》将出售、非法提供公民个人信息罪和非法获取公民个人信息罪两个罪名,合并为侵犯公民个人信息罪。罪名修改,意味着刑法规制不局限于出售、非法提供、非法获取信息的特定行为,而是扩大了法意内涵,只要是侵犯公民的个人信息权的行为都可能纳入刑法保护范畴。所谓个人信息权,是指公民个人对其个人信息资料所享有的权利,包括个人隐私不得侵犯以及由此带来的财产权利。可见,个人信息早已突破早期以隐私权为核心的人身权利的范畴,进一步凸显个人信息所包含的经济属性和人格属性(名称、名誉、荣誉、肖像)。因此,只要认定行为人损害了个人对其个人信息资料所享有的权利,并导致人身权利和财产权利的现实损害和损害威胁,都可能受到刑法规制。《刑法修正案九》将侵犯公民个人信息罪的前提要件由"违反国家规定"修改为"违反国家有关规定",大大扩展了保护个人信息的法律外延。最高人民法院、最高人民检察院《关于办理侵犯公民个人信息刑事案件适用法律若干问题的解释》(自2017年6月1日起施行)进一步对法律外延进行了明晰化,"违反法律、行政法规、部门规章有关公民个人信息保护的规定的,应当认定为刑法第二百五十三条之一规定的'违反国家有关规定'"。把部门规章作为违法的标准,可以更有利于对公民个人信息提供更及时、完善的法律保障。

相关司法解释也进一步完善公民个人信息的保护。2013年最高人民法院、最高人民检察院、公安部《关于依法惩处侵害公民个人信息犯罪活动的通知》对个人信息的界定作了扩大解释,"公民个人信息包括公民的姓名、年龄、有效证件号码、婚姻状况、工作单位、学历、履历、家庭住址、电话号码等能够识别公民个人身份或者涉及公民个人隐私的信息、数据资料"。2017年6月1日起施行的最高人民法院、最高人民检察院《关于办理侵犯公民个人信息刑事案件适用法律若干问题的解释》进一步扩大了公民个人信息的范围,将公民个人信息从身份识别信息扩大到身份识别信息和活动情况信息。公民个人信息指以电子或者其他方式记录的能够单独或者与其他信息结合识别特定自然人身份或者反映特定自然人活动情况的各种信息,包括姓名、身份证件号码、通信通讯联系方式、住址、账号密码、财产状况、行踪轨迹等。① 活动轨迹等信息被纳入个人信息与近年相关的犯罪高发有关,如近年与高利借贷有关的非法拘禁、故意伤害案件,往往与被害人活动和位置信息被泄露直接有关。目前一些手机APP、个别手机硬件制造商未经允许收集个人活动轨迹,有较大的安全隐患,其中,央视就报道了苹果手机泄露个人活动轨迹记录的新闻,反映特定自然人活动情况的各种信息被纳入信息保护范畴已经是题中之义了。

图像、视频、音频、指纹等生物体征成为个人信息范畴是信息技术发展的新趋势。随着互联网发展,以个人生物体征为身份认证的情况越来越多见,如支付宝推出的指纹、声纹、人脸识别等认证技术。身份认证技

---

① 匡小颖:《北京警方抓获四名倒卖公民个人信息中间商》,载新华网,http://www.xinhuanet.com/2018-04/27/c_1122749601.htm,2019年2月12日访问。

术应用范围越来越大,带来便利同时,因为它的非接触性,也给犯罪留下空间。很多网站、软件和手机 APP 提供服务都要求用户提供手机号、身份证号,甚至要求提供人脸视频、手持身份证照等高度敏感的身份认证信息,如果这些网站将信息违法使用扩散,或数据泄露,都会对公民财产安全、人身安全造成潜在的威胁,引发诈骗、盗窃等犯罪活动。

二、启示或建议

(一)公民个人信息保护的企业法律责任

当前企业在日常经营管理中,因大量使用线上交易方式,可能获取大量的公民个人信息。随着对公民个人信息立法保护的完善,企业收集和使用个人信息的法律责任日益受到关注。随着信息技术发展,个人信息的形式越来越多样,判定是否属于个人信息,一是要看信息是否具有私人属性。如身份证号码、手机号码、个人住址或者指纹、声纹等生物体质特征,都具有唯一指向性。二是是否具有隐秘性。构成侵犯个人信息的重要依据是这些信息未经授权不应被知悉。如案例 5 中,虽然通过工商信息可以查询到企业经营人的基本信息,但大量地查询类似信息需要一定的审批程序,而且有严格的使用范围。信息中包含的手机号码、身份证号码等都属于非公开信息,都构成对个人信息的侵犯。三是是否侵害了公民的数据自由。对与一般交流、交易无关的个人信息,公民拥有对这些信息不为他人知悉和使用的自然权利。

(二)个人信息保护立法趋势与企业风险提示

一是国内立法将进一步加强个人信息保护。《刑法修正案(九)》增加了信息网络安全管理(失)渎职类犯罪,如拒不履行信息网络安全管理义务罪,加大了企业的法律责任。今后,企业需要进一步规范对个人信息的采集和管理。对与服务行为无直接关联的信息不应收集,收集的信息数据要尽到管理义务。企业在获取信息和使用过程中,应关注立法动态,避免法律风险。

二是企业须高度关注域外立法的新态势,避免经营风险。如 1995 年欧盟通过《保护个人享有的与个人数据处理有关的权利以及个人数据自由流动的指令》,高度关注与个人权属性有关的数据的采集和使用,仅能为特定、明确和合法之目的收集个人数据，并且仅能持有具有相关性、准确性和时新性之数据的义务……所有数据处理均须具备正当的法律依据。[①] 可见，欧盟在互联网发展之初，就高度关注个人信息数据安全，而且其保护外延极大，笼统为“个人享有的与个人数据处理有关的权利以及个人数据自由流动”，只要牵涉公民个人私人属性的数据信息，就明确保护，防止滥用的原则，对商业机构、个人甚至政府的信息收集和使用作了严格的限定。

加强数据立法已是大势所趋。2018 年 5 月 25 日，欧盟制定的《通用数据保护条例》(General Data Protection Regulation，GDPR) 正式生效，作为一项强制性法律，它保护的是自然人的“个人数据”，包括姓名、地址、生日、信用卡、银行、医疗信息、位置信息、IP 地址等。[②]《通用数据保护条例》被称为有史以来最为严格的数据保护法规，这项立法对我国的一些出口制造业企业、信息技术公司将产生较大影响。一是对智能产品制造企业的影响。基于数据采集和数据保存的信息产品将可能被限制销售，其中有代表性的就是智能产品。近些年，智能家居大规模进入我们的生活，有网络摄像头、智能音箱、数字门锁和安防系统都大量使用了云存储、云计算、大数据技术，实现高度集成的智能化。智能家居在带来巨大便利的同时，也存在一定的隐患，因为用户要正常使用这些智能家居产品或正常访问自己的云存储信息，都需要通过网络登录自己的账号，云存储和账号都存在一定的信息泄露的安全隐患，而且当前立法也没有对相关企业在后台使用这些信息进行限制的严格规定，无法避免这些个人数据有被泄露或擅自使用的风险。针对这种情况，GDPR 不仅加大面对用户和企业的监管范围，同时也包含更严厉的违规处罚。据规定，如果违规，最高罚金可达公司全球总收益的 4% 或 2000 万欧元中的高者。[③] 二是对众多手机

---

① 参见[美]约纳森·罗森诺著:《网络法:关于因特网的法律》，张皋彤等译，中国政法大学出版社 2003 年版，第 222 页。

② 荻凡妮:《欧盟最严格数据保护法出台》，载和讯网，http://news.hexun.com/2018-06-01/193123266.html，2019 年 2 月 22 日访问。

③ 佚名:《智能家居产业链发展“拦路虎”:GDPR 法规?》，载搜狐网，http://www.sohu.com/a/232506920_442599。

APP 等软件运营商的影响。以日常生活中最常用的手机导航为例，我们得到道路指引服务，通过服务器对反馈数据的分析，还可以获得实时的道路交通状况信息，及时规避交通拥堵和施工路段。与早先的专业导航仪不同，安装在移动网络终端的导航软件使用和升级都是免费的。盈利是任何商业活动的目的，显然，软件运营商的获利不在于软件使用本身，而是通过第三方服务和数据资源。终端客户在获得服务的同时，终端使用者的个人信息也被软件运营商获取，包括日常的出行路线、滞留地点和时间等数据，同时，软件界面插入各类消费服务的链接，终端用户可以便捷获得商家服务，而软件运营商从入驻商家获得收益，并进一步获取终端客户的消费习惯、消费能力等数据，这些数据无疑是最有价值的商业资源。GDPR 对这些数据的获取和使用有了严格的规范，网站经营者记录客户的搜索和购物记录前，必须事先声明并获得用户同意；不能再使用模糊、难以理解的语言或冗长的隐私政策从用户处获取数据使用许可；明文规定用户个人可以要求责任方删除关于自己的数据记录。[①] 三是 GDPR 对一些需要获取个人更多信息的社交、通信工具软件的冲击将更大。在 GDPR 落地后，Google 和 Facebook 被起诉其隐私条款违反了 GDPR 的相关规定。在欧盟开拓了市场的众多国内企业也纷纷修改了用户隐私条款或向欧洲区用户请求重新授权，如腾讯旗下的通信软件已经升级了符合标准的版本。

第四节　互联网知识产权与企业风险提示

网络化使知识产权保护难度大大增加，纠纷形式、涉及法律关系的处理更加复杂。在互联网空间，围绕商品标识、影视作品、音乐作品、文字出版、创意设计等有关知识产权的纠纷日益增加。保护知识产权的目的是保护市场主体的创新意识，知识产权也被称为“知识所属权”，是权

① 王林：《欧盟实施最严个人数据保护法　给中国带来什么启示？》，载新浪网，http://news.sina.com.cn/o/2018－06－05/doc－ihcmurvh9488652.shtml，2019 年 7 月 13 日访问。

利人对其智力劳动所创作的成果享有的财产权利，是知识创新的人类脑力劳动的结果。这些智力成果可以带来巨大的经济利益，需要巨大的智力、经济投入，是社会生产力体现，市场经济非常强调保护知识产权，对侵权行为在行政民事刑事上都有严密的规制。网络时代保护知识产权需要与时俱进，一方面信息的快捷交流，知识产权侵权变得极其容易，隐蔽性更强，如果不能建立健全保护机制，将大大挫伤市场主体创新的积极性；另一方面网络时代信息分享、共享成为时代特征，过多强调保护和制约，也不利于信息的交流和创新发展。

一、互联网环境下侵犯商标权

案例7 2007年9月7日，李某某、韩某明作为商标共有人经核准注册了“拍客”商标，商标核定使用类别为第9类，包括电子出版物（可下载）；计算机程序（可下载软件）；计算机游戏软件；手提电话；手提无线电话机；摄像机；照相机（摄影）；电影摄影机；电话机；动画片（截至）。2014年3月19日，韩某明来到四川省成都市律政公证处，申请对网络上涉嫌侵权的网页进行公证取证。在公证处的一台连接互联网的电脑浏览器地址栏内输入http://×××.sina.com网址后进入新浪网。进入的页面有拍客软件的新浪标识图标、名称，并有“拍客：微博视频上传客户端，拍客是一款视频上传分享应用，我们提供给您多种特效，轻松美化视频，更可一键分享到新浪微博、腾讯微博、人人网等大型社交平台……”等文字描述，页面上提供iPhone版和Android版免费下载的按钮。在新浪拍客官方微博首页点击“我是一拍成名潮人”，进入的页面显示拍客客户端介绍，页面中介绍下载拍客客户端可以领取微博勋章，并对领取勋章的步骤、勋章规则等进行了详细的说明。在官方微博页面的关注用户中有“拍客小助v”，点击进入“拍客小助手”，显示为“拍客小助手”新浪微博，新浪认证为：手机拍客客户端官方小助手，页面中提供了拍客客户端的下载地址。

在网络空间，商标权纠纷与传统领域有着极大不同。商标注册时，一般限定使用类别和保护范围，比较容易确定商标侵权行为。网络空间新事物不断呈现甚至在短时间内成为现象级的事物。一些标志性的名词的通用特征和商标权的指向特征就发生了冲突，如本案中“拍客”一词是否为网络的通用词汇成为争议焦点。

“拍客”一词在网络空间早已有之。通过百度百科搜索，可见其解释：“互联网时代下，利用各类相机、手机或DV摄像机等数码设备拍摄的图像或视频，通过计算机编辑处理后，上传网络并分享、传播影像的人群。拍客应具备条件：能拍摄热点原创的视频和广泛传播、分享、推广视频……”可以说，“拍客”是随着手机作为移动网络终端和高清晰影像设备被普及后，公众使用体验的结果。“拍客”也随着网络视频的高点击率成为网络通用词汇，众多网络平台也纷纷使用“拍客”一词，如拍客网、腾讯拍客、优酷拍客、拍客、网易拍客、新华拍客等。即使正式出版物也已经在商标注册前使用该网络名词，如清华大学出版社2012年出版的《拍客新主张——摄影篇》《拍客新主张——摄像篇》；苏州大学出版社2012年出版的《拍客：炫目与自恋》等书籍，说明“拍客”一词的广泛使用情况。

网络名词和商标法中的行业“通用名称”还是有根本区别。商品/服务的“通用名称”是指在某一范围内约定俗成，被市场或行业普遍使用的某一种类商品(服务)的名称，包括规范化的名称和约定俗成的名称或俗称、简称。根据《商标法》的规定，商品的通用名称和图形禁用为商品的商标，因为一旦企业抢注了“通用名称”作为注册商标，将独占该名称的使用，导致很多约定俗成的名词无法正常使用，成为垄断公共资源、霸占市场的不正当竞争新手段。而与“通用名称”形成不同，网络名词产生往往没有行业或市场长期积淀的过程，有些词汇出现的时间和空间范围有限，这也是网络名词难以“通用名称”申请异议的原因。

在网络空间，网络名词的使用范围与商标保护可以并行不悖。在本案中，李某某、韩某明注册了“拍客”商标，未违反《商标法》中“通用名称”的禁止性规定，注册行为应为有效。但是在本案中，该商标的保护界限在网络空间应是有限的。一是随着网络技术发展，网络文化和网络意识形成，并产生以网络为背景的“×客”的新称呼，常见有“博客”“播客”“极客”“黑客”等词汇，以“×客”描述或指称与互联网技术或应用紧密相关的一类人的组词方式已经深入人心。二是其中“拍客”一词流传后逐渐成为一种网络文化现象,并在各大门户网站作为网站的频道或者服务名称使用和传播,并没有特别指向某个商品和服务。商标权立法宗旨用于区别商品或者服务的来源,消费者借以识别和选购商品,选择所需要的服务。本案中,新浪公司对"拍客"一词的使用,是在其软件名称上或在新浪微博上,且都与该公司的"新浪"或相应图标结合使用,能够使得用户清晰地认识到软件产品或服务来源于新浪,其并无故意误导公众的意图,也不会产生使消费者混淆和误认的情况,与李某某、韩某明注册的"拍客"商标在使用过程中用于特别指向某个商品和服务的用途并无矛盾。

二、互联网环境下侵犯著作权

案例8 2012年12月,被告人李某某注册成立网络技术有限公司,设立"某某免费小说"官方网站,并将"某某免费小说"软件投放至应用宝等多个移动应用市场。自2014年起,为提高该软件的知名度和点击下载量,在未获玄霆公司许可的情况下,擅自复制、转载玄霆公司发行于"起点中文网"网站上的《星辰变》等文字作品,提供给软件用户在线免费阅读,再通过在软件内植入广告收取广告收益。经上海辰星电子数据司法鉴定中心鉴定,"某某免费小说"服务器内存储的文字作品中有1453部与"起点中文网"的同名小说存在实质性相似。

保护知识产权本身是就是保护创新,而网络又是创新的先发领域,但是,网络的一大功能是资源的分享和共享,因此,要正确处理科技创新与法律监管的作用。网络技术发展为公众日常生活带来了巨大的便利,尤其是网络空间提供资源共享的各类网站上的学习资源、电子图书馆提供的电子书籍,对信息传递、知识普及有着巨大的帮助作用。以提倡共享文件下载的P2P而言,该技术可以消除服务器"瓶颈",使得流量分布平衡,同样的网络资源可以支持更多用户的文件下载业务。但是,P2P技术也同样可能被用于文字、视频、音乐等作品的非法复制、传播,对知识产权保护提出了新的挑战。

保护知识产权和鼓励技术创新、资源共享可以说是网络时代普遍面临的重大课题。以知识产权保护较为先行的美国为例,三个经典判例分别确立了知识产权保护的“实质性非侵权用途”、[1]“避风港原则”、[2]“引诱侵权规则”。[3] 从诸项规则、原则的确立,可以窥见著作权保护的复杂演进和价值平衡。在互联网空间,网络著作权的保护日益成为知识产权保护的重点领域,保护作者合法权益的同时,如何通过互联网技术使公众充分享受精神文明的成果,需要通过立法和司法实践、行业规范形成共同的开放的市场规则。

---

① 源自1984年美国最高法院的索尼侵犯版权案。20世纪80年代,索尼公司推出了一款录像机,消费者可以使用该产品将电视节目录制在录像带上,以便随时观看。以环球电影公司为代表的多方版权人认为,消费者使用录像机录制其节目的行为构成了对版权的侵害,而索尼公司生产并销售此种具有侵权用途的产品,就是给消费者的侵权行为提供了帮助,因此,要求法院判决索尼公司承担帮助侵权责任。本案最终上诉至美国最高法院,多数派法官从保护技术创新的角度出发,借鉴了美国《专利法》中的“日常用品”原则,认为如果行为人制售的产品可能被广泛用于合法的、不受争议的用途,即“实质性非侵权用途”,便不能仅因拥有该产品的用户利用其实施侵权行为就推定该行为人具有帮助侵权的意图并承担侵权责任。“实质性非侵权用途规则”为现代技术发展和创新扫清了法律上的障碍,规则的出现,也是考量了技术发展带来社会进步与侵权行为带来负面效应之间的得失利弊。

② 源自2001年奈普斯特(Napster)公司音乐共享软件版权侵权案。奈普斯特(Napster)公司开发了一款P2P共享软件,在他的音乐交换网站通过该软件,用户可以直接从其他用户的电脑中下载文件。但该软件采用的P2P技术并未真正实现网络服务提供者与用户间的关系脱离,用户在使用过程中,仍然需要前者提供的信息检索服务。由于大量Napster用户通过该软件从事盗版音乐的传播,美国唱片工业协会对Napster公司提起了侵权诉讼。在审理过程中,法院虽然认可音乐共享软件具有“实质性非侵权用途”,但认为本案与索尼案根本不同在于Napster公司继续通过系统登录、文件检索等多种手段对其用户的行为施加影响而产生了持续性的控制力(索尼出售录像机后即丧失了对其用户的控制力)。法院认定,Napster公司收到多份版权人发出的权利通知后,明知存在侵权行为,仍没有采取任何相关措施制止侵权后果扩大,构成了对侵权行为的实质性帮助,此案确定了处理网络服务商与版权人纠纷的“避风港原则”。规则的具体内容是,网络服务商对上传至网络的信息因没有审查导致的侵权行为不负责,但是版权人已经提出权利申明的,服务商应采取必要措施保护权利人合法权益,服务商怠于履行义务的则要承担相应责任。

③ 源自2005年格罗斯特(Grokster)公司版权侵权案。格罗斯特(Grokster)公司吸取了Napster公司败诉的教训,开发了新的P2P技术。该软件的运行时不再需要服务器提供额外的技术支持,用户依托软件本身便可以实现相互间的文件检索和下载,以图避免诉讼纠纷,逃避企业责任。在Grokster公司的大力宣传下,该软件自然而然地成为网络用户分享盗版音视频内容的重要工具软件。版权方的诉讼也随之而来,结果出乎Grokster公司的意料。法庭审理认为,格罗斯特公司的软件虽然没有像Napster的软件那样干预侵权行为的发生的能力,似乎对用户侵犯版权的行为无能为力,但这类音乐共享软件存在教唆或引诱他人利用其服务或产品实施侵权行为的故意,因此美国最高法院的大法官借鉴《专利法》的相关规定创设了“引诱侵权规则”,此后,版权教唆引诱侵权和帮助侵权成为著作权间接侵权的两种典型方式。

三、启示或建议

网络空间同样是现实社会的映射，作为企业要有社会责任和法律风险意识。一是企业的行为应符合公众利益。任何违背公序良俗的企业，即使短时间可以获得利益，但是将付出更大代价。二是注重保护自身的合法权益避免法律风险。随着对网络空间知识产权保护立法的完善，有些网络公司不注重知识产权保护的规则，将可能面临法律风险，首先需要厘清以下一些认识误区。

（一）网络原创作品作者同样享有与传统作品相同的权利

通常的误区是，认为网络是开发共享的平台，经过网络传播，就可以任意转载和使用。其实，未经著作权人同意，擅自将他人网络作品下载、转载、使用等行为都可能构成侵权。李某某通过软件复制转载其他网站上经授权的网络作家的作品，其行为侵害了作者的著作权。2001 年《著作权法》第 9 条明确规定了，“信息网络传播权，即以有线或者无线方式向公众提供作品，使公众可以在其个人选定的时间和地点获得作品的权利”。这是我国首次以法律的方式确立了“信息网络传播权”这一民事权利。“起点中文网”与作者签约，拥有这些作品的独家信息网络传播权，复制转载作品的行为同样也侵害了“起点中文网”的该项权益。

（二）传统作品上网传播，同样可能侵犯著作权

有些人对已发行作品的网络传播认识存在误解，认为这些作品已经为公众所知，在网络上传播不违法。其实只要在网络上使用了他人作品，使用者应当征得著作权人的许可，传统作品的作者同样享有信息网络传播权。将作品数字化，并通过网络向社会传播的行为，应属于《著作权法》规定的使用作品的方式，也是著作权人合法权益的组成部分。

（三）网络上发布经过删改的文字作品也可能侵犯著作权

2015 年国家版权局发布的《关于规范网络转载版权秩序的通知》明确规定，互联网媒体转载他人作品，不得对作品内容进行实质性修改；对标题和内容作文字性修改和删节的，不得歪曲篡改标题和作品的原意。对著作权的保护不仅是对转载、转发原文字的禁止性规定，还包括对作者保留原文字的意愿进行保护。

（四）计算机软件侵权是侵犯知识产权的新形式

有些人认为网络游戏“外挂”①软件与原游戏软件程序并不一致，不属于侵权。软件和传统知识产权作品不同，软件是以使用目的为主要价值存在的，因此，其侵权不一定是对软件的完全复制，还可能是对设计思路、架构的抄袭，或者是擅自修改、翻译、注释他人的著作权软件作品，甚至是对一些软件程序的逆向设计（“外挂”软件破坏了网络游戏软件保证游戏公正秩序的初衷）。

（五）域名注册也可构成对商标权的侵犯

商标实质上是长期经营过程中为了区别不同商品或服务而产生的特殊标识，是一种较为特殊的知识产权，与其他知识产权保护相比，不直接创造经济效益，但商标权一旦产生，具有潜在的经济价值。如英国品牌评估机构 Brand Finance 公布了 2017 年全球最具价值品牌 500 强榜单，谷歌以 1094.7 亿美元的品牌价值位居榜首。与传统商业领域不同，在互联网空间，商标权将具有更加多样的形式和更加丰富的内涵。如我们最常见的域名，因为域名具有唯一性、排他性、稀缺性，而且域名注册与传统商标注册体系并无排除性审查，企业字号、注册商标被注册等被他人抢注为计算机域名现象非常常见，而有些抢注可能侵害到企业的知识产权。2016 年北京市朝阳区人民法院审理的抢注内衣品牌“维多利亚的秘密”域名案②就反映了恶意抢注对企业可能构成的威胁，即是全球知名企业也不能避免相似的域名抢注风险。克里斯·吉莱斯皮注册了 763 个域名，将“google”与其他词和短语结合在一起，其中包括“googledonaldtrump. com”。谷歌公司提交了一份域名争议投诉，指控吉莱斯皮抢注域名，涉嫌商标侵权，之后谷歌胜诉，仲裁小组下令没收这些域名。

---

① 通过反编译手段破译游戏游戏核心数据库文件、登陆文件以及模拟的通讯协议，加入其制作的各类能实现游戏自动操作功能的脚本文件，开发能实现自动后台多开登录、自动操作诸多游戏作弊功能的脱机外挂软件。

② 维多利亚公司是美国知名服装企业，创立了“维多利亚的秘密”女性内衣品牌，享有“维多利亚的秘密”商标专用权。王某在维多利亚公司尚未进入中国市场之际，将“维多利亚的秘密”抢注为域名。北京市朝阳区人民法院审理认为，王某将在先注册并具有较高知名度的商标作为域名使用，亦没有任何有关“维多利亚的秘密”品牌商品或服务信息，王某抢注两涉案争议域名却不使用，主观恶意明显，构成不正当竞争。北京市朝阳区人民法院判令王某停止使用两涉案域名并赔偿维多利亚公司经济损失 5 万元、维权支出 5 万元，两涉案域名归维多利亚公司所有。

第八章　企业高管职务犯罪的法律应对

第一节　引　　言

20 世纪 30 年代,美国经济学家阿道夫 · A. 伯利(Adolf A. Burley) 和加德纳 · C. 米恩斯(Gardiner C. Mrien) ,洞悉企业所有者兼具经营者的做法存在弊端,于是提出“委托代理理论”。他们在书中称,“所有权与经营权的日趋分离,越来越成为股票持有者认为持有公司证券的唯一原因”,“只有在实际负责公司业务者所具有的温厚、真诚以及经济优势使得他们努力使这张纸片具有价值的情况下,它才会具有价值”。[①] “委托代理理论”成为现代公司治理的逻辑起点。

随着企业的发展,需要聘请越来越多的管理者,将管理者局限在家族成员内部,虽然有利于降低委托代理的成本,但是可能导致家族成员不能胜任管理一职等情况,而纯粹聘请管理者,股东完全不参与经营,又极易发生管理者不按照股东的意思行事等道德风险。[②] 因此,现代企业治理的内部机构往往是融合式的,既可以存在家族企业,又可以委托代理人经营企业,还可以让代理人获得股权激励。如果一个家族企业,没有尝试一定程度上的所有权与经营权分离,就会发生企业发展方面管理人缺乏的瓶颈;如果一个家族企业,已经聘请了部分高级管理人员,没有采取股权激励等措施,就有可能发生企业高管为了自身的利益而损害公

① [美]阿道夫 · A. 伯利、加德纳 · C. 米恩斯著:《现代公司与私有财产》,甘华鸣等译,商务印书馆 2005 年版,第 229 ~ 240 页。

② 参见岳世忠、蔡立民:《基于委托代理理论视角下的公司治理与内部控制研究》,载《开发研究》2014 年第 6 期,第 80 页。

司利益的情况。我国财政部发布的文件中定义的企业高管为“对企业决策、经营、管理负有领导职责的人员，包括董事、监事、经理、总会计师、董事会秘书、财务负责人等”。[①] 中国证券监督管理委员会发布的《上市公司章程指引》第124条将“公司经理、副经理、财务负责人、董事会秘书等人列为公司高级管理人员”，同时规定，公司可以根据具体情况需要设定高级管理人员。[②] 按照我们对现代企业制度的理解，本章中所提到的企业高管，一般同时具有参与经营股东的属性，最大的企业高管就是参与企业经营的最大股东。

按照高阶梯队理论，企业高管的认知、解决问题的方式、作出的战略决策等，反映了他们所具有的背景特征。[③] 可以说，企业家的特质决定了一个企业的成败。为此，检察机关高度重视在服务非公企业过程中，加强对企业家、企业高管的保护。2016年，浙江省人民检察院出台《关于依法保障和促进非公有制企业健康发展的意见》中明确规定，“市、县（市、区）院办理涉及大型非公有制企业董事局主席、董事长、总经理或影响企业科研、生产、经营的‘关键’骨干，在立案、批捕、起诉前应当层报省院备案；县（市、区）院办理涉及中型非公有制企业董事局主席、董事长、总经理或影响企业科研、生产、经营的‘关键’骨干，在立案、批捕、起诉前应当层报市院备案。省、市院要加强对上报备案案件的指导，严格把握法律政策界限，确保办案法律效果、政治效果和社会效果的有机统一”。

本章主要基于温州民营企业发展的实际情况，从职务犯罪的角度介绍企业高管，特别是企业家在履职过程中发生的犯罪问题，这些犯罪案件，有的与温州经济发展的大环境有关，有的与企业家的职责权限有关，还有的与企业内部控制有关，总体而言，都是与企业的治理相关。通过本章的介绍，希望能够消除企业家在企业治理过程中认识上的误区，实

---

① 转引自张蕊：《企业高管侵占型职务犯罪的会计调查及防范》，载《会计研究》2011年第11期，第35页。

② 参见《上市公司章程指引》（2019年修订）。转引自北大法宝数据库，法宝引证码CLI.4.331323。

③ 参见刘洋、乔坤元等：《董事长职能背景与企业战略》，载《经济学报》2016年第4期，第1页。

现企业更安全、更有效地经营。

第二节 企业高管涉职务侵占罪

2017 年 3 月 28 日,《证券日报》报道,上市公司"ST 生化"原董事长涉嫌职务侵占近 3 亿元被审查起诉;[①]2016 年 12 月,《每日经济新闻》报道,曾是中国家居建材连锁超市行业规模最大的中国品牌"东方家园"的原董事长涉嫌职务侵占 1.6 亿元被审查起诉;[②]2016 年 12 月,《中国证券报》报道,上市公司"凯迪生态"总裁因涉嫌职务侵占罪被刑事拘留。[③]某研究显示,2016 年中国企业家刑事风险中,职务侵占罪占比 12.30%,[④]职务侵占罪是一个企业家、企业高管极易触犯的罪名。

概括而言,企业高管涉职务侵占罪案件可分三种情形:一是"逃废债"过程中发生的职务侵占,二是侵害其他股东权益而发生的职务侵占,三是非法掏空企业资产而发生的职务侵占。

一、"逃废债"过程中发生的职务侵占

案例 1 余姚市舜某电器有限公司总经理胡某海职务侵占案——在公司经营出现资不抵债情况下,为逃避公司债务,转移公司价值亿元的库存商品,获刑 13 年。[⑤]

余姚市舜某电器有限公司系私营有限责任公司,被告人胡某海实际持有该公司 20% 的股份,并担任该公司总经理,负责生产、销售等工作。

---

① 参见谢若琳:《ST 生化失控子公司调查:原董事长涉嫌职务侵占近 3 亿元》,载《证券日报》2017 年 3 月 28 日,第 C02 版。

② 参见李少婷:《东方家园股东纠纷未了局:原董事长涉嫌职务侵占遭公诉》,载《每日经济新闻》2016 年 12 月 6 日,第 004 版。

③ 参见刘向东等:《凯迪生态总裁因涉嫌职务侵占罪被刑拘》,载《中国证券报》2016 年 12 月 26 日,第 A08 版。

④ 参见北京师范大学中国企业家犯罪预防研究中心课题组:《2016 中国企业家刑事风险分析报告》,载《河南警察学院学报》2017 年第 4 期,第 22 页。

⑤ 判决书文号:〔2013〕浙甬刑一初字第 56 号。转引自北大法宝数据库,法宝引证码 CLI. C. 1767235。

2011 年 7 月 ~2012 年 3 月,被告人胡某海在负有巨额债务、无力支付货款的情况下,利用担任舜某公司总经理的职务上的便利,将舜某公司 10,199 万余元的漆包线发售给其本人实际控制、经营的天某公司、金某公司,再低价销售给他人套取现金,用于买卖期货、偿还债务等。除支付部分货款外,胡某海以上述方式实际侵占舜某公司共计价值 2849 万余元的漆包线。

2013 年 5 月 20 日,宁波市中级人民法院以职务侵占罪,判处被告人胡某海有期徒刑 13 年。

案例 2 乐清市耐某电源电气有限公司法定代表人章某伍职务侵占案——公司清算前转移生产设备,清算期间予以隐瞒,构成职务侵占罪,获刑 5 年。①

2010 年 10 月,被告人章某伍利用其担任乐清市耐某电源电气有限公司法定代表人的职务便利,在该公司停业期间,将公司的生产设备转移至乐清市柳市镇胡某凯家中予以藏匿。2011 年 3 月 16 日,乐清市人民法院对傅某某诉耐某公司解散纠纷一案作出裁决,判决公司解散。2011 年 6 月 2 日,傅某某向乐清法院递交清算申请书。在法院对清算申请的立案审查过程以及清算过程中,被告人章某伍均隐瞒了其将该公司生产设备转移、藏匿的事实。2013 年,公安机关对傅某某控告章某伍涉嫌隐匿、故意销毁会计凭证、会计账簿、财务会计报告一案进行立案审查,期间章某伍仍向公安机关表示未转移该公司生产设备。2013 年 3 月 6 日,被告人章某伍藏匿于乐清市柳市镇胡某凯家的公司生产设备被公安机关查获。经鉴定,32 台绕线机以及烘箱等物品合计价格为 171,208 元。

乐清市人民法院审查后认为,被告人章某伍的行为已构成职务侵占罪,判处被告人章某伍有期徒刑 5 年。2014 年 7 月 14 日,温州市中级人民法院二审维持原判。

案例 3 浙江永某集团有限公司董事长郑某强职务侵占案——法定

---

① 判决书文号:〔2014〕浙温刑终字第 450 号。转引自北大法宝数据库,法宝引证码 CLI. C. 3148300。

代表人将公司持有的其他公司股权无偿转让给其儿子，构成职务侵占罪，获刑5年；案发时，该公司系一人公司。[①]

浙江永某集团有限公司于1991年核准成立，历经多次股权变更，后于2010年6月21日变更公司股权由被告人郑某强与其弟郑某成、郑某权三人持有，2014年4月再次变更为由郑某强一人持有，企业类型变更为一人有限公司。

2015年1月23日，郑某强利用其担任永某集团法定代表人的职务便利，将该公司持有的永某集团浙江成套电气有限公司30%股权无偿转让给其子郑某彰，造成永某集团财物损失。经评估，郑某强侵占永某成套30%股权价值不少于138.9502万元。

乐清市人民法院经审理后认为，郑某强的行为已构成职务侵占罪，判处被告人郑某强有期徒刑5年。2017年3月30日，温州市中级人民法院二审维持原判。

"逃废债"，不是一个新鲜的名词，早在1994年《中国城市金融》期刊就有提到"逃废债"。"逃废债"是"逃债"和"废债"两个词。这个词是从银行的角度提出，防止企业"逃债和废债"，防止企业"假破产、真逃债"。[②] 温州地区2014年"逃废债"案件明显增加。据报道，"2014年温州市公安局共办理逃废债案件165起，案件数同比上升200%"，按照浙江省的数据，截至2014年9月，"浙江全省有超过一半的中型企业深陷互保泥潭不能自拔"。[③] 这场"逃废债"的危机，或者称为资金链、担保链断裂而引发的危机，一般认为始于2011年，2012年、2013年有上升的趋势，至2014年整体影响已极为突出。[④] 为化解风险，"温州先后出台'双十条'措施及其升级版，理顺核心贷款企业及担保企业债务清偿顺序，推

---

① 判决书文号：〔2016〕浙03刑终1938号。转引自北大法宝数据库，法宝引证码CLI. C. 9162990。

② 参见刘廷焕：《严格控制信贷规模，努力提高经营效益》，载《中国城市金融》1994年第10期，第9页。

③ 邹倜然：《"铁索连舟"反遭"火烧连营"，企业宣告破产时已成"空壳"——温州逃废债案件激增拷问企业诚信》，载《工人日报》2015年2月12日，第004版。

④ 参见周文泉：《温州企业"两链"风险化解创新途径的探索》，载《金融商务》2015年第12期，第118页。

广包括政府转贷、平移代偿、暂缓追偿、差额担保等担保链八大破解模式”，实现温州全市不良贷款余额、不良贷款率连续两年“双降”。① “逃废债”危机得到一定程度的控制。

以上三个案例均可归为“逃废债”过程中，企业高管、企业家仍有能力尽力偿还债务，而逃避偿还债务的情形。(1)余姚市舜某电器有限公司总经理胡某海，明知舜某电器有限公司负有巨额债务、无力支付货款的情况下，却利用职务便利，将该公司价值10,199万余元的漆包线低价销售给其本人实际控制的关联公司，从而企图达到转移舜某电器公司资产以逃避债务的目的。(2)乐清市耐某电源电气有限公司法定代表人章某伍，在公司已经停产，仍欠外债的情形下，转移公司生产设备，予以藏匿，企图使这些资产在公司清算期间不计算在公司资产内。(3)浙江永某集团有限公司董事长郑某强，也是在面临公司债务危机的情况下，想尽各种办法，变更公司股权结构，转移公司资产，企图摆脱“担保”。其先是使公司的股权结构变更为一人股东，公司性质变更成一人有限责任公司，随后将公司的股权或其他资产尽可能剥离。虽不能做到完全脱保，但留下一人守着一个空壳公司来承担各种担保债务，以图实现实质上的脱保。

二、侵害其他股东权益而发生的职务侵占

案例4　浙江六某印业有限公司的法定代表人、董事长龚某门等职务侵占案——趁股东入狱，伪造股东退股领款凭证，并将股东股权变更到他人名下，侵占股东股权，获刑5年。②

被告人龚某门和江某陆等人成立浙江六某印业有限公司，注册资金为人民币1088万元，其中江某陆出资人民币238万元，占21.88%股份。

2002年，被告人龚某门、龚某淦伪造股东江某陆于2002年3月18

---

① 参见胡丹：《温州创新机制化解“两链”风险》，载《浙江日报》2016年11月4日，第001版。

② 判决书文号：〔2015〕浙温刑终字第1604号，载中国裁判文书网，http://wenshu.court.gov.cn/content/content? DocID = c4f1542b - bbd6 - 4d08 - a55c - b79a4f08f9e0&KeyWord = % EF% BC% 882015% EF% BC% 89% E6% B8% A9% E8% 8B% 8D% E5% 88% 91% E5% 88% 9D% E5% AD% 97% E7% AC% AC4% E5% 8F% B7，2017年9月11日访问。

日退股金64万元的领款凭证，并将该张领款凭证于2002年12月在公司入账。

2004年12月，被告人龚某门作为浙江六某印业有限公司的法定代表人、董事长，趁公司股东江某陆服刑期间，在未征得江某陆同意的情况下，指使会计被告人龚某淦伪造了股东会决议书、股份转让协议书等材料，到苍南县工商行政管理局办理变更登记，将股东江某陆5.88%股份变更到龚某数名下。

经温州市人民检察院鉴定，浙江六某印业有限公司2004年12月31日的净资产价值为人民币31,934,540.8元，其中，被告人龚某门非法侵占股东江某陆5.88%股份，价值为人民币1,877,751元。

2015年10月8日，苍南县人民法院审理后认为，被告人龚某门以非法占有为目的，利用作为公司股东和法定代表人的职务便利，指使被告人龚某淦伪造相关材料，擅自将江某陆在公司的股份变更到龚某数名下，该股份市值数额巨大，其行为已构成职务侵占罪，判处有期徒刑5年，并处没收个人财产100,000元。2016年9月28日，温州市中级人民法院二审维持原判。

本案发生在苍南县，类似案件情况在乐清市也有发生。乐清市的常某集团有限公司大股东未经小股东同意，伪造小股东签名，将小股东的股权转让给其他人，并办理了股权工商变更登记，后经当事人起诉，法院判决相关股权转让无效。① 大股东侵害小股东权益的情况在某种程度上具有一定的普遍性。有研究将大股东与小股东之间的关系称为第二类代理关系，两者之间利益冲突日益尖锐，要通过改善企业内部治理，加强小股东的参与性来进行缓和。② 2017年9月1日实施的最高人民法院《关于适用〈中华人民共和国公司法〉若干问题的规定（四）》中，有对这些方面存在的问题作出防范和规制，如对大股东侵害小股东知情权方面，司法解释明确规定，“公司不得以公司章程、股东间协议等方式，实质

① 相关民事判决书文号〔2016〕浙0382民初7721号、〔2016〕浙0382民初7720号、〔2016〕浙0382民初7723号、〔2016〕浙0382民初7722号。

② 参见朱晓霞：《四海股份大股东隧道行为研究——基于公司治理视角》，浙江工商大学2017年硕士学位论文，第1~44页。

性剥夺股东的法定知情权”，另对股东聘请中介机构执业人员辅助查阅作出了规定，“可以由中介机构执业人员辅助进行”。[①] 现实情况一般是，大股东、小股东对利益分配存在不同的理解，导致双方之间矛盾突出。大股东习惯于将小股东投入的资本金和借入的借款类同，而不去关注两者之间本质上的差别。基于这种错误认识，大股东在公司盈利的时候，不情愿为小股东支付超过民间利率的股息；在公司亏损的时候，将其视为股权，不用像债权一样，需要还本付息。从大股东的算盘中，吸收小股东的投资，对其具有远超民间借款的利益，至于小股东在工商登记的股东和股权，对于大股东来说，只是一种“形式”。企业高管、大股东这种思维模式，偏离了现代企业制度的理念，极易引发法律风险和其他各种风险。本案当中，也有观点认为浙江六某印业有限公司法定代表人龚某门等人的行为是一种盗窃行为，应构成盗窃罪。温州市中级人民法院维持职务侵占罪的定性。无论定性如何，对企业家、企业高管、大股东来说，要规范公司内部治理，勿将经营目标落在侵害其他股东利益之上，要有更长远的规划和更高的格局。

三、非法掏空企业资产而发生的职务侵占

案例5　温州市林某房地产开发有限公司法定代表人郑某返等人集体职务犯罪案——股东集体决定采取虚开发票、虚构利息款等手段套取公司巨额房地产预售收入款项，构成职务侵占罪，法定代表人获刑10年6个月。[②]

温州市林某房地产开发有限公司于2000年7月14日成立，2011年

---

① 最高人民法院《关于适用〈中华人民共和国公司法〉若干问题的规定（四）》第9条规定，公司章程、股东之间的协议等实质性剥夺股东依据《公司法》第33条、第97条规定查阅或者复制公司文件材料的权利，公司以此为由拒绝股东查阅或者复制的，人民法院不予支持。第10条规定，人民法院审理股东请求查阅或者复制公司特定文件材料的案件，对原告诉讼请求予以支持的，应当在判决中明确查阅或者复制公司特定文件材料的时间、地点和特定文件材料的名录。股东依据人民法院生效判决查阅公司文件材料的，在该股东在场的情况下，可以由会计师、律师等依法或者依据执业行为规范负有保密义务的中介机构执业人员辅助进行。

② 判决书文号：〔2017〕浙03刑终188号。转引自北大法宝数据库，法宝引证码CLI.C.9253086。

9月1日名称变更为浙江林某房地产开发有限公司(以下简称林某公司)。经多次股份重组后,林某公司的股份最终由郑某返持39%(包含林某挂在郑某返名下的10%股份),刘某相持27.5%,翁某华持25.5%,徐某兴持8%。上述实际股东均参与林某公司的管理,其中郑某返任公司总经理,负责公司全面工作,2013年7月开始担任公司法定代表人;刘某相任副总经理,负责工程建设;翁某华任副总经理,负责财务管理;徐某兴作为公司董事,委托张某代表其任副总经理,负责人事;林某于2013年上半年开始负责公司对银行的业务。

2007年5月21日,林某公司以10,260万元的价格取得浙江省苍南县灵溪镇L-01地块,并在该地块上开发"华臣一品苑"房地产项目。"华臣一品苑"楼盘自2010年四五月动工后,分三期开盘,本应分别于2014年6月30日、2015年12月30日、2016年6月30日交房,但林某公司高层管理人员以各种名义将公司资金转移侵占,导致林某公司没有资金支付工程款,上述房产项目中途停工。

2009年9月~2014年1月期间,被告人郑某返伙同刘某相、翁某华、徐某兴等人,经事先预谋,利用管理林某公司的职务便利,通过董某松担任法定代表人或实际控制的苍南县博某建筑材料有限公司、苍南县顺某建材有限公司、苍南县某建材有限公司、苍南县恒某建材有限公司等四家土方公司,采用虚增工程款、虚开普通发票的方式,将林某公司的资金转入上述四家土方公司。经与董某松协商一致后,由土方公司扣除实际工程款,并预先提留8%的税费后,将剩余资金转入郑某返、刘某相、翁某华、徐某兴等人指定的账户,并按照郑某返等人的持股比例予以私分。经查,郑某返等人实际私分公司资金合计10,536.73万元,其中郑某返分得4447.514万元,刘某相分得3031.47万元,翁某华分得2436.138万元,徐某兴分得621.608万元。

2012年8月,被告人郑某返伙同翁某华、刘某相,经事先预谋,利用管理林某公司的职务便利,采取虚构利息款的方式,将公司4500万元私分。事后翁某华、刘某相各分得1500万元,郑某返分得1240万元。

2016年12月28日,乐清市人民法院判决被告人郑某返犯职务侵占罪,判处有期徒刑10年6个月,并处没收财产20万元。2017年6月28

日,温州市中级人民法院二审维持原判。

企业的资产、负债和权益,都属于企业所有,“股东向企业投资以后,形成了财产的集合,股东取得企业的股权,丧失了对已投资财产的所有权”,[①]“公司一旦成立,就是相对独立于股东的法人组织,有其自身生存和发展的权力”。[②] 股东享有企业利益,是通过享有企业股权的形式实现,股东要分配企业利润,只能就企业历年累积的利润进行分配,股东要分配企业资产,只能通过减少企业注册资本和实收资本的方式,除此以外,股东、企业高管要动用企业资产、负债或权益,只能根据企业章程,经董事会或股东会的授权进行。按照《公司法》的规定和立法精神,股东对公司事务具有高度的意思自治权,通过股东会这一权力机构,几乎可以决定公司任何事情。即便如此,股东会不能作出损害企业利益的行为,不能作出违反法律的行为。从本案来看,涉案的企业高管都是企业股东,其行为实质等同于经过股东会授权。虽然这些企业高管的行为都经过股东会的授权,从形式上看具有“合法性”,但从实质上看,其行为损害了企业的利益,导致企业资产未被用于生产经营,而“过早”地、在尚未形成利润之前被非法掏空。从行为人采取“虚开发票、虚构利息款等”掩饰、隐匿的手段掏空企业资产来看,说明他们也认识到了行为的违法性,即已经认识到即使经全体股东同意,也不能直接将企业的资产予以私分。

从企业筹资的角度来看,企业资产受到侵害也十分明显。企业筹资从大的方面讲,有两种方式,一是权益资本筹资,二是债务资本筹资。权益资本筹资具有“没有固定利息负担”“没有固定到期日”等优点。债务资本筹资具有“财务风险大,需要定期还本付息”“限制条款多”等缺点。[③]（见表8－1）本案中,对企业来说,各股东投入的股本金属于权益资本筹集的资金,企业筹集这些资金之后,没有债务风险,不需要支付固

---

① 甘培忠:《企业与公司法学》,北京大学出版社2014年版,第144页。

② 郝云宏:《公司治理内在逻辑关系冲突:董事会行为的视角》,载《中国工商经济》2012年第9期,第105页。

③ 参见中国注册会计师协会编:《2013年度注册会计师全国统一考试辅导教材:财务成本管理》,中国财政经济出版社2013年版,第314～317页。

定利息,不需要定期归还本金,企业可以安全可靠地将这些资金用于企业日常的生产经营。对股东来说,其在投入资金之后,就失去了对原投入资产的所有权,转而享有了企业的股权,以及通过股权产生股利而实现收益。换言之,股东投入资本金后,非经法定的减资、清算等程序或转让股权的形式,不能直接或间接将资本金取回,其实现收益的方式只能是按照企业章程的规定,通过分配股利而实现收益。本案当中,各股东的行为明显违反股东权益的实现方式,将收到的房屋预售款未用于生产经营即予以瓜分,直接侵害了企业的利益,破坏了企业具有的资金集合的稳定体系。因此,其行为即使经过股东会同意,也构成职务侵占罪。

表 8-1　企业资产负债①

编制单位:天华股份有限公司　　2006 年 12 月 31 日　　单位:元

资产	期末余额	年初余额	负债和所有者权益(或股东权益)	期末余额	年初余额
流动资产:			流动负债:		
……			……		
流动资产合计	4,751,400		流动负债合计	2,651,400	
非流动资产:			非流动负债:		
……			……		
			非流动负债合计	600,000	
			负债合计	3,251,400	
			所有者权益(或股东权益):		
			实收资本(或股本)	5,000,000	
			……		
			未分配利润	50,000	
非流动资产合计	3,650,000		所有者权益(或股东权益)合计	5,150,000	
资产总计	8,401,400		负债和所有者权益(或股东权益)总计	8,401,400	

注:从表中可清晰地看出,股东投入资产(对企业而言为实收资本或股本)后,便失去了对该资产的所有权,该资产的所有权转而为企业所享有,股东享有相应的股权,非经法定程序,股东不能收回投资本金,只能就所享有的股权产生的股利而实现收益。

① 参见中国注册会计师协会编:《2015 年度注册会计师全国统一考试辅导教材:会计》,中国财政经济出版社 2015 年版,第 236~237 页。

四、启示或建议

(一)法定代表人、董事长为什么也会构成职务侵占罪

认识误区:误以为"职务侵占罪"只是规范企业员工的罪,不是规范企业家、法定代表人、企业高管的罪。

根据《刑法》第271条第1款规定,构成职务侵占罪的主体只要求是企业的人员。法定代表人、董事长以及其他高级管理人员等,都是企业的人员,都符合该罪的主体条件。

(二)经过股东会决议同意为什么也会构成职务侵占罪

认识误区:只要经过股东会决议同意分配企业资产,就不构成职务侵占罪。

根据《刑法》第271条第1款规定,构成职务侵占罪客观方面表现为"将本单位财物非法占为己有"。股东会决议事项必须要依法依规进行;股东会决议事项如果没有依法依规进行,如没有就公司本年利润或未分配利润进行股利分配,而是将本单位收到的预收款进行分配,就会涉嫌职务侵占罪。

(三)一人有限责任公司的股东为什么会构成职务侵占罪

认识误区:一人有限责任公司,股东只有一人,股东侵占公司的资产不算侵占。

《公司法》第63条规定,"一人有限责任公司的股东不能证明公司财产独立于股东自己的财产的,应当对公司债务承担连带责任";该规定某种程度上可视为容许"一人公司"股东财产与公司财产混同。如果可以这样解读,那么一人公司股东构成职务侵占罪、挪用资金罪就会存在大前提的问题。实践情况是,在《刑法》第271条尚未对一人公司作出特别规定的情形下,一人公司和多人公司并无主体上的区别。多人公司的股东、法定代表人可能涉嫌的职务侵占罪、挪用资金罪等,一人公司也都可以,并无二致。案例3中,涉案公司最后变更为一人公司,不影响对其职务侵占罪的认定。

(四)已经记账为什么也会构成职务侵占罪

认识误区:已经记账就不会构成职务侵占罪。

职务侵占罪一种常见的表现是"吸收客户资金不入账",但不表示"入账"就不会构成职务侵占罪。案例5中各被告人是通过虚开发票、虚构利息款等手段套取企业预收款,其虚开发票、虚构利息款都有做账,有账可查,但不因此阻却其职务侵占罪的成立。认定职务侵占罪的客观方面,仍

要回归《刑法》条文的规定，即“将本单位财物非法占为己有”。虽然做账，但将套取企业资金的账做成企业正常生产经营支出，这种做账不过是一种掩盖“非法占有财物”目的的表现，不能否定行为构成职务侵占的性质。

（五）临时借用为什么也会构成职务侵占罪

认识误区：临时周转一下企业资产，没有想要占为己有，就不会构成职务侵占罪。

关于职务侵占罪，刑法上确实要求行为人主观上要有“非法占有”的目的，即要有将财物据为己有的意思，只是纯粹地临时借用一下，或者没有想将财物据为己有，打算将来归还的，不属于“非法占有的目的”。但是，在认定行为人是否具有非法占有的目的，不是通过字面的理解，也不是仅凭行为人的供述，而是要看客观证据，如果客观证据证实行为人已将财物秘密转移了，那么一般就会认定其具有非法占有的目的。

因此，“临时借用”是否构成职务侵占罪，不是光凭行为人供述，要看客观证据，即使行为人主观上确实想要临时借用一下企业的资产，等将来有钱了再归还企业，但是，其临时借用的用途是赌博或者其他非法用途，而其本身已明显没有还款能力了，那么，也可以推定行为人主观上具有非法占有的目的，构成职务侵占罪。

（六）利用职务便利，侵占多少钱可以构罪，怎么量刑

职务侵占罪的立案标准是6万元以上。① 职务侵占6万元以上，一般

---

① 参见《中华人民共和国刑法》第271条第1款，2016年4月最高人民法院、最高人民检察院《关于办理贪污贿赂刑事案件适用法律若干问题的解释》第1条第1款、第2条第1款、第11条第1款。

《中华人民共和国刑法》

第二百七十一条（第一款） 公司、企业或者其他单位的人员，利用职务上的便利，将本单位财物非法占为己有，数额较大的，处五年以下有期徒刑或者拘役；数额巨大的，处五年以上有期徒刑，可以并处没收财产。

最高人民法院、最高人民检察院《关于办理贪污贿赂刑事案件适用法律若干问题的解释》

第1条（第1款） 贪污或者受贿数额在三万元以上不满二十万元的，应当认定为刑法第三百八十三条第一款规定的“数额较大”，依法判处三年以下有期徒刑或者拘役，并处罚金。

第2条（第1款） 贪污或者受贿数额在二十万元以上不满三百万元的，应当认定为刑法第三百八十三条第一款规定的“数额巨大”，依法判处三年以上十年以下有期徒刑，并处罚金或者没收财产。

第11条（第1款） 刑法第一百六十三条规定的非国家工作人员受贿罪、第二百七十一条规定的职务侵占罪中的“数额较大”“数额巨大”的数额起点，按照本解释关于受贿罪、贪污罪相对应的数额标准规定的二倍、五倍执行。

在6个月至1年的有期徒刑幅度内确定量刑起点；如果职务侵占100万元以上，一般在5年至6年的有期徒刑幅度内确定量刑起点；职务侵占数额达到500万元的，可确定10年有期徒刑为量刑起点。[①]

第三节　企业高管涉挪用资金罪

2012年8月9日，《中国证券报》报道，S*ST北亚公司原副总裁逄某江挪用资金数亿元，造成公司直接经济损失9554.30万元；[②]2014年，深圳航空实际控制人李某源单独或伙同5名深航高管挪用资金20.3亿元，获刑10年；[③]2017年3月24日，辉山乳业股价一日跌去85%，之前公司执行董事葛某发生失联，辉山乳业大股东、董事长杨某否认挪用资金；[④]2017年4

---

① 参见2017年4月浙江省高级人民法院《〈关于常见犯罪的量刑指导意见〉实施细则》(浙高法〔2017〕71号)。

浙江省高级人民法院《〈关于常见犯罪的量刑指导意见〉实施细则》

(九)职务侵占罪

1.构成职务侵占罪的，可以根据下列不同情形在相应的幅度内确定量刑起点：

(1)达到数额较大起点的，可以在六个月至一年有期徒刑幅度内确定量刑起点。

(2)达到数额巨大起点的，可以在五年至六年有期徒刑幅度内确定量刑起点。

(3)职务侵占数额达到五百万元的，可以确定十年有期徒刑为量刑起点。

2.在量刑起点的基础上，可以根据职务侵占数额等其他影响犯罪构成的犯罪事实增加刑罚量，确定基准刑：

(1)职务侵占数额较大的，每增加三万元，增加二个月刑期：

(2)其他可以增加刑罚量的情形。

3.有下列情形之一的，可以从重处罚：

(1)职务侵占行为严重影响生产经营、造成严重损失或者影响恶劣的，增加基准刑的30%以下；

(2)职务侵占用于预防，控制突发传染病疫情等灾害款物的，增加基准刑的10%～30%；

(3)多次职务侵占的，增加基准刑的20%以下；

(4)职务侵占的款项用于违法犯罪活动的，增加基准刑的20%以下；

(5)其他可以从正处罚的情形。

② 参见李少林：《法院裁定书曝“内部人”黑幕——S*ST北亚原副总裁挪用巨额公司财产》，载《中国证券报》2012年8月9日，第A08版。

③ 参见严学锋：《企业家挪用资金的罪与罚》，载《董事会》2016年第11期，第61页。

④ 参见江钰铃：《辉山乳业高管失联，菲仕兰否认接盘——杨凯否认挪用资金，密集会见债权人》，载《中国证券报》2017年3月29日，第A10版。

月,“易到用车”创始人周某发布声明称,“乐视挪用了易到 13 亿元资金”,[①]乐视和易到之间关于挪用资金的问题一时陷入“罗生门”。挪用资金罪一直是企业高管职务犯罪的高频罪名。企业一旦防范不好,不仅企业高管会因此而锒铛入狱,而且可能导致企业突然倒闭。

概括起来,企业高管涉挪用资金罪的情况可以分为五类:一是个人决定将企业资金(包括企业借入的资金)借贷给他人;二是个人决定以企业名义为他人贷款提供担保,后承担担保责任;三是经企业实际控制人同意而挪用资金;四是一人公司股东挪用资金;五是挪用企业资金用于归还个人债务或用于生产经营等。

一、个人决定将企业资金(包括企业借入的资金)借贷给他人

案例6 温州华某集团董事长苏某安挪用资金案——个人决定以公司名义借款 1330 万元,再转借给他人,超过 3 个月未归还,构成挪用资金罪,获刑 5 年;个人同时承包经营企业,个人资金与企业资金混同,不影响挪用资金罪的认定。[②]

被告人苏某安,中共党员,苍南县第九届人民代表大会代表,原系温州华某集团有限公司董事长、法定代表人。

2009 年 2 月至 2013 年 8 月期间,被告人苏某安承包经营了温州华某集团有限公司,并担任该公司法人代表。2011 年 9 月,被告人苏某安利用其担任该公司法人代表的职务便利,在公司股东不知情的情况下,以华某集团的名义向鲍某甲借款人民币 1330 万元,后将该笔 1330 万公司借款转借给钟某。经查,该笔借款未入华某集团公司账目,系由鲍某甲直接打款给钟某,且超 3 个月未还。

法院审理后认为,被告人苏某安作为公司法定代表人,在承包经营期间,利用职务上的便利,挪用本单位的资金借贷给他人,数额巨大,其行为

① 银昕:《13 亿资金被曝挪用,车主乘客提现难,易到创始人与大股东“开撕”——周航和贾跃亭谁会是赢家》,载《中国经济周刊》2017 年第 16 期,第 50 页。

② 判决书文号:〔2015〕温苍刑初字第 1230 号。转引自北大法宝数据库,法宝引证码 CLI. C. 33811056。

已构成挪用资金罪。鉴于被告人苏某安在承包经营期间确存在个人资金与公司资金混同的情况下,可酌情从轻考虑。

2016年4月1日,苍南县人民法院判决被告人苏某安犯挪用资金罪,判处有期徒刑5年。

企业之间、企业和高管之间、企业和普通员工之间发生资金拆借十分普遍。一般而言,通过查看企业的资产负债表、科目余额表等,能够直接发现企业资金拆借的情况。通常,企业借出去的资金都会记在"其他应收款"会计科目下面,有时候,企业高管为了掩盖资金拆借情况或者出于规避资金出借可能涉及的营业税及附加税、个人所得税等,会将这种会计事项记在"其他应付款""应收账款"等会计科目,特殊情形下,还会将出借给个人的款项挂在某一单位名下,以规避检查。在温州某些地区,一些企业甚至会采取对某一个银行账户全部不做"外账"的情况,导致涉及该银行账户的资金无法从会计账目上反映出来。本案中的情形就是如此,法定代表人以企业的名义为他人借款,企业对该笔重要事项未记账。这可能导致法定代表人逃避对其挪用资金罪的监督检查,增加了司法机关查处案件的难度,但也在某种程度上使案件的定性更加容易,办案人员在办案中会更倾向于认为法定代表人具有挪用资金罪的主观故意和客观行为。

《公司法》第148条第1款第3项规定,董事、高级管理人员不得违反公司章程的规定,未经股东会、股东大会或者董事会同意,将公司资金借贷给他人。本案当中,法院认定的事实里有一项情况很特别,被告人苏某安是华某集团的法定代表人,同时也是华某集团的承包人。也就是说,法定代表人与其他股东约定了承包经营关系,能否改变挪用资金罪成立的大前提、"单位"和"主体"的适格性,以及能否改变公司重大事项仍要经股东大会决定的法律规定。案件的判决结果表明,承包经营关系,不能改变公司的单位性质、被告人的主体资格以及股东的投票权等,仅在量刑方面,可酌情从轻处罚。

二、个人决定以企业名义为他人贷款提供担保,后承担担保责任

案例7 雷士照明董事长吴某江挪用资金案——以企业资金作为质押,为他人贷款9.02亿元,到期不能归还,被银行划扣质押款5.57亿元,构成挪用资金罪,获刑14年。①

2016年9月1日,雷士照明董事长吴某江挪用资金、职务侵占一案在广东省惠州市中级人民法院开庭审理。起诉书指控,吴某江通过其本人实际控制的5家公司,利用雷士照明保证金作为担保,向3家银行先后共申请流动资金借款9.02亿元,用于投资重庆"雷士大厦"建设。后因资金链断裂,无力归还上述贷款,致使3家银行将雷士照明的5.57亿元保证金强行划扣,造成雷士照明巨额财产损失。

2016年12月21日,吴某江因挪用资金9.02亿元,职务侵占370万元,被判处有期徒刑14年。

本案与案例6中情形稍有不同,案例6中的情形是企业先向他人借入资金,再将资金借贷给他人,本案中的情形是,企业为他人借入资金提供担保,发生担保责任,被担保人无法按期归还欠款,企业被强行扣划资金。从行为手段来看,案例6中挪用资金行为明显,董事长将以企业名义借入的资金,再借贷给了他人,挪用了"企业借入的资金";本案中行为人挪用资金的行为并不明显,董事长在实施为他人担保行为时,尚未发生资金被挪用,资金仍在雷士照明的银行账户,只不过在这些资金上面增加了法律上的风险和限制,如果不能按期归还9.02亿元借款,这些保证金将被允许由银行直接扣划。假如吴某江能够按期归还9.02亿元借款,那么这些保证金就不会被银行扣划。实际情形是被担保企业到期不能归还借款,导致保证人的保证金被银行扣划。从整体上看,吴某江的行为符合利用职务便利挪用本单位资金的表现。

对于吴某江什么时候开始构成挪用资金罪,有不同的理解。一种理解认为,吴某江在为企业资金设定担保的时候,就使企业对自有资金失去控制,已经构成挪用资金罪。另一种理解认为,吴某江在为企业资金设定担

---

① 参见段倩倩:《雷士照明前董事长吴某江昨受审,被控挪用资金超9亿》,载《每日经济新闻》2016年9月2日,第010版。

保的时候，企业的资金还在银行账户，没有发生资金的转移，还不能认为资金被挪用，只有当资金实际被银行扣划的时候，才构成挪用资金罪。按照对挪用资金《刑法》条文规定的理解，挪用资金一般应表现为发生被挪用资金物理上的转移或所有权实质上的变更，仅仅发生所有权方面的限制，尚不符合挪用资金罪的客观表现。

对于企业家、企业高管来说，要做到的是，应严格按照《公司法》第148条第1款第3项规定以及公司章程履行工作职责，不得违反公司章程的规定，未经股东会、股东大会或者董事会同意，以公司财产为他人提供担保。

三、经企业实际控制人同意而挪用资金

案例8　苍南润某置业有限公司法定代表人郑某返挪用资金案——经企业实际控制人同意，采取支付电梯款的名义，套取房地产项目预售资金，且辩称有为企业垫付巨额资金，仍构成挪用资金罪，其与实际控制人一起构成共同犯罪，法定代表人获刑1年6个月。①

2012年12月，被告人郑某返担任苍南润某置业有限公司法定代表人期间，多次向润某公司董事长林某提出，将润某公司“天汇嘉园”项目商品房预售资金账户内的资金借给他个人使用。后林某表示同意。同月21日，郑某返利用温州市金某电梯有限公司的名义，套取润某公司“天汇嘉园”项目商品房预售资金账户内的资金342.4948万元归个人使用，超过3个月未还。2015年6月，林某的家属已归还润某公司341.8万元。

郑某返上诉称：对于挪用资金一节，润某公司的实际控制人是林某，郑某返作为股东，事先征得公司实际控制人林某的同意，套取公司资金342万元，对此公司亦有记账，可见郑某返没有利用职务便利，何况郑某返为润某公司垫付约2000万元，在其资金紧张后向润某公司借用342万元，不构成挪用资金罪，要求二审改判无罪或发回重审。

二审法院认为：经查，被告人郑某返取得林某同意后，利用温州市金某电梯有限公司的名义套取润某公司“天汇嘉园”项目商品房预售资金账户内的

---

①　判决书文号：〔2017〕浙03刑终188号。转引自北大法宝数据库，法宝引证码CLI.C.9253086。

资金342.4948万元,归个人使用,超过3个月未还。关于郑某返及辩护人提出郑某返事先征得公司实际控制人林某的同意,套取公司资金342万元,对此公司亦有记账,从而推断出郑某返没有利用职务便利。公司记账的是润某公司商品房预售资金专户支付温州金某电梯有限公司电梯款342.4948万元,这是掩盖套取监管账户资金这一非法行为的一种合法外衣,不能否定套取监管账户资金行为的违法性。而套取监管账户资金获得林某的同意,是郑某返和林某构成共同犯罪的基础,不能由此推断郑某返没有利用职务便利。至于郑某返及辩护人提出将郑某返为润某公司垫付约2000万元来作为违法阻却事由的辩解,现有证据无法证实郑某返有给润某公司垫付资金,何况,即便有垫付资金的行为,也应通过合法的途径索要,而不能以此作为套取监管账户资金的合理借口。故郑某返及辩护人的相关意见,于法不符,不予采纳。

2016年12月28日,乐清市人民法院以挪用资金罪,判处郑某返有期徒刑1年6个月。2017年6月28日,温州市中级人民法院二审维持原判。2016年12月28日,乐清市人民法院以挪用资金罪,判处林某有期徒刑1年6个月。

本案是案例5同一案件的另外一起事实。本案中有"实际控制人"的提法。很多温州民营企业家出于各种原因,虽然是企业的大股东,但不愿意出任企业的法定代表人,甚至不愿意自己的名字出现在工商登记的股东名册当中,于是就有了"隐名股东""实际控制人"的现象。这种情况在实际当中不在少数,在《公司法》当中也有规定,是一种允许存在的市场经济现象,但其中的法律风险也要注意防范。本案中,被告人郑某返一直辩称其行为系得到企业实际控制人林某的同意。按照刑法的犯罪构成理论,被害人承诺和正当防卫类似,具有阻却行为违法性的法律后果。[①] 就本案而言,被害人是涉案的企业,假如涉案企业许可行为人侵害其法益,那么表明其放弃了该法益,放弃了对该法益的保护,法律也就没有必要予以保护。问题是,第一,经过企业实际控制人的同意借用资金,是一种具有法益侵害性的挪用资金行为,还是一种企业正常生产经营过程中发生的资金拆借行为;第二,假如认为行为人的行为具有法益侵害性,被害人承诺要以何人以何种方式作出意思表示。

判决结果认为,实际控制人同意,不能阻却挪用资金罪的成立,实际控

① 参见张明楷著:《刑法学》(第四版),法律出版社2011年版,第217页。

制人还要与行为人一起构成共同犯罪。亦即，经过企业实际控制人同意借用资金的行为，具有法益的侵害性；仅以实际控制人同意，不能代表被害人承诺许可资金被挪用，不能阻却行为的违法性。判决综合评判中提到，郑某返和林某以支付温州金某电梯有限公司电梯款的名义套取资金，其行为目的是为掩盖套取监管账户资金的非法行为披上一层“合法”外衣，不能否定其套取监管账户资金行为的违法性。

从该案件得到的启示是，企业家、企业高管在生产经营过程中，要注重企业治理的规范样式，按照《公司法》和企业章程规定的程序，通过股东会、董事会等企业治理机构决策重大事项，并形成书面报告。企业的股东会、董事会作出的决策事项，不能违反法律法规的规定。企业在工商部门登记的股东，以及未经工商登记，通过协议达成的对企业实际控制的控制人等，均要对企业股东会、董事会等作出的重大决策事项承担责任，签署意见。

四、一人公司股东挪用资金

案例9　嵊州市良某房地产开发有限公司法定代表人孔某挪用资金案——一人股东挪用资金构成挪用资金罪，获刑3年6个月。①

2009年3月24日，被告人孔某以40%的出资比例入股嵊州市良某房地产开发有限公司并担任法定代表人，负责公司全部事务；“钱某甲”占股35%；“钱某乙”占股25%。2015年4月30日，“钱某甲”“钱某乙”减资为零，退出股东，公司变更为一人有限责任公司，股东为被告人孔某一人，公司注册资本由500万元减为200万元。

2015年4月30日～6月20日期间，被告人孔某先后多次以借款的方式将该公司账户中的人民币789万元转账至其个人账户，并将其中的418.90万元用于归还其开发独立核算的“书香苑项目”所欠的个人债务，超过3个月且至案发未还。

嵊州市人民人民法院认为，被告人孔某身为良某公司的人员，利用其担任良宇公司法定代表人的职务便利，将良某公司的400余万元资金归个

---

① 判决书文号：〔2017〕浙06刑终184号。转引自北大法宝数据库，法宝引证码CLI.C.9167108。

人使用,数额巨大,超过3个月未还,其行为已构成挪用资金罪。判决被告人孔某犯挪用资金罪,判处有期徒刑3年6个月。2017年4月27日,绍兴市中级人民法院二审维持原判。

案例3是一人公司构成职务侵占罪的案例,一人公司同样可以构成挪用资金罪。2005年2月,《关于〈中华人民共和国公司法(修订草案)〉的说明》中提到一人公司设立的初衷:"社会各方面普遍建议允许一个自然人或者一个法人出资设立有限责任公司。我们经研究认为,允许设立一人有限责任公司有利于社会资金投向经济领域。"①2005年10月,全国人大法律委员会《关于〈中华人民共和国公司法(修订草案)〉审议结果的报告》中也提到,"从实际情况看,一个股东的出资额占公司资本的绝大多数而其他股东只占象征性的极少数,或者一个股东拉上自己的亲朋好友作挂名股东的有限责任公司,即实质上的一人公司,已是客观存在,也很难禁止"。当时理论上支持一人公司的观点也认为,现实中存在大量实质意义上的一人公司,如家族公司、挂名股东的公司等,与其如此,不如开放一人公司登记注册。②

允许一人公司登记注册,不是给企业家和企业高管逃避法律责任钻制度的漏洞,而是为了激发市场活力,发展市场经济。如果行为人可以以一人公司、资金混同等作为抗辩,逃避法律的制裁,那么企业都可以在准备实施违法犯罪之前将公司的性质变更为一人公司,如果可以这样,那么法律的权威将失去,最后受损害的还是企业的内部治理。

五、挪用企业资金用于归还个人债务或用于生产经营等

案例10 浙江博某铜业有限公司董事长陈某设挪用资金案——挪用资金归还赌债,数额巨大,被判处有期徒刑8年。③

2009~2013年期间,时任浙江博某铜业有限公司董事长的被告人陈某

---

① 曹康泰:《关于〈中华人民共和国公司法(修订草案)〉的说明》,2005年2月发布。转引自北大法宝数据库,法宝引证码CLI. DL. 872。

② 参见范健:《一人公司制度研究——兼评中国〈公司法〉的立法选择》,载《南京大学法律评论》2005年秋季号。

③ 判决书文号:〔2015〕温苍刑初字第1116号。转引自北大法宝数据库,法宝引证码CLI. C. 35512014。

设，利用职务之便，先后7次挪用博某公司资金共计人民币2300万元归个人使用，其中挪用资金归还巨额赌债的事实为：(1)2011年4月26日，将公司资金300万元借给池某前；(2)2011年8月9日，将公司资金300万元借给池某前；(3)2011年8月12日，将公司资金100万元借给池某前。上述700万元均被被告人陈某设用于偿还其在澳门赌博时池某前代为支付的赌博款，均未归还给博某公司。

2016年8月2日，苍南县人民法院审理后认为，被告人陈某设的行为构成挪用资金罪，判处有期徒刑8年。

案例11　森某集团有限公司法定代表人胡某明挪用资金案——大肆挪用企业资金，用于偿还个人债务或先挪用资金进行投资经营，再将投资经营项目用于偿还个人债务，掏空企业资产，导致企业破产重组，获刑6年。[①]

被告人胡某明系浙江森某电器厂、乐清市旭某线缆有限公司、森某集团有限公司、乐清市德某实业有限公司的法定代表人，实际经营管理者。被告人胡某明利用职务上的便利，未根据法律及公司章程的规定，擅自挪用公司账户内的7800余万元资金，用于个人投资或提供给他人使用。

2009～2011年期间，胡某明以乐清市和鑫某贸易有限公司、乐清市益某机电有限公司名义，投资柳市"人民一品花园"房产项目。2010年12月10日，胡某明将森某公司账户内的728万元转入乐清市益某机电有限公司，用于投资该项目。2012年10月，胡某明将持有的"人民一品花园"房产项目股份转让给朱某用于偿还债务。

2009年9月～2010年8月期间，被告人胡某明以其子胡某丙的名义，投资柯桥的绍兴嘉某置业有限公司房产项目共8520万元。其中2009年10月，胡某明将森某厂的1150万元转给胡某丙用于该项目投资，2010年8月27日将德某公司出具的2000万元本票，转给胡某丙1980万元用于该项目投资。2011～2013年间，胡某明陆续收回分红款3900万元。2013年3月，胡某明将该项目转让给黄某乙、梁某等人偿还所欠债务。

2008年12月12日，被告人胡某明将森某公司2000万元资金以本票

---

① 判决书文号：〔2015〕温乐刑初字第272号。转引自北大法宝数据库，法宝引证码CLI.C.23672936。

形式入账到陈某甲账户，借给乐清市中某投资咨询有限公司周转，后胡某明又擅自决定将该款提供给包某龙使用，至案发未能收回。①

2016年3月14日，乐清市人民法院以挪用资金罪，判处胡某明有期徒刑6年。

案例12 乐清市安某杰防雷科技有限公司法定代表人张某挪用资金案——挪用资金用于个人经营及归还个人债务，刑事立案前已全部归还，且获其他股东谅解，适用缓刑。②

上诉人张某系乐清市安某杰防雷科技有限公司的法定代表人，负责公司的日常经营及公司财务。2013年5~9月，张某利用职务便利，多次挪用公司资金共计155万元，用于个人经营活动以及归还个人债务。2014年1月，该公司的其他股东张某乙等人向法院起诉要求张某归还挪用的资金，同年3月张某将挪用的资金全额归还。2015年1月，张某与张某乙等股东达成调解协议，并取得谅解。

法院认为，鉴于本案系因股东之间的纠纷引发，且在刑事立案之前已将涉案资金全部归还，能坦白并取得股东谅解，对其适用缓刑不具有社会危害性。

2016年1月26日，温州市中级人民法院判决上诉人（原审被告人）张某犯挪用资金罪，判处有期徒刑3年，缓刑5年。

以上3个案例，是企业高管挪用资金的常见案例，有的企业高管将企业资金挪用归还赌债，有的挪用投资经营，但受益不归投资企业，且最后将投资项目用于抵顶个人债务等。这几个案例反映出个别温州民营企业某种现象，即随意使用企业资金，完全没有按照《公司法》、公司章程的规定，按照规范的要求履行审批手续，并将使用的资金予以记账等。通俗地说，就是“公司的钱就是我的钱，我使用很正常”。③ 这种行为不符合《公司法》的规定，情节严重，达到刑事犯罪的标准，就要受到刑法的规制。

比较3个案件，可以看出量刑方面的不同，案例10挪用资金2300万

---

① 2010年5月7日《关于公安机关管辖刑事案件立案追诉标准的规定（二）》第85条第2款规定，将本单位资金供本人、亲友或者其他自然人使用的，属于“归个人使用”。

② 判决书文号：〔2015〕浙温刑终字第1328号。转引自北大法宝数据库，法宝引证码CLI. C. 8317732。

③ 参见严学锋：《挪用资金罪：企业家绕不开的坎？》，载《董事会》2014年第3期，第80页。

元,被判刑8年;案例11挪用资金7800万元,被判刑6年;案例12挪用资金155万元,被判刑3年,缓刑5年。之所以出现挪用资金大,判得还轻,有的判处缓刑等情况,要从挪用资金罪的保护法益来看。挪用资金罪规定在《刑法》"侵犯财产罪"章节中,也就是说,挪用资金罪刑法上的保护法益是保护单位的财产。财产受到的侵害数额大,量刑就要重,反之,财产受到的侵害数额小,或者案发后已经退赔、退赃,量刑就会轻。这样的量刑,有利于鼓励企业高管将挪用的资金归还企业,修复被犯罪所破坏的社会关系,体现了绿色司法的理念,目的在于服务非公经济发展。

六、启示或建议

(一)企业是企业家的,企业家为什么不可以挪用企业资金

认识误区:企业家认为企业是自己一手创建的、控股的,企业的一切事项自己都应有权调度,包括企业的资产。

根据《公司法》规定,公司是独立的法人,具有独立的财产权。企业家创建一个公司,就好像孕育一个孩子一样,"孩子"孕育出来了就是一个独立的个体,企业家只能为"孩子"好,"抚育孩子",而不能随意拿走"孩子的奶酪"。企业家使用公司资产,要符合《公司法》和公司章程的规定,依法依规进行,否则就可能涉嫌挪用资金罪或其他罪名。

(二)企业资金本来就存放在私人账户,动用私人账户内的资金为什么说是挪用资金

认识误区:企业将资金存放在企业高管或财务人员的私人银行账户,该银行账户可能专门用于企业经营的资金往来,也可能与私人资金混同,使用私人银行账户内的资金,不算是挪用企业资金。

从形式上看,存放在私人银行账户内的资金,本身就不是在企业银行账户内的,是处于"挪用"的状态的,挪用"挪用"的资金,是否属于挪用资金,可能有所异议。但刑法侧重的是行为的实质。从实质上来看,虽然企业的资金存放在私人银行账户,该资金仍然为企业所控制,属于企业的资产,包括该私人银行的户主在内,任何人都不得违法使用账户内的资金。一般案件中的被告人提出资金混同的辩解,很大程度上都是基于企业资金存放私人银行账户这个前提,从银行账户明细基本都能够查清被挪用资金

的情况。对企业家来说,一是要消除“私人账户内的企业资金被挪用”的认识误区;二是要在不规范使用银行账户、借用私人银行账户进行经营过程中,严格区分企业资产和自有资产,勿使不规范变成违法犯罪;三是要杜绝借用私人银行账户的行为,遵守企业资金收支结算银行规范。

(三)经过企业实际控制人同意,使用资金为什么仍属挪用资金

认识误区:只要经过企业实际控制人或股东会同意使用资金,都不算作挪用资金。

从法院判决的案件情况来看,即使经过企业实际控制人或股东会同意使用企业资金,仍可能被判处挪用资金罪。原因有三点:一是在“企业高管涉职务侵占罪”一节中有案例显示,经过企业实际控制人或股东会同意,仍可构成职务侵占罪。对此,如果发生类似案件,犯罪的客观表现都能够证明,唯独主观目的难以推定“非法占有的目的”,就有将这种情形认定为挪用资金罪的必要,而不是不作为犯罪处理。案例8“郑某返挪用资金案”就是这种情形下被认定为挪用资金罪。二是经过实际控制人同意,还不能代表股东会同意。在是否认定挪用资金罪这一点上,企业的形式要件仍十分重要。三是经过股东会同意,还不能排除行为的不法性,如果使用资金的行为具有明显的不法性,损害企业的利益,甚至伴随着在会计账目上掩盖使用资金的行为,这时作出决定和使用企业资金的高管仍将面临挪用资金罪的风险。

(四)不归还挪用的资金会不会转变为职务侵占罪

认识误区:不归还挪用的资金会转变为职务侵占罪。

挪用资金罪和职务侵占罪主观方面的区别在于,行为主体是否有非法占有的目的,挪用资金罪没有非法占有的目的,职务侵占罪有非法占有的目的。换言之,挪用资金之后,要归还所挪用的资金,职务侵占,是从未想过要归还侵占的资金。因此,挪用资金后,即使至案发仍未归还,也还是挪用资金,不会直接转变为职务侵占。

如何认定行为人主观上是否有非法占有的目的,不是仅凭犯罪嫌疑人的供述就予以简单的认定,而是要按照具体的法律规定进行。如2011年1月,最高人民法院《关于审理非法集资刑事案件具体应用法律若干问题的解释》第4条第2款规定了“非法占有目的”的认定方法,包括行为人肆意挥霍集资款,致使集资款不能返还的;携带集资款逃匿的;将集资款用于违

法犯罪活动的等。

(五)什么样的情形下构成挪用资金罪,怎么量刑

挪用资金罪的规定较为复杂,《刑法》第272条第1款规定:公司、企业或者其他单位的工作人员,利用职务上的便利,挪用本单位资金归个人使用或者借贷给他人,数额较大、超过3个月未还的,或者虽未超过3个月,但数额较大,进行营利活动或者非法活动的,处3年以下有期徒刑或者拘役;挪用本单位资金数额巨大的,或者数额较大不退还的,处3年以上10年以下有期徒刑。犯罪数额的规定主要如下:

(1)挪用资金数额较大,超过3个月未还的,应达到10万元以上,数额达到400万元以上的,认定为"数额巨大";(2)挪用资金数额较大,进行营利活动的,应达到10万元以上,数额达到400万元以上的,认定为"数额巨大";(3)挪用资金进行非法活动,数额应达到6万元以上。[①]

---

① 参见最高人民法院、最高人民检察院《关于办理贪污贿赂刑事案件适用法律若干问题的解释》第5条、第6条、第11条第2款。

第五条 挪用公款归个人使用,进行非法活动,数额在三万元以上的,应当依照刑法第三百八十四条的规定以挪用公款罪追究刑事责任;数额在三百万元以上的,应当认定为刑法第三百八十四条第一款规定的"数额巨大"。具有下列情形之一的,应当认定为刑法第三百八十四条第一款规定的"情节严重":

(一)挪用公款数额在一百万元以上的;

(二)挪用救灾、抢险、防汛、优抚、扶贫、移民、救济特定款物,数额在五十万元以上不满一百万元的;

(三)挪用公款不退还,数额在五十万元以上不满一百万元的;

(四)其他严重的情节。

第六条 挪用公款归个人使用,进行营利活动或者超过三个月未还,数额在五万元以上的,应当认定为刑法第三百八十四条第一款规定的"数额较大";数额在五百万元以上的,应当认定为刑法第三百八十四条第一款规定的"数额巨大"。具有下列情形之一的,应当认定为刑法第三百八十四条第一款规定的"情节严重":

(一)挪用公款数额在二百万元以上的;

(二)挪用救灾、抢险、防汛、优抚、扶贫、移民、救济特定款物,数额在一百万元以上不满二百万元的;

(三)挪用公款不退还,数额在一百万元以上不满二百万元的;

(四)其他严重的情节。

第十一条(第二款) 刑法第二百七十二条规定的挪用资金罪中的"数额较大""数额巨大"以及"进行非法活动"情形的数额起点,按照本解释关于挪用公款罪"数额较大""情节严重"以及"进行非法活动"的数额标准规定的二倍执行。

第四节　企业高管涉非国家工作人员受贿罪

在通常的观念中，“受贿”是国家工作人员的事，企业高管与受贿无关，事实上，《刑法》早就规定了企业高管也可以构成受贿类犯罪，即非国家工作人员受贿罪。只要是公司、企业或者其他单位的工作人员，利用了职务上的便利，索取或收受他人贿赂，为他人谋取利益，就可以构成本罪。本罪是企业高管的一种腐败行为，对企业的危害极大，一般发生在采购、销售或具有类似权力的企业高管身上，犯罪手段隐秘，查处难度较大。

案例13[①]　杭州市西湖区人民法院认定，被告人阎某珉原系某软件有限公司员工，其于2010年3月负责创办了该公司聚划算团购平台，2010年8月1日起担任聚划算负责人，2011年10月20日起担任聚划算总经理。

被告人阎某珉在聚划算工作期间，开设了以团购预售模式为主的D2C项目，杭州某创科技有限公司成为该项目服装类栏目的唯一合作运营商。

2011年4月17日，被告人阎某珉在杭州市西湖区城市芯宇小区，收受杭州某创公司法定代表人万某为感谢其关照而购买的价值人民币146,806.97元（包括车款130,000元、车辆购置税11,111元、机动车保险5695.97元）的尼桑轩逸轿车1辆。

同年10月27日，被告人阎某珉在杭州市拱墅区石祥路杭州九和汽车保修服务有限公司，收受万某为感谢其关照而购买的价值人民币391,208.19元（包括车款350,000元、车辆购置税32,300元、机动车保险8908.19元）的英菲尼迪G25轿车1辆。

杭州市西湖区人民法院判决阎某珉犯非国家工作人员受贿罪，判处其有期徒刑7年，并处没收财产人民币10,000元。2013年12月12日，杭州

---

① 一审判决书文号：〔2013〕杭西刑初字第286号。转引自北大法宝数据库，法宝引证码CLI. C. 4025466。二审判决书文号：〔2013〕浙杭刑终字第583号。转引自北大法宝数据库，法宝引证码CLI. C. 3749219。

市中级人民法院二审驳回上诉，维持原判。

案例14[①]　2011年7月，被告人王某担任阿某(中国)有限公司人力资源部组织文化与沟通副总裁，负责组织文化建设与传承、集团大型活动策划承办等工作。2010年6月至2012年6月期间，被告人王某利用职务便利，违反阿某公司的相关规定，将阿某公司及其下属公司的集体婚礼、公司年会、视频拍摄等项目交由北京艺某鸿文化传播有限公司承接。期间，被告人李某宁为谋取不正当利益，感谢被告人王某在承接业务时给予的关照以及为继续承接阿某公司及其下属公司的业务，通过转账汇款的方式多次给予被告人王某钱款共计人民币260万元左右。

2014年5月22日，余杭区人民法院以非国家工作人员受贿罪判处王某有期徒刑8年6个月，并处没收财产人民币100,000元。

企业内部高级管理人员，由于职权较大，相应地收受贿赂的风险也大。根据《刑法》第163条第1款规定：公司、企业或者其他单位的工作人员利用职务上的便利，索取他人财物或者非法收受他人财物，为他人谋取利益，数额较大的，处5年以下有期徒刑或者拘役；数额巨大的，处5年以上有期徒刑，可以并处没收财产。该条第2款规定：公司、企业或者其他单位的工作人员在经济往来中，利用职务上的便利，违反国家规定，收受各种名义的回扣、手续费，归个人所有的，依照前款的规定处罚。同时，根据相关规定，非国家工作人员受贿罪的刑事立案标准与职务侵占罪相同，“数额较大”的标准为6万元以上，“数额巨大”的标准为100万以上。对企业来说，要加强对权力部门和权力人员的监督管理，不断完善企业内部控制制度，从而控制企业高管的受贿行为。

完善内部控制的办法有：(1)企业应当根据具体情况对办理采购业务的人员定期进行岗位轮换。重要和技术性较强的采购业务，应当组织相关专家进行论证，实行集体决策和审批。(2)企业应当建立科学的供应商评估制度，确定合格供应商清单，定期对供应商提供商品的质量、价格、交货及时性、供货条件及其资信、经营状况等进行综合评价，根据评价

① 判决书文号：〔2014〕浙杭刑终字第405号。转引自北大法宝数据库，法宝引证码CLI.C.4092281。

结果对供应商进行合理选择和调整。(3)企业应当建立采购物资定价机制,采取协议采购、招标采购、询比价采购等多种方式合理确定采购价格等。①

① 参见2010年4月26日财政部发布的《企业内部控制应用指引第7号——采购业务》。

第九章　企业人力资源管理法律应对

近几年,随着温州经济的发展,如何在新常态下转方式调结构,推动企业转型升级已经成为当前温州的一项重要工作。企业要想获得更好的发展,其面临的挑战也越来越大,企业在市场中的竞争力大小不仅取决于自身的产品或者服务质量是否过硬,还取决于是否有科学有效的人力资源管理制度。温州地区中小企业数量多,发展活跃,但在人力资源管理和相关法律问题应对方面还存在不足。在新经济时代,把控好现有的人力资源,让企业在市场经济的法治轨道内有序运行,是一个企业由传统型向现代型转变的必然要求。

20 世纪 60 年代,舒尔茨(T. W. Schults)和贝克尔(T. S. Becker)所创立的人力资本理论为现代人力资源管理的产生奠定了基础。在企业人力资源管理中,有两个重要的因素,一个是企业自身,另一个是被管理的人力资源,因此,人力资源管理的核心是企业结合企业规划,创新管理理念,实现企业与员工之间最佳的协调与互动。但企业若在经济发展中不注重稳健经营,忽视员工权益保障方面的问题,就很可能因经营中出现的问题损害到员工的权益,而员工若没有按照企业的规章制度工作,建立一定的责任心,企业的利益则可能遭受损失。因此,法律风险可能来自企业,也可能来自被管理的一方,也有可能来自企业和员工之间在寻求自身利益最大化过程中产生的冲突。《中华人民共和国劳动合同法》(以下简称《劳动合同法》)为企业实施人力资源的管理,特别是对劳动者的管理制定了基本的规范,《民法通则》《公司法》则为企业完善内部治理结构提供了相应的依据,因此,企业要想更好地凸显人力资源要素的重要作用,就要将法治化的理念运用到人力资源管理上,由此才能保障企业在新常态的经济大背景下健康有序地发展。

第一节　企业对内对外管理不当引发的法律风险

企业人力资源管理一方面涉及企业内部的员工,另一方面还涉及企业的授权代理点、直营店、加盟商等企业外部人员。就企业内部员工的管理而言,《劳动合同法》规定,用人单位建立用工关系,应当订立书面劳动合同,但现实中,用人单位很多只考虑先解决招工难的问题,而没有从员工的权益出发,在招聘时明确用工关系,并对可能产生的争议问题作出约定,给后续认定事实上的劳动关系带来困难。而对企业外部的直营店和加盟店以及授权代理点而言,他们与企业之间的关系虽然与企业内部的机构或者是下属的分公司、子公司不同,但他们是企业业务延伸拓展不可或缺的环节,企业在直营店和加盟店以及授权代理点的选择和确定上仍有责任。

除此之外,在刑事责任追究上,我们仍应从企业内部或者外部人员与企业的真实关系来确定承担刑事责任的主体。在对内用工关系不明情况下,应严格区分劳动关系和劳务关系。在对外业务机构的责任确定上,应认真审查其与企业是否存在管理与被管理的行政关系。

一、企业对内用工关系不明

案例1　被告人曹某某从2011年开始在浙江省某市城南街道某广场经营安信地板,自2014年开始,其先后雇用李某某、余某某、肖某某、叶某某等7名工人为其安装、搬运地板,直至2015年3月被告人曹某某代理经营被取消。

期间,被告人曹某某拖欠上述7名工人工资共计107,300元(根据工资明细表,曹某某总共欠7名工人109,530元,曹某某笔录中的4个工人,与工资明细上的7个工人并不矛盾,因曹某某与工人是按照施工面积结算的,故工人可以再找其他人员帮忙)。2015年5月12日,上述工人向浙江省某市人力资源和社会保障局投诉,同年5月26日,曹某某给4名工人分别打了欠条,内容为"尽量下半年还,明年6月份处理完"。2015年6月4日,浙江省某市人力资源和社会保障局向被告人曹某某发放《劳动保障监察限期改下指令书》,指令曹某某支付肖某某、李某某等7人工资107,300元,并将改正情况于2016年6月10日前以书面形式报浙江省某市劳动保障监察大队。但被告人曹某某继续拒不支付工人工资,并改换手机号码,变动住所逃匿,一直到2016年12月19日被公安民警抓获归案。2016年12月27日,被告人曹某某亲属帮其支付了相关工人的工资。

经查,曹某某在浙江省某市范围内无房屋权属登记信息,其在2015年上半年没有支付10万元工资的经济能力。

处理结果:2017年7月18日,该市人民法院以拒不支付劳动报酬罪对曹某某判处有期徒刑6个月。

（一）如何区分拒不支付劳动报酬罪中的劳动关系和劳务关系

对被告人曹某某是否构成拒不支付劳动报酬罪,有两种意见:一种意见认为构成拒不支付劳动报酬罪。理由是:本案工人与被告人之间已形成事实上的劳动关系,不能因为工人给被告人打散工,就认为工人获取工资合法权益不受《中华人民共和国劳动法》(以下简称《劳动法》)保障。只要工人付出劳动或服务,雇佣方就与工人形成了事实上的劳动关系,其合法权益理应受《劳动法》保护。另一种意见认为不构成拒不支付劳动报酬罪。理由是:(1)曹某某为个体工商户,其与工人之间是平等的雇佣关系,他们之间的薪酬纠纷系普通的债权债务关系,不受劳动法调整。(2)本案中工人的报酬是以施工面积进行计算的,其中有4人是由工人自行到外面找人过来帮忙形成的费用。其劳动关系的特征不明显,相反却比较符合劳务关系的特征。(3)现有证据不能反映出工人仅仅是为曹某某工作,按照目前本地的用工现状,工人一般都接受多家用工单位按照施工面积计算工资,不具备稳定性及人身依附性,更符合承揽关系的法律特征,因此,曹某某不构成拒不支付劳动报酬罪。

对此,首先应当正确区别劳动关系与劳务关系。(1)劳动关系与劳务关系是用人单位与劳动者在经济活动中形成的两种不同的关系,因此,调整这两种关系的法律依据不同。劳动关系的调整适用劳动法,而劳务关系的调整适用民法、合同法等。形成劳动关系的,用人单位与劳动者存在行政上的管理与被管理的隶属关系；属于劳务关系的，用人单位与劳动者没有这种管理与被管理的隶属关系，两者地位平等。(2)形成劳动关系的，劳动者除了取得劳动报酬的权利外，还享有休息休假、接受技术培训、享受社会保险和福利等权利，用人单位应当依法保障劳动者的这些权利。而劳务关系，劳动者具有取得劳动报酬权利，但是没有休息休假、接受技术培训、享受社会保险和福利等权利，用人单位没有义务保障劳动者享受这些权利，其中承揽关系就是一种劳务关系。(3)形成劳动关系的，用人单位不得随意辞退劳动者。而在劳务关系中，劳动者完成用人单位的工作目标后，双方的关系就自行结束。劳动关系反映的是一种持续性的生产要素的结合关系，劳动者与用人单位之间的关系应较为稳定和紧密。而劳务关系往往具有"临时性、短期性、一次性"的特点。本案中，被告人曹某某雇用工人，实行计件工资，所雇佣的工人搬运、安装地板要服从她的任务分配，两者存在管理与被管理的关系，曹某某对她雇用的劳动者具有支配的权力，受雇用的员工并不直接占有生产资料，其相对固定的人身属性表明员工付出的劳动已经成为个体工商户经营活动的重要组成部分，且他们一直在被告人曹某某的经营活动中工作，因此，双方构成劳动关系。另外，个体工商户的主体身份不影响劳动关系的成立。根据《劳动法》第 2 条规定："在中华人民共和国境内的企业、个体经济组织（以下统称用人单位）和与之形成劳动关系的劳动者，适用本法。……"曹某某经营的安信地板具有工商营业执照，属于个体工商户，个体工商户是以户为单位从事经济活动的经济个体，显然属于个体经济组织。因此，个体工商户可以成为劳动关系中的主体，其与劳动者形成劳动关系，适用《劳动法》及其相关法律法规。本案的被告人曹某某虽然是个体工商户，但该身份并不影响她与聘用工人形成的劳动关系。

启示或建议：

用人单位与劳动者之间的关系、用人单位与劳动者双方确定的权利义务、用工关系的稳定和持续性是区别劳动关系和劳务关系的关键。

（二）逃匿行为在后，政府责令支付的行为在前，如此能否认定行为人的逃匿行为

拒不支付劳动报酬的逃匿行为与经政府有关部门责令支付仍不支付并不一定存在先后递进的因果关系。因行为人的行为导致事实上政府有关部门的支付令无法送达行为人的，首先属于“经政府有关部门责令支付仍不支付”。因为“经政府有关部门责令支付仍不支付”作为“客观的超过要素”或“客观的处罚条件”不要求行为人在实施本罪的实行行为时，具有故意或者过失，但是行为人知道或者应该知道政府有关部门对“不支付劳动报酬”行为具有重大监管职责的，若其逃匿支付劳动报酬，政府有关部门一定会调查事实，作出责令其支付劳动报酬的决定。因此，行为人逃匿导致责令支付劳动报酬的决定无法送达的，也是“经政府有关部门责令支付仍不支付”。本案中，曹某某在没有支付能力的情况下给工人打了欠条，虽在政府部门责令支付时亦能到场（曹某某在指令书上签字、捺手印），因客观上已经不具备支付能力，又事后逃匿，使政府责令支付的目的不能达到，而且在政府责令支付后还实施上述行为，其主观恶意相较于先逃匿的行为可能更大，最高人民法院、最高人民检察院、人力资源和社会保障部、公安部《关于加强涉嫌拒不支付劳动报酬犯罪案件查处衔接工作的通知》中也规定“……（二）行为人拖欠劳动者劳动报酬后，人力资源社会保障部门通过书面、电话、短信等能够确认其收悉的方式，通知其在指定的时间内到指定的地点配合解决问题，但其在指定的时间内未到指定的地点配合解决问题或明确表示拒不支付劳动报酬的，视为刑法第二百七十六条之一第一款规定的‘以逃匿方法逃避支付劳动者的劳动报酬’”。曹某某事后逃匿的行为应属于拒不交付劳动报酬的明确表示，因此，不妨碍其构成拒不支付劳动报酬罪。

启示或建议：

事后逃匿行为致使政府责令给付的目的无法实现，同样是对政府有关部门责令支付行为的无视，且在政府责令支付后实施上述行为，其主观恶性更大。因此，逃匿行为与政府责令支付行为不存在必然的先后关系或者是因果递进关系。

除了事后逃匿之外，还有两种情况，一种是逃而不匿，即政府有关部

门责令其支付劳动报酬时能够联系上行为人，但行为人以“在外地办事、出差”为由回避支付工人工资的事情，对于这种情况，最高人民法院、最高人民检察院、人力资源和社会保障部、公安部《关于加强涉嫌拒不支付劳动报酬犯罪案件查处衔接工作的通知》中规定：行为人拖欠劳动者劳动报酬后“逃而不匿”的问题，人社部门通过书面、电话、短信等能够确认其收悉的方式，通知其在指定的时间内到指定的地点配合解决问题，但其在指定的时间内未到指定的地点配合解决问题或明确表示拒不支付劳动报酬的，视为“以逃匿方法逃避支付劳动者的劳动报酬”。另一种是匿而不逃，即行为人并未潜逃，但也未直接出面处理拖欠员工报酬的事情，对此情况，国内部分地区也将之列入欠薪逃匿行列。譬如深圳启动《深圳经济特区欠薪保障条例实施细则》，进一步细化明确欠薪逃匿的认定，拟将用人单位法定代表人或主要负责人只通过代理人出面但仍拖欠工资，在规定时间地点不出面接受处理列为欠薪逃匿范畴。

启示或建议：[关键词]签订劳动合同的重要性

个体工商户作为个体经济组织聘用工人，应当根据《劳动法》的规定，签订劳动合同，确定双方的权利和义务，依法实施管理。本案被告人与所雇佣的工人没有签订劳动合同，是不符合《劳动法》的规定的。这种现象现在在用人单位中比较普遍，一旦发生纠纷，双方的权利义务不清楚，处理起来有时就比较麻烦，因此作为个体经济组织在用工时，一定要根据《劳动法》的规定明确权利义务，以书面形式确立劳动合同，不能进行口头约定。企业签订的劳动合同应当包含以下必备条款：(1)用人单位的名称、住所和法定代表人或者主要负责人；(2)劳动者的姓名、住址和居民身份证或者其他有效身份证件号码；(3)劳动合同期限；(4)工作内容和工作地点；(5)工作时间和休息休假；(6)劳动报酬；(7)社会保险；(8)劳动保护、劳动条件和职业危害防护；(9)法律、法规规定应当纳入劳动合同的其他事项。个体工商户在用工时尤其要注意约定好劳动合同的期限、工资结算的时间和方式。

二、企业对外管理疏忽

案例2 被告人周某甲、周某乙二人经营永嘉县南城街道某家电维修中心(以下简称维修中心),属于某集团授权安装某空调的代理点,根据双方约定,维修中心凭某空调安装卡与某集团进行安装费结算。2013年2~3月期间,周某甲、周某乙以人民币18.6万元的价格向一个陌生男子购买了4000余张假的某集团股份有限公司的空调安装卡。2013年2~4月期间,被告人周某甲、周某乙在267张假的空调安装卡上填写用户姓名、安装地址及联系电话等虚假的安装信息后,分批录入到某集团股份有限公司的空调安装费结算平台,从广州某集团芜湖制冷设备有限公司处骗取了该公司的空调安装费共计人民币69,400元,两被告人周某甲、周某乙平分了赃款。

处理结果:某市中级人民法院认定被告人周某甲、周某乙大量购买虚假的空调安装卡并输入虚假的客户信息,以此虚报空调安装费的行为构成诈骗罪。

在本案中,委托代理人是否能构成职务侵占罪主体?

第一种意见是构成诈骗罪。理由是:被告人不是某集团正式员工,维修中心自负盈亏,也不是某集团的下属单位,按照双方协议,维修中心完成某集团委托的空调安装任务,某集团付给其一定的报酬,其与某集团的关系,是委托代理关系,并非劳动关系。因此,被告人周某甲、周某乙平不符合职务侵占罪的主体。

第二种意见是构成职务侵占罪。理由是:维修中心虽不是某集团的下属企业,但作为授权的空调安装点能以某集团的名义对外经营,某集团对其的空调安装的劳务予以报酬,并对安装质量承担责任,因而,作为维修中心投资者即被告人周某甲、周某乙与某集团在事实上形成劳务关系。被告人周某甲、周某乙之所以能用欺骗的手段成功骗取某集团的钱物,就是利用了安装空调能与某集团结算安装费的职务便利,因此,构成职务侵占罪。

根据本案案情,安装代理点和某空调公司之间形成了委托代理关系。代理是一种民事法律关系。根据《民法通则》第63条规定,公民、法人可以通过代理人实施民事法律行为。代理人在代理权限内,以被代理人的名义实施民事法律行为,被代理人对代理人的代理行为,承担民事责任。《民法通则》第64条还规定,代理包括委托代理、法定代理和指定代理。其中的委托代理,指的是委托代理人按照被代理人的委托行使代理权。本案中,被告人周某甲、周某乙开设的维修中心根据与某集团所签订的协议成为某空调授权的安装代理点,这是一种基于合同而产生的代理,属于委托代理。在职务侵占罪中,判断委托代理人能否构成职务侵占罪的主体,首先要区分委托代理人是属于单位内部的员工还是单位外部人员。在现实中,公司、企业的员工和本单位之间也是一种委托代理关系,即单位作为被委托代理人授权委托代理人即单位员工,单位员工只能在授权范围内以单位的名义对外进行民事活动,比如业务员对外洽谈业务,是以单位的名义,并不是以自己个人的名义,而单位对员工的工作行为向外承担民事责任。但单位内部的委托代理与一般委托代理还是不同的,它又称之为职务代理。一是在于职务代理既要受民事法律关系的约束,同时也要受劳动法律关系或行政法律关系的约束,而一般的委托代理关系只受民事法律关系约束,不受劳动法律关系或行政法律关系的约束。一般的民事委托代理仅仅是民事关系。二是职务代理相对稳定,除非代理人职务变动,其代理权一般不能被剥夺。一般的委托代理,代理权随时都可以终止。因此,一旦行为人和单位之间形成了职务代理关系,行为人利用职务便利,将单位财物非法占为己有,即构成职务侵占罪。一般的委托代理,代理人与被代理人不具有劳动关系,并不形成职务代理关系,因此在一般委托代理中,代理人在行使代理权过程中以欺骗等手段非法占有被代理人的财物,不存在利用职务之便,不构成职务侵占罪,只能定其他罪或者是民事纠纷。

启示或建议:

授权代理点与代理商之间系一般的委托代理关系,授权代理点的工作人员行使的是代理权,因此不构成职务侵占罪的主体。同理,加盟商不构成职务侵占罪的主体。加盟商组建的连锁网点由加盟商自行出资设立,虽然在业务上接受公司指导,但它与公司之间是平等主体,在人、财、物等方面并不接受公司的领导和管理。加盟网点通过加盟合同而不是行政命令接受公司业务授权,加盟网点人员主要由加盟商选任和管理,与公司没有人身依附关系,不享受公司核定的工资待遇,接受公司人事管理。因此加盟商与公司之间是一般的委托代理关系而不是职务代理。加盟商同样不同于直营店,直营店是指由总公司直接经营的连锁店,由公司总部直接投资、经营、管理,所有权和经营权集中于总部,实行统一核算制度。

受公司、企业或者其他单位委托从事劳务的人员同样不构成职务犯罪的主体。根据民法原理,受托人只能在委托人的委托事务范围内,以委托人的名义处理委托事物,其后果直接归属于委托人。受托人处理委托人授权的事务行为,从表面上看具有了委托单位职员的身份,但实质上受托人与委托单位是平等主体之间的民事关系,受托人不具有委托单位职员的身份。委托人与受托人不存在管理与被管理的从属关系,其所侵占的财务显然也不是受托人单位的财物,从而不构成职务侵占罪的客体。

临时工能够构成职务侵占罪的主体。用人单位招募工作人员从事临时性的事务,这种情况在建筑、餐饮、保洁、护理、物流等劳动力密集的市场上比较普遍,相对于正式工而言,临时工是指不在编制内的人员。但这并不影响其构成职务侵占罪的主体。因为根据《劳动合同法》第2条规定:国家机关、事业单位、社会团体和与其建立劳动关系的劳动者,订立、履行、变更、解除或者终止劳动合同,依照本法执行。因此,临时工虽然没有所谓的正式编制,但其与单位间已经构成了劳动关系,属于单位的人员。劳动部办公厅《对〈关于临时工等问题的请示〉的复函》(劳办发〔1996〕238号)规定:《劳动法》实施以后,所有用人单位与职工全面实行劳动合同制度,各类职工在用人单位享有的权利是平等的。因此,过去意义上相对于正式工而言的临时工名称实际上已经不复存在。用人单位临时用工,聘用人员短期上岗,应当与劳动者签订劳动合同并依法为其缴纳各种社会保险,并享受有关保险福利待遇,只是在劳动期限上与正式工有所区别。由此可见,名分与职务是两个不同的概念。通常情况下,是否构成职务侵占,主要是看行为人是否利用了职务上的便利,而不是看行为人在单位的名分。单位的正式员工作案的,没有利用职务便利的,依法不能认定为职务侵占;单位的临时工去作案,利用了职务上的便利,应当认定为职务侵占。《刑法》第271条的规定,并没有对单位人员的名分作出区分,也未将临时工排除在职务侵占罪的犯罪主体之外。

启示或建议:[关键词]加强售后服务人员管理

企业和销售商对于售后服务的人员要加强监管。从事售后服务的人员有很大一部分不属于企业或销售商的正式员工,只是受企业和销售商的委托从事售后服务,但对企业和销售商来说也是一种人力资源,因为他们以企业或销售商的名义,通过为客户服务,让企业经营业务在市场中能够更加顺利地拓展。但现实中,从事售后服务的人员往往特别良莠不齐,有的技术水平低,有的服务态度差,损害了客户的利益,也损害了企业和销售商的声誉。因此,企业和销售商应将委托售后服务的人员纳入人力资源管理的范畴,建立有必要的监督机制,诸如严格审核其专业服务的资格,对客户主动回访,认真处理客户的投诉,定期查询其服务质量和工作量等,提高其事后服务质量,以防止损害客户、企业和销售商利益的事件出现,杜绝或减少像本案那样的刑事案件的发生。

第二节　企业侵犯员工权益引发的法律风险

2016 年,温州市累计处置各类劳资纠纷投诉举报案件 8147 起,为 40,797 名劳动者补发、清欠工资总额 4.94 亿元。其中因涉嫌拒不支付劳动报酬罪,移送公安机关案件 177 件。对此,温州市人力社保局出台的《温州市劳动保障违法行为黑名单管理办法》,将无故拖欠劳动者劳动报酬以及欠薪逃匿的企业列入黑名单,该规定于 2017 年 1 月 1 日试行。温州中小企业和个体经济组织居多,司法机关在审查该类案件时发现,虽然不少企业看似冠以某某有限责任公司的名字,但实则内部管理混乱,责任人员分工不明,给确定此类拒不支付劳动报酬罪案件最终的刑事责任主体带来了困难,不利于保障员工的合法权益。

一、刑事责任追究中的主体认定——自然人犯罪还是单位犯罪?

案例 3　被告人蔡某,男,案发前系温州某鞋业有限公司实际经营人。

2015 年 3 月开始,被告人蔡某负责具体经营温州某鞋业有限公司,后在同年9月15日左右该公司停工，蔡某先后拖欠杨某某、袁某某、王某某等共计100余名员工在2015年3～9月的工资，工资总额达人民币322,791元，经温州市某区人力资源和社会保障局先后两次限期改正指令书督促其支付劳动报酬，蔡某至今仍未支付被拖欠的工资钱款。在后续处置期间，被告人蔡某于2015年10月11日开始，将联系员工用的手机号码设置为呼叫转移并逃匿，至同年10月18日期间，蔡某和手机均处于失联状态，同年10月19日晚18时许，蔡某得知公司员工到公安机关配合调查，方才与劳动部门联系。在被告人蔡某逃匿期间，温州市某区人力资源和社会保障局工作人员采用多种方法均无法联系上蔡某，现温州市某区人力资源和社会保障局动用政府应急周转金已先期垫付公司员工被拖欠的工资共计人民币184,742元。

处理结果：区人民法院对被告人蔡某判处有期徒刑1年，并处罚金人民币1万元。

1. 拒不支付劳动报酬案中，如果欠薪主体表面上看是实行自主经营、自负盈亏、独立核算的法人或其他社会经济组织，但实际上，公司实际经营者又为单一的自然人个体，这种情况下究竟是以单位犯罪认定还是以自然人犯罪认定？

对该案犯罪的主体是单位还是个人，有两种意见：一种意见认为，本案不属于单位犯罪。理由是，单位犯罪是指犯罪以单位名义实施，且犯罪所得归单位所有的犯罪。在本案中，温州某鞋业有限公司虽然名义上有其他法人代表或是股东，但是实际意义上蔡某占有100%的股份，为其个人实际控制经营，决策系个人决策，且本案所欠薪钱款均为蔡某所有，故而不宜认定为单位犯罪。另一种意见认为是单位犯罪。理由是，拖欠工资是一种债务。区别单位犯罪和个人犯罪的界限，不能以出资者、经营管理者多少，谁为主来论定。该案中虽然企业的实际出资者是蔡某，但是根据《公司法》第24条规定，有限责任公司由50个以下股东出资设立。股东出资人数没有下限。因此，不能以实际出资者是蔡某一个人，从而否定该企业的性质属于有限责任公司。本案中，与企业工人形成劳动关系的是温州某鞋业有限公司，因此，拖欠工资主体是单位，而不是蔡某个人，故该案应属于单位犯罪。由于被告人蔡某是该单位的实际出资者和直接负责的主管人员，对单位拒不支付劳动报酬负有主要责任，依照《刑法》第276条第2款的规定，应当追究其刑事责任。

在蔡某拒不支付劳动报酬一案当中，公司登记信息显示温州某鞋业有限公司成立日期为2015年4月29日，法定代表人为康某某，股东为徐某某和蔡某。多个证人都提到温州某鞋业有限公司的实际经营人是蔡某，而该厂平时都是蔡某在管理，被告人蔡某自己也供述他是温州某鞋业有限公司的实际经营者，占有公司100%的股份，而法人代表康某某是聘任的，没有公司的股份。根据规定，企业法定代表人在国家法律、法规以及企业章程规定的职权范围内行使职权、履行义务，代表企业参加民事活动，对企业的生产经营和管理全面负责，并接受本企业全体成员和有关机关的监督。但在本案中，法人代表康某某并不负责企业的实际生产和经营，在公司全部股权都属于被告人的情形下，公司的法定代表人有名无实，被告人成为公司唯一的实际控制人。公司的决策、行为都是其个人意志的体现，有限责任公司名称仅是形式而已，以此来认定为单位犯拒不支付劳动报酬罪已经没有实质上的意义，而且从保障劳动者的权益出发，如果认定单位犯罪，则是公司以公司的资产偿还债务，若认定自然人犯罪，蔡某就需要以其全部的个人财产偿还债务，后者显然更有利于劳动报酬的清偿，因为一旦企业固定资产折价变卖还不足以抵偿所欠的劳动款，受害者还可以要求蔡某以自己的个人财产偿还。最高人民法院《关于审理拒不支付劳动报酬刑事案件适用法律若干问题的解释》第8条规定："用人单位的实际控制人实施拒不支付劳动报酬行为，构成犯罪的，应当依照刑法第二百七十六条之一的规定追究刑事责任。"

启示或建议：

在拒不支付劳动报酬主体形式为有限责任公司或者股份有限公司、实际为自然人控制经营的拒不支付劳动报酬案件中，以自然人犯罪来认定更为合理。一方面，公司的生产经营和运营管理由一人决策，一人实现，单位只是空有形式。另一方面，从实现对劳动者报酬清偿的目的看，认定系自然人犯罪可以在企业资产变卖无力偿还劳动者报酬情况下，由自然人以其全部财产承担无限责任。

对用人单位或个人采取分包、转包等形式，导致发生拒不支付劳动报酬行为的，原用人单位或个人先行垫付劳动者报酬后，不能免除欠薪的分包、转包人的刑事责任。转包、分包方作为工程的负责方，具体召集工人和直接支付工人工资，在工程施工中的作用也属于“实际控制人”，故应承担工资支付的民事和刑事责任。

2. 如何确定被告人究竟是否为实际管理人，证据方面应该怎么把握？

个体工商户以登记的经营者为当事人。被告人蔡某在公司运营过程中，一人掌控整个公司的运行，负责各种大小事务的安排，其身份性质有点类似于《公司法》中提到的“实际控制人”，实际控制人是指虽不一定是公司的股东，但通过投资关系、协议或者其他安排，能够实际支配公司的人。该定义虽然是针对股东而言的，但在认定实际控制人的规则上，它对我们认定实际管理者有着借鉴作用。譬如其中一条原则就规定，实际控制人必须能够决定公司的财物和经营管理政策，并能从该公司的经营活动中获取利益。因此，要向在公司财务岗位上的出纳或者是会计了解被告人是否为公司资金流转、支出的审批者，一方面可以向公司的高级管理人员确认嫌疑人是否决定公司各个重大事项的运行，并通过会计账簿、资金预算决算账目表、公司重大事项备案表等书面材料进行核实；另一方面可向股东名册上的股东、法人代表或者是高级管理人员求证公司内部对股东的权利义务有无特殊规定，股东名册上的股东是否按照事先出资的份额享受过分红。除此之外，还应向公司员工了解该公司平时是由谁负责招募与解聘工人、与工人签订合同的。

启示或建议：

实际管理人的认定不能仅凭嫌疑人一人的供述，应围绕公司的经营管理、资金结转、人事调配是由谁掌控来展开，要注意从相关的书证、公司法定代表人、股东以及高级管理人员、企业员工等证人证言等多方面入手来认定。

二、刑事责任追究中的主体认定——股东是否是直接责任人员？

案例 4　被告单位温州市阿某文鞋业有限公司由吴某甲与郑某某于2010 年 10 月 27 日共同出资成立，吴某甲任公司法定代表人，被告人吴某乙、吴某丙负责公司的运作及经营。阿某文公司自2014年7月起,因经营困难开始拖欠工人劳动工资,至同年10月共拖欠150多名员工工资共计人民币1,567,050元。经温州市某区人力资源和社会保障局(以下简称区人社局)于2014年10月15日、10月31日、11月5日先后3次限期改正指令督促支付劳动报酬,阿某文公司仍未支付被拖欠的全部工资。在后续处置期间,吴某乙、吴某丙于2014年11月关闭手机处于失联状态,阿某文公司筹资共计人民币623,060元汇至指定账户,该区人社局动用政府应急周转金先行垫付公司员工被拖欠的工资共计人民币469,956.65元。

2016年6月29日,某区人民检察院对吴某甲、刘某某、郑某某作存疑不起诉,2016年8月15日,某区人民法院对被告人吴某乙判处有期徒刑1年6个月,并处罚金人民币1万元。对被告人吴某丙判处有期徒刑1年4个月,并处罚金人民币1万元。

在本案中,公司的股东是否能成为拒不支付劳动报酬罪的主体?

该案中,企业及其股东是否涉嫌拒不支付劳动报酬罪,是一个值得探讨的问题。根据《刑法》第276条第2款规定,拒不支付劳动报酬罪是指以转移财产、逃匿等方法逃避支付劳动者的劳动报酬或者有能力支付而不支付劳动者的劳动报酬,数额较大,经政府有关部门责令支付仍不支付的。本案的企业,工商部门的注册登记为有限责任公司,是独立的法人,因此,对公司的债务应承担偿还责任。该企业拖欠工人工资期间没有转移财产,但是尚有机器设备、部分产品销售款可以收取,未到没有能力支付的程度,而且企业账目混乱,存在账外账的情形,企业的实际支付能力和资产情况难以查清。因此,其在政府劳动监察部门的责令下,仍不履行支付工人工资的义务,符合拒不支付劳动报酬罪的构成要件,应认定为单位涉嫌犯罪。该单位股东工商登记为吴某甲、郑某某二人,各出资15万元。实际股东为被告人吴某甲等六人。这六名股东是否要承担刑事责任,应当看每个股东在企业中的地位和起的具体作用。股东吴某甲是法人代表,吴某丙是企业的主要管理人,吴某乙管业务和财务,除了他们三个人以外,郑某某、吴某丁、郑某某则没有具体职务。公司的一名投资者孔某某以及多名证人都证实其余几名股东基本没有在公司出现,吴某甲等三人也证实其余几名股东并未参与实际管理,仅仅只是出资。根据公司法对企业责任的划分,若企业是有限责任公司,法人应以其全部资产承担责任,而股东仅以其出资额为限对债务承担有限责任;股东是公司的所有者,股东权利的行使是公司治理的基础内容。股东对公司的经营情况有权了解,而公司也有义务向股东汇报公司的经营状况,由此才能为股东监督公司经营提供保障。但本案中,其余几名股东均没有参与管理的实际行为。据此,在这六名股东中,吴某丙和吴某乙在企业中的地位和作用比其他股东要重要,对企业拖欠工人工资负有主要和直接责任,根据《刑法》第 276 条第 2 款规定,单位犯前款罪的,对单位判处罚金,并对其直接负责的主管人员和其他直接责任人员,以拒不支付劳动报酬罪追究刑事责任。因此,本案中应对吴某丙和吴某乙追究刑事责任。至于法定代表人吴某甲,某区人民检察院之所以对其最后作存疑不起诉,并非因其地位和所起的作用不符合刑事责任追究的主体条件,而是因侦查机关补充的证据反映吴某甲被湖南株洲警方刑事拘留而客观上不能在温州处理 A 鞋业欠薪事件,故无法证实其有逃避支付的行为。

启示或建议:

当股东直接参与公司经营管理时,可按照单位犯罪直接负责的主管人员认定股东的刑事责任。根据 2001 年 1 月 21 日最高人民法院《全国法院审理金融犯罪案件工作座谈会纪要》(以下简称《纪要》)规定:"直接负责的主管人员,是在单位实施的犯罪中起决定、批准、授意、纵容、指挥等作用的人员,一般是单位的主管负责人,包括法定代表人。"股东是否能成为直接负责的主管人员取决于其是否直接参与公司的管理,而这点与股东个人和公司经营实际有关,按《公司法》或公司章程规定,股东有权直接参与公司管理,但如果股东只出资或者在股东协议上签名,实际并不过问公司的经营情况,此时就难以认定股东为公司的直接管理人员,反之,如果公司股东滥用公司法人独立地位和股东有限责任,逃避债务,严重损害公司债权人利益的,应当对公司债务承担连带责任。此时,股东便属于符合直接管理人员的范围。

三、刑事责任追究中的主体认定——个体工商户是否就是合格的用工主体？

案例5 犯罪嫌疑人杨某甲，男，案发前系某餐厅董事长。犯罪嫌疑人杨某乙，男，案发前系某餐厅总经理。

温州市某区南浦某餐厅，2014年4月开业，工商登记经营者李某，经营形式个体经营，实际有数位股东，其中李某、梁某占有股份约25%；杨某乙占股份约25%；杨某甲等4人占股份约24%；董某某占股份约26%，后要求退出，其他股东不同意，董某某遂不参加经营。后该餐厅因经营不善，于2014年11月25日停业。餐厅于2014年10～12月拖欠该餐厅76名员工工资557,522元人民币，同年12月31日，发生员工集体讨薪事件。2015年1月5日，温州市某区人力资源社会保障局向该餐厅送达《劳动保障监察限期整改指令书》，限令该餐厅于同月8日前发放员工工资。

2015年1月5日，李某和梁某承诺1月8日16时前筹集243,000元用于发放员工工资，杨某乙承诺1月8日16时前筹集200,000元用于发放员工工资，但最终均未践诺。1月9日，温州市某区人力资源社会保障局要求该餐厅对员工工资进行登记核对，当日下午，李某和梁某两人共拿出18万元用于发放员工工资，南汇街道提取备用应急资金55万元，共计73万元用于发放员工工资。经统计，当日共发放63名员工工资507,270元。工资发放完毕后，杨某甲和杨某乙承诺于1月12日按股份比例，将自己应承担的工资款项汇给南汇街道，但是没有兑现承诺。截至2015年1月28日，已发放72名员工工资金额553,855元，其中南汇街道办事处垫付373,855元。1月20日，温州市某区人力资源社会保障局又向李某、杨某乙等人邮寄送达《劳动保障监察限期改正指令书》，责令其于2015年1月25日前支付员工工资，但未予支付。同年1月5日，温州市某区人力资源社会保障局查明杨某乙是温州市某区南浦某休闲吧的业主，该休闲吧正常营业，认定杨某乙应有能力支付其拖欠的某餐厅员工工资，但其拒绝支付，已构成恶意拖欠工资。

公安机关于2015年2月5日立案后，南汇街道于同年10月28日收到杨某乙支付的垫付工资款138,265.4元，于同年11月16日收到杨某乙支付的垫付工资款47,600元,两次共计185,865.4元,已还清全部款项。2015年2月11日,杨某甲等人将124,620元汇入某区欠薪应急周转金账户,用于支付员工工资,尚有部分未还。

处理结果:2016年7月29日,某区人民检察院对犯罪嫌疑人杨某乙作存疑不起诉,对犯罪嫌疑人杨某甲作相对不起诉。

工商登记为个体工商户,实质上就是合格的用工主体吗?

涉案的用人单位的性质如何认定,曾有四种观点。第一种观点认为,杨某甲、杨某乙系用人单位的实际控制人,依据最高人民院《关于审理拒不支付劳动报酬刑事案件适用法律若干问题的解释》第8条规定,用人单位的实际控制人实施拒不支付劳动报酬行为构成犯罪的应当追究刑事责任,故对杨某甲、杨某乙应追究刑事责任。第二种观点认为,个体工商户不是单位,不能套用以上司法解释,虽然杨某甲、杨某乙系实际投资人,但其与登记的个体工商户李某之间的合作关系属于内部关系,对外不具有法律效力。从民法角度看,如果某餐厅对原料提供者、设备提供者或者消费者负责,这些债权人也只能向个体工商户李某主张权利,而不能向杨某甲、杨某乙主张权利。同理,支付劳动报酬的义务是一种债务,由于与劳动者发生用工关系的是个体工商户李某,负有支付劳动报酬义务的也就是李某,杨某甲、杨某乙不负有支付劳动报酬的义务,劳动部门要求其支付劳动报酬于法无据,故其拒不支付劳动报酬并不违法,也就不构成犯罪。第三种观点认为,虽然某餐厅登记的是个体工商户李某,但该个体工商户通过投资协议实际上与杨某甲、杨某乙等人形成了个人合伙关系,在民法上,个人合伙的,合伙人对于债务承担无限连带责任,故杨某甲、杨某乙对于应付劳动报酬承担无限连带责任,其拒不支付劳动报酬构成犯罪。第四种观点认为,对拒不支付劳动报酬类案件,不应拘泥于法律形式,而应着眼于实质。本案中,杨某甲、杨某乙等人均有参与餐厅经营管理,员工也指认他们是股东,说明用工关系实际上已经在杨某甲、杨某乙等股东与员工之间发生,故杨某甲、杨某乙对应付劳动报酬应当承担付款义务,违反该义务构成违法犯罪。

第一种观点以杨某甲、杨某乙是单位的实际控制人,故需追究其刑事责任,理由太笼统,不充分,回避了涉案单位的性质,而且涉案单位的实际控制人也不止这两个人,还有其他的股东。第四种观点也是回避涉案单位的性质,以工人与两名被告人有劳动关系为由,认为构成犯罪,这理由难以成立,因为从法律上讲,工人是与用人单位发生劳动关系,而不是与股东个人发生劳动关系。第二种观点与第三种观点在用人单位的性质认定上存在分歧,由此对于本案两名被告人是否构成拒不支付劳动报酬罪意见有分歧。该案中,涉案单位性质如何确定是认定本案两名被告人是否构成该罪的关键点。涉案单位虽然工商登记为个体工商户,但是实际上应属于个人合伙。理由是,(1)符合个人合伙的法律特征。《民法通则》第26条规定:公民在法律允许的范围内,依法经核准登记,从事工商业经营的,为个体工商户。第30条规定:个人合伙是指两个以上公民按照协议,各自提供资金、实物、技术等,合伙经营、共同劳动。本案中的M餐厅是由几个股东共同投资,共同经营,股东任餐店的董事长、经理,并不是以个人或家庭经营,因此,这不符合个体工商户的法律特征,而是符合个人合伙的法律特征。根据《劳动法》第2条规定,在中华人民共和国境内的企业、个体经济组织(以下统称用人单位)和与之形成劳动关系的劳动者,适用本法。个体经济组织一般是指个体工商户,并不包括个人合伙,对此,最高人民法院《关于审理拒不支付劳动报酬刑事案件适用法律若干问题的解释》第7条专门规定:"不具备用工主体资格的单位或者个人,违法用工且拒不支付劳动者的劳动报酬,数额较大,经政府有关部门责令支付仍不支付的,应当依照刑法第二百七十六条之一的规定,以拒不支付劳动报酬罪追究刑事责任。"因此,杨某甲、杨某乙等人能够成为拒不支付劳动报酬罪的主体。(2)从解决拖欠工人工资问题的角度说,如果认定为个体工商户的话,按其债务的偿还全由登记在册的工商户个人或其家庭承担,其他的股东不负连带偿还责任,这就势必给解决工人工资的拖欠问题造成极大的困难。

总结:

在确定拒不支付劳动报酬的主体前,应首先审查其是属于具备用工资格的主体,还是不具备用工主体资格的单位或者个人,对是否具备用工资格,应从实质上审查,不应拘泥于形式。司法解释之所以如此规定,原因有两点:现实中存在不具备用工主体资格的单位或者个人。违法用工且拒不支付劳动者的劳动报酬的;行为人与被害人之间并未建立起劳动关系。但是,如果将此种情形排除在拒不支付劳动报酬罪的调整范围之外,则会形成合法用工拒不支付劳动报酬构成犯罪,而非法用工拒不支付劳动报酬不构成犯罪的不合理现象。《劳动保障监察条例》第 33 条规定:"对无营业执照或者已被依法吊销营业执照,有劳动用工行为的,由劳动保障行政部门依照本条例实施劳动保障监察,并及时通报工商行政管理部门予以查处取缔。"根据该条规定,对于不具备用工主体资格的违法用工行为,人力资源社会保障部门可以而且应当进行劳动保障监察,对未支付劳动报酬的应当责令其支付劳动报酬。

欠薪主体为不具备用工主体资格的单位或个人的,在审查时还应注意确定出资人、合伙人以及实际经营管理人员的相关责任依据以及身份证明。

启示或建议:[关键词]重视针对企业高层和主要管理人员的人力资源管理

企业的人力资源管理对象,不仅仅在于一般员工,而且还应该包括企业的高层和主要管理人员。企业高层和管理人员的经营活动水平的高低,是决定企业兴衰的主要因素之一。在现实中,不少企业经营不善,生产亏本,导致拖欠工人工资的现象发生,往往跟企业的负责人和主管人员的素质高低和经营活动能力的大小有关。因此,提高企业的高层和主要管理人员的素质和经营能力,是企业人力资源管理的一项重要任务。企业单位应当把这列入人力资源管理中,否则企业在发展过程中可能会遭遇一系列问题。建议企业在招聘管理者时一定要注意资质的严格审查,特别是某些专业属性较强的行业,企业更要全面考量经营者是否有相关行业发展的经验。吴某甲等 6 人拒不支付劳动报酬案就是一个例子。6 名被告人均系温州文成县某镇农村的村民,初中文化,他们在无资金、无技术的情况下,靠借高利贷,租用厂房,在温州鹿城区双屿工业区兴办公司,企业开办后,作为法人代表的吴某甲只管在株洲卖鞋,不管生产,其他各股东分工不明。企业缺乏经营管理人才,经济来往账目不清,除了外贸收入入企业账户外,其他资金往来都是打入私人账户。企业的管理和经营活动完全不按《公司法》的规定进行,最终导致经营不善、无力支付员工工资的结果。

启示或建议:[关键词]规范用工管理

企业应尽快落实劳动用工管理、工资保证金、按月足额支付工资等制度,同时企业员工应增强维权意识。在蔡某拒不支付劳动报酬案中,该企业职工从2015年3月进厂,到同年9月,大多数人都没有拿到工资。但在9月之前,没有员工为之向企业提出按时发放工资的要求,反而继续在各自的岗位上为企业生产,以致劳动报酬拖欠的数额越来越大,高达32万余元,导致企业最终无力偿付,根据《劳动法》第91条的规定,用人单位有下列侵害劳动者合法权益情形之一的,由劳动行政部门责令支付劳动者的工资报酬、经济补偿,并可以责令支付赔偿金。《劳动法》第80条规定,在用人单位内部可以设立劳动争议调解委员会,劳动争议调解委员会由职工代表、用人单位代表和工会代表组成。因此劳动者遇到这种情形,应及时向劳动行政部门提出,或者通过单位内部的工会予以解决。

启示或建议:[关键词]人力资源配置要讲究节约

用人单位经营要厉行节约,不仅要在财物上节约开支,防止浪费,而且在人力资源上也要讲究节约,雇佣工人要根据经营规模,按需招聘,防止用人过剩。杨某甲、杨某乙拒不支付劳动报酬案中用人单位是一家餐店,规模不大,地理位置也不是市区的繁华地段,但是招聘员工人数却达76人,使得每月的工人工资就将近20万元,这给企业带来较大经营成本,当经营不善时,支付这巨额的工资就成了沉重的负担。这种情形应当引以为戒。

第三节　员工选任考察制度不健全引发的法律风险

当前,许多企业都意识到人力资源对企业发展的重要性,企业人力资源管理是否完善一个重要的体现就是是否具有规范化和合法化的制度,企业是否对员工在工作岗位上的表现情况进行常态性地干预和管理。尤其是在一些与企业自身业务发展重要的核心岗位,企业更要对企业员工做好岗位适应性的分析和论证，就关键岗位上员工的履职能力做好能力培养和评估考察，若企业不重视上述人力资源管理中的问题，就容易引发法律风险。这个法律风险主要表现为企业员工缺乏责任心，在工作中利用职务之便使企业财产遭受损失，或者虚构事实侵犯企业客户的合法权益，给企业间接造成不利影响。

一、员工侵犯企业利益的手段分析——职务侵占抑或诈骗？

案例6　被告人王某某在温州伊某服饰有限公司当保管员时，帮伊某服饰有限公司牵线搭桥承接了温州众某服饰有限公司的服装加工业务。加工完成后，伊某服饰有限公司负责人让王某某与对方公司进行加工费对账，被告人王某某利用此机会，要求温州某成服饰有限公司将货款存入自己的银行卡内，然后提取后供自己消费殆尽。

处理结果：2015 年 10 月 19 日，温州市某区人民法院以职务侵占罪判处王某某有期徒刑 4 年 9 个月，并处罚金人民币 8000 元。

案例7　被告人杨某丁系温州市某区偕某鞋厂的管理员。2015 年 12 月 4 日，杨某丁因手头缺钱，想起某区美某鞋厂还欠偕某鞋厂加工费 32, 100 元，于是在次日上午独自到美某鞋厂，告知该厂的财会人员其是偕某鞋厂派他来结算和收取加工费的。当天下午，美某鞋厂按照杨某丁留下的账号和名字，将 32, 100 元加工费打入了杨某的邮政储蓄银行卡里，杨某丁取走钱后离开偕某鞋厂离开温州。对于被告人杨某丁的行为，司法机关在办案时，先后出现两种意见，一种意见认为构成职务侵占罪，另一种意见认为构成诈骗罪。

处理结果：2016 年 7 月 5 日，温州市某区人民法院以诈骗罪判处杨某丁有期徒刑 9 个月，缓刑 1 年，并处罚金人民币 1 万元。

如何认定职务侵占罪的“利用职务上的便利”？上述两个案例案情有点相似，定性却不同，这里的法律焦点问题就是如何理解“利用职务之便”。

1. 明确职务便利的准确定义

“利用职务便利”的理解，可以参照相关的司法解释。鉴于职务侵占罪是从贪污罪中分离出来，因此，司法解释中关于贪污罪的“利用职务便利”可以作为职务侵占罪中“利用职务便利”的理解依据。1999 年 9 月 16 日最高人民检察院《关于人民检察院直接受理立案侦查案件立案标准的规定(试行)》规定贪污罪的“利用职务便利”是指利用职务上主管、管理、经手公共财物的权力及方便条件。对照该司法解释,职务侵占罪的“利用职务上的便利”可以理解为利用职权地位相关的工作便利,即职务上主管、管理、经手单位财物的权力及方便条件。

2. 分清职务便利与工作便利之间的关系

有观点认为,利用职务之便构成职务侵占,利用工作之便就不构成职务侵占,把工作便利与职务便利分裂开来,这样的理解并不正确。从职务的概念来说,它是指与职权地位相关的工作或劳动,工作这个概念既包括了与职务有关的工作,也包括了与职务无关的工作,两者的关系是包容与被包容的关系,而不是并列或排斥关系。因此,利用职务便利,必然是利用工作的便利,如经营、管理、保管、经手财物的工作便利,但是利用工作便利不一定是利用职务之便,其中可能利用了职务之便,也可能没有利用职务之便,如上下班熟悉单位环境、容易出入作案现场、接近被侵贪的财物等,利用这种与职务无关的工作便利即使取得了财物,也不构成职务侵占,构成犯罪的,应当以其他罪定性处罚。因此,对于利用工作之便,但不属于职务范围的,应当称之为与职务无关的工作之便,不宜笼统地称之为“工作之便”。

3. 把握被告人是否有利用职务便利的间接的客观条件

利用职务便利的情形较为复杂,按照其明显的程度来分,可以分为典型性或直接性和非典型性或间接性两类。

典型性或直接性的利用职务之便,即《刑法》和司法解释所明确规定的行为人利用其职权地位及其工作的便利,非法占有其主管、管理、经营和经手的财物。如财务人员贪污其经手的钱款,仓库保管员偷盗仓库其保管的财物,公司企业董事、经理利用职权地位侵贪单位财物,如虚报差旅费,将单位给其使用的轿车过户给个人等,对于这种明显利用职务之便侵占本单位财物,数额较大的行为,认定其构成职务侵占罪在司法实践中是没有异议的。非典型性或间接性的利用职务之便,指的是因介入了相关的因素,而这种因素与职务的便利有着密切的相关,从而可以认定为利用职务之便。

案例6中,王某某作为企业保管员,并无向A服饰有限公司收取加工费的职权。单位派他去对方单位结算加工费,如果单位授权他结算后收取加工费,他将收取的加工费非法占为己有,是典型地利用了职务上的便利。但是,单位并没有授权他收取加工费,收取加工费不在他的职权和工作范围内,因此,其擅自收取加工费占为已有,已经超越了其职务范围,但是结算加工费的职权却给王某某带来了收取加工费的便利,因为结算与收取加工费这两者有着紧密的连带关系,王某某利用了这种紧密的连带关系所带来的便利,骗取了对方的信任,擅自收取了本单位的货款,非法占为已有,这就是非典型性的利用职务便利。这种非法占有与一般的盗窃、诈骗是有区别的。一是虽然不是直接的利用职务便利,但是毕竟利用了与职务便利有着密切关联的因素;二是其主观犯意起源于工作的便利,主观恶性小于一般的盗窃、诈骗;三是非法占有的财物仍限于与职务便利相关的范围,所以,可以认定构成职务侵占罪。如果行为人侵占本单位财物与职务之便不具有密切相关的关系,就不属于非典型性的利用职务便利。

案例7的被告人杨某丁,其在单位的职务与王某某相同,非法占有单位财物的行为也与王某某相似,使用的手段也相同,都是以欺诈的手段骗取财物。但是,区别在于杨某丁实施的行为中不存在单位授权他与被骗单位结算加工费的这一因素在里面,他以单位的名义收取加工费,与其在单位的职务就没有任何的连带性的关系,纯粹是一种虚构事实,隐瞒真相的诈骗行为,因而不属于非典型的利用职务之便,故不宜认定为职务侵占罪。

在认定企业员工是否构成职务侵占罪时,要在准确理解"职务便利"概念的基础上,从具体案情着眼,分清被告人是利用职务之便还是利用工作之便。如果直接利用职务之便特性不明显的,分析其是否具有间接利用职务之便的客观条件。

启示或建议:[关键词]财务岗位风险防范一:财会人员一定要严格执行财务制度

财会岗位一直是企业的重要岗位,俗话说财会人员是企业的"内当家",认真选用财会人员,管好财会人员,应当是企业人力资源管理中的一项重要工作,不能懈怠。在招聘财务人员时一定要选拔品质好、事业心强、责任感强的工作人员。温州非公经济发达,非公企业多,但不同于外地其他地方,在温州,规模小、家族型的、合伙型的企业和个体工商户占了多数。但部分企业在员工责任心和技能培训方面并没有形成完善的制度,特别是在企业资金结算流转的关键环节,企业财会人员的专业审查水平和责任心往往不够,致使企业财物管理问题较多,有时给企业造成经济上的损失。上述两个案例中的两个被告人能够轻易地骗取温州B服饰有限公司、温州某区美某鞋厂的财物,就与这两家企业财会人员审查时不够细致有关。如果在资金结转时能够严格按照财会制度让对方出具公司委托授权的相关凭据,或者打电话给公司的负责人就领款人的身份进行核实,就不会发生企业钱款被骗的情况。

二、员工侵犯企业利益的手段分析——职务侵占抑或挪用资金?

案例8 2004年12月~2006年3月,周某云在担任温州市某有限公司出纳期间,利用职务上的便利,采取涂改银行现金缴款回单,虚增公司缴存银行资金的方式,将公司资金人民币430,000元占为已有。2006年3月,周某云利用职务上的便利,采取截留应当存入公司银行账户的客户货款,以及使用现金支票取走公司银行存款的方式,挪用公司资金共计人民币382,661.3元用于日常生活开销及治病等,随后潜逃出国。

在公安部开展的"猎狐2014"期间,经多次劝投,周某云于2014年10月16日回国向公安机关投案自首,2014年10月16日,周某云回国自动向公安机关投案。同年12月15日,周某云退赔全部违法所得人民币812,661.3元。

处理结果:2015年12月14日,温州市某区人民法院以职务侵占罪判处被告人周某云有期徒刑3年,缓刑4年。

周某云截留货款、使用现金支票的行为定性。周某云截留应当存入公司银行账户的客户存款并使用现金支票取走公司银行存款,挪用公司资金共计人民币382,661.3元,挪用后还携带部分钱款潜逃出国,至2014年10月16日回国投案之前未偿还任何钱款。这部分行为是职务侵占还是挪用资金？

第一种观点认为，周某云的行为构成挪用资金罪。现有证据不足以认定其主观上具有非法占有目的。周某云对银行现金缴款单回单进行涂改，造成账目审查的困难，使公司在短时间内不会发现账目作假的情况，具有一定的隐蔽性，故可推定被告人周某云在作出上述涂改行为时，主观上已具有非法占有故意，可认定构成职务侵占罪。但对剩余的382,261.3元，被告人周某云在采取截留货款、使用现金支票拿走公司账户资金时，该行为并不具有隐蔽性，可立即被公司发现，因此，不足以认定其主观上具有非法占有故意。之后被告人周某云虽携款潜逃出国，但此时犯罪行为已结束，不宜以逃跑行为再反推被告人周某云对该382,261.3元具有非法占有故意。另外，被告人周某云称侵吞的资金用于自己和父亲的医疗费用、日常花销，其一直有还款意愿。证人颜某某、李某某、毛某某的证言证实被告人有归还被侵吞钱款的意愿。

第二种观点认为，周某云的行为构成职务侵占罪。被告人周某云从案发到归案的时间间隔很长，2006年出国，2014年才投案自首，即便曾经和温州市某有限公司负责人员联系表示挪用的余额会在2009年之前还清，但最终因公司未作出撤销案件的承诺而不了了之，没有体现出她有真心还款的诚意。侵占行为是否具有隐蔽性不是认定主观是否具有占有故意的标准，关键要看后续行为，因此，前述观点认为挪用了犯罪就已经结束，将后续行为与前面的犯罪行为割裂开来看并不正确。如果侵占了马上潜逃出国，恰恰说明她的内心存在逃避归还上述钱款的故意，而之后也是经公安机关的多次劝投才回国投案。除此之外，被告人周某云的供述中也提到后来都是通过“拆东墙，补西墙”的方式补之前的账，如果真有还款之心，也绝不会任由所谓的账簿窟窿越捅越大。

本案应认定为是职务侵占罪。职务侵占与挪用资金案件在办理上的难点主要体现在主观上非法占有的认定。根据最高人民法院发布的《全国法院审理经济犯罪案件工作座谈会纪要》的相关规定精神，挪用资金的行为可以转化为职务侵占的行为，但必须具有挪用资金后携带挪用的资金潜逃，或者采取虚假平账、销毁有关账目等手段，使所挪用的资金已难以在单位财务账目上反映出来，且没有归还的行为；截留单位收入不入账,非法占有,使所占有的资金难以在单位财务账目上反映出来的,且没有归还的行为的,有证据证明行为人有能力归还所挪用的资金而拒不归还,并隐瞒挪用的资金去向等特征。否则,应当以挪用资金罪定罪处罚。纪要为认定挪用资金罪确立了基本的思路方法,但在具体办案时,还要注意挪用资金的数额、用途和去向,如果数额、去向和用途显示根本无法归还的,那么实际上行为人就是想排斥本单位对于资金的所有权能,应当确定行为人具有非法占有的主观故意。

总结:

在区分挪用资金还是职务侵占时,要考虑行为人的手段、结果以及行为能力,这个行为能力是指不管是否具有还款能力,其是否积极尝试补偿行为造成的后果。

启示或建议:[关键词]财务岗位风险防范二:要强化面向财会岗位人员的监督机制

周某云虽然是一位工作多年的财务人员,但在工作多年后仍犯如此严重的错误,一方面有其自身的原因,另一方面企业的内部监管不到位也是一个主要原因。因此企业的经营者、管理者也必须强化财务岗位的风险防范,严格建立专门针对财务人员的检查、考核、评价、惩罚制度,财会岗位人员一定要实行记账收款与资金保管职务相分离,开具发票与收款职务相分离,业务部门要及时与客户确认货款给付情况,从而避免财物人员利用职务便利侵吞单位财产的情况。

案例9 被告人王某甲冒用徐某珍的身份于2007年到康某集团有限公司应聘入职,后担任康某集团有限公司广州休闲鞋仓库主管负责成品鞋的存贮和鞋子的物流。2013年12月期间,被告人王某甲利用自己的职务便利,以公司名义给鞋子加工厂下单生产成品鞋,鞋子入库后又私自将其主管仓库里的部分皮鞋外发给代理商杨某奔(另案处理),包括经典世家鞋业240双成品鞋、阔利华鞋业240双成品鞋以及佳利来鞋业80双成品鞋,从而侵吞这部分货款共计91,040元。

案发后,被告人王某甲家属已归还本案全部货款共计98,000元并取得A集团有限公司的谅解。

处理结果:温州市某区人民检察院对被告人王某甲作相对不起诉处理。

总结以上案例,企业用工应注意以下几点:

企业用工锦囊:[关键词]员工招录、管理、调配

1. 企业对所招聘的员工的素质应当认真考察

人力资源是企业有效进行生产经营活动的基础,有时选用一个素质好的人员比选用任何一样有价值的东西都重要。因此,把好进人关从招聘人员时就要开始,不能因为受到用工荒及其他原因的影响,在应聘环节就疏于对人员资质的审查,否则就很可能给企业今后的经营埋下隐患。本案中王某甲本人素质不高,在丢失身份证的情况下,为了能进企业工作,竟冒用其亲戚徐某珍名字,而且在企业工作 7 年期间都未被发觉。这说明该企业人力资源管理部门在工作时责任心不强。因此这类问题对企业来说,今后务必要引以为戒。

2. 岗位与员工的配置应当科学合理

在现实中,企业为了降低生产成本,提高生产利润,在人力资源的使用上往往会精打细算,能省则省,能减则减。但在企业内部管理的重要岗位或者是企业所属分公司、外设代理店的负责人的选任上,企业必须明确一定的任职标准,对部分重要的岗位,更应该在选人上慎之又慎。本案中,被告人王某甲被企业派往广州,任该企业在广州分公司休闲鞋仓库的总管。该仓库储运 A 鞋业集团所委托的外加工企业所生产的成品鞋,数量大,而且是打着 A 牌子的,是一个重要的岗位。但是,该仓库的正式员工仅王某甲一人,成品鞋进出仓库都由王某甲一人说了算,无人监督,再加上财务报账制度不规范,年终才结算,这就为王某甲利用职务之便侵占企业财物大开了方便之门。

3. 企业应当注重保障职工合法权益

根据《劳动法》的规定,用人单位有义务保障劳动者的合法权益。企业如果把员工的合法利益放在心上,时刻关爱职工,职工也会关心企业,爱企业如家。单位如果不注重规范和完善与员工薪酬、奖励有关的相关规章制度,导致用人单位与劳动者发生矛盾,关系紧张,就容易引发员工侵犯企业利益的行为。在本案中,被告人王某甲侵占单位财物后,曾辩解说其之所以要利用保管财物之便侵占单位的财产,起因之一是因为企业没有给他交养老保险,拖欠了他两个月工资,致使他对企业心怀不满,才铤而走险。

三、员工侵犯企业利益的手段分析——职务侵占抑或合同诈骗？

案例10 2011年9月，被告人施某某利用自己身为杭州某置业有限公司员工身份，以可以通过内部渠道便宜购得杭州经济技术开发区世茂江滨花园峻景湾13幢商铺为由，向高中同学黄某某提议共同购买上述商铺。后被告人施某某假冒杭州某置业有限公司名义，使用虚假的定金合同及认购确认单，假称已定购上述商铺，骗取被害人黄某某向其银行账户汇款共计人民币2,125,377元，随后立即将大部分钱款分批转账他用，未用于购买商铺。2012年5月22日，上述商铺被杭州某置业有限公司出售给他人，被告人施某某在此之后仍然隐瞒上述事实，继续向被害人黄某某谎称有客户前来看商铺。2012年7月13日，被告人施某某关闭手机逃匿。

2012年7月26日、8月10日，被告人施某某家属分别退还被害人黄某某人民币50万元、10万元。

处理结果：2017年2月22日，温州市某区人民法院以施某某构成合同诈骗罪，判处施某某有期徒刑10年6个月，并处罚金人民币10万元。

1. 在行为人获取财产的过程中，如果既有虚构事实的行为，又有利用与自身职权相关的行为，应认定为合同诈骗还是职务侵占？

本案中，被告人施某某利用自己杭州某置业有限公司销控员的身份，利用自己保管公司印章的便利，看似是利用了本人基于职权形成的便利条件，侵占了本应属于公司的财产，实则不然。首先，施某某作为销控人员，并没有直接与客户谈业务以及签订认购书的权利，也没有直接在认购书上加盖公章的权利，他仅仅是利用基于工作中产生的便利条件，使被害人相信认购书以及定金合同的真实性。其次，施某某并没有侵占的行为，职务侵占的对象应该是单位以自己名义拥有或虽不以自己名义拥有但为本单位占有的一切物权、无形财物权和债权。但本案中，被害人将钱款汇入的是施某某的个人账户，被害人的钱款自始至终不曾转入过杭州某置业有限公司的名下，因此，被告人占有的财物仍属于被害人个人的财物而并非公司的钱款。而被告人之所以能够说服被害人将钱款打入个人账户，是利用虚假的定金合同及认购确认单，假称已定购上述商铺，并利用被害人对自己的信任让其相信投资能够成功，因此被告人非法占有财物的本质手段应该是虚构事实而非利用职务之便，应该认定为合同诈骗罪。

在多种行为交织体现出多个罪名的特点时，可以从犯罪结果与行为之间是否存在根本的因果关系入手，判断财物被非法占有的手段，从而确定客观行为的本质特征。

2. 企业是否需要为员工的行为承担民事赔偿责任？

杭州某置业有限公司是否需要为施某某的行为承担连带的民事赔偿责任，这关键要看施某某的行为是否构成民事上的表见代理。《合同法》第 49 条对表见代理作出了明确规定："行为人没有代理权、超越代理权或者代理权终止后，以被代理人名义订立合同，相对人有理由相信行为人有代理权的，该代理行为有效。"交易相对人即被害人根据施某某出示的盖有杭州某置业有限公司认购专用章的购房确认书和定金合同，再加之施某某杭州某置业有限公司销控员的身份，有理由相信施某某取得了该公司的合法授权，因此施某某作为无权代理人有被授予代理权的外表或假象。但表见代理的相对人必须是善意相对人，即该相对人在签订合同之时必须尽到了必要的注意义务。本案中，被害人对购房确认书和定金合同的形式是否齐全没有认真确认，在将钱款打给施某某后，才发现购房确认书和定金合同没有盖章，而且在汇款时也没有汇入杭州某置业有限公司销售部的账户，而是直接打向嫌疑人的账户，这都说明被害人在签订合同时，没有尽到足够的审慎判断义务。因此杭州某置业有限公司在相对人不是善意第三人情况下，无须承担连带的民事责任。

总结：表见代理的相对人必须是善意第三人。

启示或建议：[关键词]合理分工和细化重要岗位的人力资源

企业在涉及自身业务的重要岗位上，一定要细化人员的分工，各个人员之间的职责要做到互不交叉，并且能够相互牵制，譬如规定合同的签订、确认人员与盖章人员实现职责分离。该案就反映了目前楼市销售方面存在的管理漏洞。施某某在案发前确在杭州某置业有限公司以及海墅房地产开发（杭州）有限公司均担任销控人员，其当时的工作职能就是对《杭州世茂江滨花园商品房认购书》《商品房买卖合同》上的客户信息、房源信息进行审核，与客户负责购买事项洽谈的业务员。根据案情，杭州某置业有限公司与客户签订的房屋认购书有三联，三联分别需要财务部门、业务部门和销控部门相关人员的确认，在经三方确认，并加盖杭州某置业有限公司印章后，才具备效力。但作为客户，他们对企业内部的销售业务由谁负责、具体认购过程往往不了解，而企业也并不会明确地在交易洽谈区贴出有关客户买房的具体认购流程以及注意事项，因此，这就极易使不法分子利用企业的上述管理漏洞实施违法行为。施某某没有与客户谈业务的权利，但却保管着公司的认购专用章，而企业与客户签订商品房买卖合同前采用的认购书上用的恰巧就是这种认购专用章。本案中，施某某既是销控人员，又有盖公司印章的权利，不同属性的职责混同，再加之企业没有采取有效的监管措施，为其实施合同诈骗创造了机会。

第四节　劳动争议处置过程中引发的法律风险

在企业人力资源管理制度中，薪酬制度的重要性不言而喻，当前各行各业竞争激烈，企业想最大限度地实现利润的最大化，必须要兼顾到劳动者的基本权益，不能以牺牲劳动者的权益为代价达到上述目的。在企业人力资源管理纠纷当中，劳资纠纷占了很重要的比重，如加班费没有发放到位，招聘员工时事先没有通过签订劳动合同明确工资。一旦产生劳资纠纷，企业若在处理劳动争议上没有一个完善健全的处置程序，对劳动争议纠纷的处理不讲究策略和方法，就容易激化企业与员工之间的矛盾，甚至引发刑事案件。

除此之外，在企业人事管理制度不严格、不细致的情况下，一些劳动者还会抓住企业内部管理的漏洞，通过欺骗性方式来达到索取企业“经济补偿”的目的。

一、企业欠缺健全的劳动争议处理程序

案例11　2014年7月中旬，被告人陈某等人到凯某雪鞋厂工作，后因管理纠纷而辞职，辞职员工与凯某雪鞋厂经有关部门协调达成了工资支付协议，其他辞职员工均已领取工资，但被告人陈某认为鞋厂还应再支付其他补贴故未领取工资。同年8月19日，被告人陈某在本区岩门村附近加油站购买了一桶汽油。次日13时30分许，被告人陈某携带上述汽油及打火机来到本区双屿街道鞋都二期14号地块6号楼凯某雪鞋厂一楼店面，继续向该鞋厂的老板朱某甲、朱某乙讨要工资，双方再次发生口角。随后，被告人陈某将携带的汽油倒在办公室的办公桌、椅子、沙发及地面等处，并拿出打火机以及办公室内的报纸以放火相威胁。被害人朱某甲见状即上前抢夺被告人陈某手中的打火机，但因地面被洒了汽油，二人一起摔倒在地，二人倒地时引发火灾，被告人陈某及朱某甲均被烧伤，上述店面被烧毁。经鉴定：被害人朱某甲全身Ⅱ度烧伤，面积未达全身体表面积5%，伤势评定为轻微伤；被告人陈某烧伤致全身体表瘢痕面积占人体体表面积22.14%，伤势评定为轻伤一级；上述店面被烧毁的财物价值人民币7580元。

处理结果：2015年4月3日，温州市某区人民法院以被告人陈某犯放火罪，判处有期徒刑3年6个月。

被告人在讨薪过程中出现点火行为，是认定为故意伤害的故意还是放火的故意？

被告人陈某将汽油泼洒在凯某雪鞋业办公室的办公桌、椅子、沙发、地面等处，已使该室处于随时可能引发火灾的危险境地，虽然被告人陈某内心可能只想为了讨回报酬，并非一定要烧了企业的办公地点，但被告人陈某随后还拿出随身携带的打火机及办公室内已沾满汽油的报纸作势欲点燃报纸引发火灾，作为具有正常认知能力的被告人，其应当知道在洒满汽油的房间内任何的火源均可能引发火灾，因此，其虽然不具有直接放火的目的，但对自己实施的放火行为以及可能产生的后果却抱有间接放任的故意。因此应认定被告人放火罪的主观故意。

启示或建议:[关键词]工资性补贴不属于额外待遇

工资性补贴是为了补偿工人额外或特殊的劳动消耗及为了保证工人的工资水平不受特殊条件的影响,而以补贴形式支付给工人的劳动报酬。工资总额包含津贴和补贴,补贴一般煤、燃气补贴,交通补贴,住房补贴,流动施工补贴等,但用人单位也可以根据自己的实际需要设立名目。补贴虽然看似属于用人单位发放给劳动者的福利待遇,但实质上它属于劳动者的劳动报酬,用人单位事后不能以发错工资、属于额外待遇等理由予以取消或者扣减,否则即违反了劳动法律法规,侵害了劳动者合法权益。

案例12 被告人姚某系浙江省某市城东街道某村凯某鞋厂的下料工,因不满连续加班而产生了放火烧毁车间让工厂停工的念头。2014年4月12日1时14分许,被告人姚某到凯某鞋厂,将鞋革废料塞进该厂西侧门缝,用打火机点燃看到明火后离开。后路过的群众发现着火后呼叫附近群众,及时扑灭火灾。鞋厂仅一楼车间被烧毁,经鉴定,造成直接经济损失人民币28,800元。

后被告人姚某提出上诉,其辩称是因为在鞋厂连续加班才萌生了放火烧毁工厂以得到休息的念头,故认为厂方在本案起因上有过错,请求从轻判处。法院最后并没有采纳姚某的上诉理由。姚某所在的企业确实存在连续加班的情况,但姚某对此应通过正当合法的渠道解决,不能以企业要求员工加班作为实施放火行为的理由,因此,不能认定厂方在本案起因上有过错。

处理结果:2014年8月6日,浙江省某市人民法院判处姚某有期徒刑3年6个月。

案例13 2012年9月下旬开始,被告人李某某因其原所在的温州市某县东瓯街道××鞋业扣除自己工资一事而心生不满,并多次与单位负责人发生言语甚至肢体冲突。同年11月9日,被告人李某某携带三瓶汽油到被害人即单位经理何某的办公室再次索要工资,在遭到拒绝后出于气愤倒出汽油并点燃,致使办公室着火。期间被害人何某上前阻拦而与被告人李某某发生扭打,后李某某拿出藏在脚踝的小刀吓退何某并逃离现场。

法院判决认为李某某是为了讨要工资才到单位经理办公室实施放火行为，且事出有因，可作为从轻处罚的理由考虑。

处理结果：2014 年 7 月 17 日，温州市某县人民法院以被告人李某某犯放火罪，判处有期徒刑 3 年。

企业与被告人的劳动争议是否能够成为减轻被告人主观故意的理由？

对此，不能一概而论，要看被告人是否为争取自己的合法权益与企业进行沟通过，企业在给付员工劳动报酬以及争议的处理解决方式上是否符合法律规定，企业事先是否就克扣工资告知员工或者就加班与员工进行过协商、沟通。如果企业曾在处理劳动争议上明确了相应的制度、程序，并曾告知过员工，员工未经合法途径就擅自通过报复的方式向企业宣告不满，这就属于"无理取闹"，但若企业并未明确劳动争议的相关处理程序，在员工与企业沟通时又没有回应，应将员工行为归为事出有因，因此，要区分到底是"无理取闹"还是事出有因。若真的系事出有因，企业有违反《劳动法》关于用工方面的规定，可以作为酌情从轻的情节考虑。

启示或建议：[关键词]尊重劳动者的休息休假权

《劳动法》第 44 条规定：用人单位应当按照下列标准支付高于劳动者正常工作时间工资的工资报酬：(1)安排劳动者延长工作时间的，支付不低于工资的 150% 的工资报酬；(2)休息日安排劳动者工作又不能安排补休的，支付不低于工资的 200% 的工资报酬；(3)法定休假日安排劳动者工作的，支付不低于工资的 300% 的工资报酬。《劳动合同法》进一步明确了劳动者休息休假权的具体内容，企业就是以这些法律法规为依据来建立休假制度。但是，在制度执行环节中，许多企业往往是"打折扣"地执行。由于员工休假可能会导致工作任务的滞后或拖延，许多企业往往会通过设置任务期限，变相地侵犯劳动者休息休假权利。这样一来，自然容易引发企业与员工之间的矛盾。

若企业因为经营需要安排员工加班，从降低法律风险出发，应根据《劳动法》第 41 条的规定合理设置加班时间，加班时间应该与工作的强度、工作的紧急程度和工作的具体进展相匹配，并及时呈报人力资源部门备案,同时,不得克扣或者无故拖欠劳动者的工资。为避免员工对加班天数和加班期间劳动报酬提出异议,企业可以在月底让员工对本月的加班以及劳动报酬发放情况进行签字确认,作为今后处理劳动争议的凭据。

二、员工在劳动争议处置中利用企业管理漏洞

案例14 被告人毛某某和时某某系夫妻关系。2013~2016年期间,毛某某、时某某先后到温州市某区多家眼镜公司务工。根据《劳动合同法》规定,用人单位自用工之日起1个月后至1年内须与劳动者签订书面劳动合同。每当这些公司按照正常程序让两夫妻签订劳动合同时,两人总是以需要仔细查看劳动合同为由,将劳动合同带离现场,事后再将伪造笔迹签署的劳动合同上交公司。之后,两人在工作中以不配合管理、故意找茬等方式,想方设法让用人单位辞退他们。由于签署的劳动合同的笔迹均系伪造,离职后两人便向劳动争议仲裁委员会申请,以用人单位未与其两人签订书面劳动合同为由要求赔偿2倍工资,劳动争议仲裁委员会或法院认定用人单位未与其两人签署劳动合同后,最终成功骗取2倍工资赔偿金。

2017年11月23日,温州市某区人民法院以诈骗罪判处毛某某有期徒刑1年9个月,并处罚金人民币3000元,以诈骗罪判处时某某有期徒刑1年9个月,并处罚金人民币3000元。

劳动合同碰瓷是否构成诈骗罪?

此类行为原则上考虑构成诈骗罪,但此类诈骗与传统的诈骗方式不同,属于“三角诈骗”。在此类案件中,行为人故意编造自己利益受损的事实,对事实真相加以隐瞒,这与普通诈骗行为人虚构事实相同,但受骗的一方并非企业,因为站在企业的立场,企业确实与行为人一方已经签订劳动合同,尽管对该份劳动合同上的署名未认真审查真伪,但并不影响企业已经履行签订合同这一事项的真实性,企业也并不会陷入劳动合同未签订之骗局,而被行为人的伎俩所蒙骗的是处理上述劳动争议的法院或者是劳动争议仲裁委员会,因此,此类劳动合同碰瓷案件中,被骗人与受害人实质上并非同一人,企业之所以“自愿”交付赔偿款,是基于法

院或者劳动仲裁委员会认定的事实，而非行为人行骗的手段，因此属于三角诈骗，但不妨碍行为人构成诈骗罪。

启示或建议：[关键词]完善合同签订管理制度

该案是浙江省检察机关办理的首例利用《劳动合同法》2 倍工资罚则而实施诈骗的案例。《劳动合同法》第 82 条规定，用人单位自用工之日起超过 1 个月不满 1 年未与劳动者订立书面劳动合同的，应当向劳动者每月支付 2 倍的工资。《劳动合同法》《中华人民共和国劳动争议调解仲裁法》规定 2 倍支付，立意初衷是为了更好地保护劳动者的利益，却不想会成为部分投机分子钻漏洞的捷径。企业人力资源部应对全部员工的档案实行专档保管，档案中应包含入职登记表、劳动合同书、培训记录、考核记录等主要资料，在签订劳动合同过程中应对求职者提供的身份证明以及求职者的年龄、学历、技能资格等证明文件认真审查，同时应注意与招聘人员当场当面签订劳动合同。

后　　记

2020 年初，一场新冠肺炎疫情席卷全球，给经济社会发展带来重大挑战。在全国上下众志成城、统筹推进疫情防控和经济社会发展的关键时期，在各地积极落实助企惠企政策，着力推进亲清政商关系和营商环境再优化的关键节点上，本书能够付梓颇令人欣慰。正所谓“春江水暖鸭先知”，温州是中国改革开放的前沿阵地，也是民营经济的发祥地，非公企业占温州企业总数的 99.5%，温商对于外部环境的变化最为敏感。2017 年，温州市人民检察院根据最高人民检察院、浙江省人民检察院部署，与温州大学、市工商联以及正泰、森马、华峰集团签署了战略合作协议，打造全省非公经济检察教学（研究）基地，联动建设企业教学点，并积极开展涉企司法政策研究、法律咨询、犯罪预防等工作，这些正是为构建“亲”“清”新型政商关系提供温州智慧和检察样本的实践缩影。

2017 年 12 月，根据非公经济检察教学研究基地的安排，我在温州大学和正泰集团分别作“新型政商关系与非公检察的法律机制”和“新型政商关系与企业治理的法律锦囊”主题演讲，引发企业高层及与会人员的热烈反响。在此基础上，我们精选了市、县两级检察院业务骨干赵军、娄艳龄、李俊、叶成国、金士国、徐海霞、卢成仁、林婷婷、徐凡、金琳、胡公枢、赵聪组成课题组，结合温州市两级检察机关服务非公经济特色工作，以“立足浙江，辐射全国”为目标，深入企业座谈访谈，积极开展课题调研，推进实务问题研究，着力开发一份非公经济检察教学（研究）基地和企业教学点的精品课程或教材，努力为检察官司法办案析疑解惑，同时也与非公经济实体形成良性互动，切实帮助企业经营者预防法律风险，增强非公企业和企业家的司法获得感。在这样的总体考虑和谋划下，我们以“新型政商关系和企业治理的法律锦囊”为总标题,分职务犯罪、金融、环境、市场监管、税务、网络、企业高管犯罪及企业人力资源管理八大模块开展课题研究。其中每一个模块,都以当前企业普遍关注、关系企业切身利益的法律问题为灵魂,以一线刑事办案人员在执法办案过程中提取的鲜活案例为血肉,通过层层深入,抽丝剥茧,为企业防范刑事风险提供警鉴,为检察官办案提供理论支撑,为司法工作更好地与服务大局同频共振、着力构建“亲”“清”新型政商关系提供基层理论和实务思考。

本书之顺利出版,得到浙江省人民检察院的大力指导和帮助,特别是贾宇检察长百忙之中拨冗作序,是对笔者及课题团队,以及温州检察机关服务非公经济工作的极大肯定和鼓舞;温州市人民检察院程曙明检察长持续给予关心支持……在此,均表示衷心的感谢和诚挚的敬意!

因能力水平有限,书中定有不少缺陷和不足,敬请法律界同行、企业界朋友和广大读者批评指正。

是为记。

林越坚

2020 年 2 月 28 日于温州

图书在版编目(CIP)数据

新型政商关系与企业治理的法律锦囊 / 林越坚著
. -- 北京 : 法律出版社, 2020
ISBN 978 - 7 - 5197 - 4665 - 0

Ⅰ. ①新… Ⅱ. ①林… Ⅲ. ①企业 - 刑事犯罪 - 风险管理 - 研究 - 中国 Ⅳ. ①D924.334

中国版本图书馆 CIP 数据核字(2020)第 104689 号

新型政商关系与企业治理的法律锦囊
XINXING ZHENGSHANG GUANXI YU QIYE ZHILI DE FALÜ JINNANG

林越坚 著

策划编辑 郑 导
责任编辑 郑 导
装帧设计 汪奇峰

出版 法律出版社
总发行 中国法律图书有限公司
经销 新华书店
印刷 永清县金鑫印刷有限公司
责任校对 王沁陶
责任印制 张建伟

编辑统筹 独立项目策划部
开本 710 毫米 × 1000 毫米 1/16
印张 15
字数 210 千
版本 2020 年 7 月第 1 版
印次 2020 年 7 月第 1 次印刷

法律出版社/北京市丰台区莲花池西里 7 号(100073)
网址/www. lawpress. com. cn
投稿邮箱/info@ lawpress. com. cn
举报维权邮箱/jbwq@ lawpress. com. cn
销售热线/400 - 660 - 8393
咨询电话/010 - 63939796

中国法律图书有限公司/北京市丰台区莲花池西里 7 号(100073)
全国各地中法图分、子公司销售电话:
统一销售客服/400 - 660 - 8393/6393
第一法律书店/010 - 83938432/8433
西安分公司/029 - 85330678
重庆分公司/023 - 67453036
上海分公司/021 - 62071639/1636
深圳分公司/0755 - 83072995

书号:ISBN 978 - 7 - 5197 - 4665 - 0
定价:60.00 元
(如有缺页或倒装,中国法律图书有限公司负责退换)